Dänemark mit dem Wohnmobil

Frühling am Ringkøbing Fjord

Claus G. Keidel

DÄNEMARK MIT DEM WOHNMOBIL

Die schönsten Entdeckertouren

BRUCKMANN

Fähranleger in
Havnebyauf Rømø

INHALT

WILLKOMMEN IN DÄNEMARK

Das skandinavische Land ist ein ideales Reiseziel für Natur- und Kulturinteressierte. Die bunte Mischung aus Stadtbesuchen, dem Aufenthalt in der reizvollen Natur und naturnahen Aktivitäten kennzeichnen die Reise durch Schweden!

Facts

Dänemark besteht aus 406 Inseln. Die größte Insel ist Sjaelland mit der Hauptstadt Kopenhagen. Die Einwohnerzahl liegt 2025 bei 5,96 Mio. Fläche 43 000 qkm, ohne Grönland und die Färoer Inseln. Dänemark ist als einziges skandinavisches Land mit dem europäischen Festland verbunden.

»Hej«

Hej – der Willkommensgruß der Dänen garantiert Unvoreingenommenheit, ehrliche Freundlichkeit und eine große Portion Vertrauen, die einem jeden Reisenden gerne entgegengebracht werden. Die persönliche Anrede ist das »Du«, wie überhaupt im skandinavischem Raum.

Bernstein – Gold des Nordens

Es ist der Traum eines jeden Küstenwanderers und es ist ganz besonderes Glück, bei bestimmten Wetterlagen und sehr früh am Morgen, einen Bernstein zu finden.

Staatsform

Dänemark ist eine Konstitutionelle Monarchie. Die Dänen lieben ihr Königshaus und besonders ihre Königin Margrethe II. Sie war besonders volksnah, weltoffen und genoss in ihrer Bevölkerung ein äußerst hohes Ansehen. Sie hat 2024 abgedankt und seitdem regiert ihr Sohn Frederik X Dänemark.

»Land des Lichts«

Der Norden um Skagen beeindruckt durch seine plastischen Farbstimmungen. Der berühmte Meeresmaler Axel Lind (1907–2011) bezeichnete diese Region als »Land des Lichts«, das schon vor über 100 Jahren die »Skagenmaler« angezogen hat.

»Hyggelig«

Hyggelig ist eine typisch dänische Lebensart und drückt eine entspannende Gemütlichkeit aus, die einen sofort ergreift, wenn man in Dänemark ankommt.

Dannebrog

Der ganze Stolz der Dänen ist der Dannebrog – übersetzt: Flagge – und ist die Nationalflagge mit einem weißen Kreuz auf rotem Grund. Er muss bei Sonnenaufgang gehisst und bei Sonnenuntergang eingeholt werden, andernfalls ist er nachts unbedingt zu beleuchten.

Antik-Butiken-Tillbud – Shopping in Dänemark

Dänemark ist bekannt für hervorragendes Design und überragende Technik, aber auch für das Kleinklein an zahllosen Handelsorten des »kleinen Bedarfs«, auf denen in stoischer Ruhe und absoluter Freundlichkeit gewartet wird, bis man ein günstiges (Tillbud) Erinnerungsstück oder Mitbringsel gefunden hat. Man muss es erleben. Aufmerksam sollte man werden, wenn man einem Schild mit der Aufschrift „Tilbud“ begegnet. Dies bedeutet Anschauen und Kaufen, denn es ist billig, zumindest relativ, denn die Mehrwertsteuer beträgt hier 25%.

Klima, Wetter und Himmel

In Dänemark herrscht ein Meeresklima mit warmen Sommern und milden Wintern. Durch seine überwiegend flache Struktur ziehen Tiefdruckgebiete in der Regel mangels Reibungswiderstand relativ schnell über Land und der blaue Himmel kehrt zurück. Während die Nordseeküste rau ist, mit typisch nach Osten geneigten Bäumen und Büschen, ist die Ostseeküste eher mild und ruhiger.

Rapsfeld bei Fjaltring
in Westjütland

DÄNEMARK REGIONEN

Jede Region hat ihre Highlights. Der Süden und Westen das weite Land am Meer, der Norden das intensive Blau des Himmels, die Inseln teils mediterranes Flair.

DÄNEMARK UND SEINE REGIONEN

Der weltbekannte Skagen-Maler Axel Lind (1907–2011) äußerte in einem Gespräch mit dem Autor zur Jahrtausendwende in seinem Atelier am Grenen, an der Nordspitze des Landes: »Du musst nach Dänemark kommen, ins Land des Lichts, wann immer du die Sehnsucht danach verspürst, aber nicht nur, wenn das Wetter schön ist, sondern auch, wenn es regnet. Selbst Regenwetter ist in diesem Land von einer unglaublichen Schönheit!« Axel Lind meinte dabei die Lichtstimmungen, die Dänemark seine Besonderheit geben.

IM LAND DES LICHTS

Gerade als Wohnmobilist wird man Linds Auffassung bald teilen, auch wenn dies der Tatsache geschuldet sein mag, dass Dänemark zwischen zwei Meeren, Nord- und Ostsee, eingebettet ist und nicht gerade hohe Landschaftsformen aufweist, die sich einem Tiefdruckgebiet und dem damit einhergehenden Regen entgegenstellen, die meist aus Westen und Nordwesten über die Nordsee kommen. Regenschauer ziehen relativ schnell über das Land und die Sonne scheint gewöhnlich wieder nach kurzer Zeit. Daran kann auch die höchste Erhebung des Landes, der Møllehøj mit 170,86 Metern in den Ejer Bjergen der Skanderborg-Kommune in Midtjylland bei Skanderborg, nichts ändern (GPS: N55°58‘38“ E9°49‘27“). Baden im Meer, warme Strände und rundum Sonnenschein vermutet man nicht in erster Linie in unserem Nachbarland, liegt es doch im Norden Europas. Mit Dänemark assoziiert man eher kühle Temperaturen, tosende Meere, stürmische Winde, flache Landschaften, Fischgeruch, Viehzucht und Agrarwirtschaft, zahllose Ferienhäuser – aber nicht unbedingt Badeurlaub und Relaxen in der Sonne. Nähert man sich jedoch durch Recherchen in entsprechender Literatur und einer umfassenden Informationsfülle im Internet den einzelnen Regionen dieses wunderschönen Landes, wird man von ihm magisch angezogen.

Dieses Gefühl lässt einen dann nicht mehr los, erst recht nicht, wenn man die ersten Meter nach der Grenze hinter sich hat. Dabei spielt es keine Rolle, ob man der A 7 von Hamburg aus folgt und über Flensburg einreist oder sich einer der zahlreichen Fähren bedient, die den Reisenden über Rostock nach Gedser, über Puttgarden nach Rødbyhavn, oder, wie in Route 1 beschrieben, von List auf Sylt nach Havneby auf Rømø bringen.

Ist man dieser Magie dann gefolgt und hat Dänemark zum ersten Mal mit dem Wohnmobil »erfahren«, wird man wiederkommen, denn Stell- und Campingplätze sind grundsätzlich sauber, gut ausgestattet und liegen oft in herrlicher Umgebung, außerdem ist Dänemark das Land der kurzen Wege und besitzt ein umfassendes und gutes Straßennetz.

↑ Am Grenen Strand
↓ Fischereihafen in Thyborøn

↑ Danebrog und blaue Flagge
↗ Vom Sturm gebeugte Bäume

LAND DER BRÜCKEN UND FÄHREN

Das Königreich Dänemark, gern als »Land der unzähligen Inseln« bezeichnet, steht symbolhaft für reine, gewaltige Natur an den Meeren, die es umgeben, für faszinierende Lichtstimmungen, die schon um 1900 unzählige Maler aus der ganzen Welt in den hohen Norden um Skagen führten, für tiefe Verbundenheit der Einwohner mit ihrer Königin Margrethe II. und dem Königshaus und es steht auch für eine überhaupt nicht negativ zu verstehende, entspannte Gemütlichkeit, welche im dänischen Wort »hyggelig« zum Ausdruck kommt.
Vor allem bietet Dänemark abwechslungsreichen Urlaub für Jung und Alt, insbesondere für Familien mit Kindern, was allein schon durch die zahllosen Ferienparks, wie das Legoland in Billund oder den Knuthenborg Safaripark bei Maribo, dokumentiert wird. Es steht aber auch für Innovation, Fortschritt und Hightech, wenn man allein an die modernen und gigantischen Brückenbauwerke über den Øresund oder den Storebælt denkt, die Skandinavien als moderne Lebensadern des Handels mit ganz Europa verbinden. Dänemark wird nicht umsonst auch das »Land der Brücken und Fähren« genannt.
Und Dänemark steht für das Erleben mobiler Freiheit, ganz gleich, in welchem Gebiet des Landes man sich gerade zu welcher Jahreszeit auch immer befindet. Die Weitläufigkeit lädt den Wohnmobilisten förmlich dazu ein, das Land zu bereisen, und bietet ihm immer wieder großzügige Ruhezonen, um zu entspannen, zu sehen, zu genießen und sich zu erholen. In kaum einem anderen Land gelingt das Nebeneinander von Tourismus und Natur- und Umweltschutz so gut wie in Dänemark.

EIN PAAR FAKTEN

Dänemark liegt im Süden Skandinaviens, zwischen Nord- und Ostsee, zwischen Skagerrak und Kattegat. Es ist als einziges skandinavisches Land mit dem europäischen

Festland verbunden, aber nicht mit seinen skandinavischen Nachbarn Norwegen, Finnland und Schweden – nur symbolisch natürlich durch die Øresundbrücke. Die Brückenkonstruktionen über den Storebælt und den Øresund sind Symbol für eine Verbundenheit im Norden, die im Laufe der Historie nicht immer Bestand hatte.
Dänemark besteht aus 406 Inseln, die alle ihre eigenen Charaktere und verschiedenen Facetten haben. Die größten Inseln sind Sjælland mit der Hauptstadt Kopenhagen (im Großraum Kopenhagen leben circa 1,5 Mio. Einwohner) und Fünen. Hinzu kommen Møn, Falster, Lolland, das Festland Südostjütland, Westjütland, Ostjütland und, wenn man es geografisch sieht, die »Insel« Nordjütland sowie die südöstlich von Schweden gelegene Insel Bornholm. Ohne die ebenfalls zu Dänemark gehörenden Faerør-Inseln im Nordatlantik und Grønland ergibt das eine Fläche von 43 000 Quadratkilometern. Die Einwohnerzahl insgesamt beläuft sich im Jahr 2025 auf 5,96 Millionen Einwohner.

KLIMA UND WETTER

Dänemark hat naturgemäß ein Meeresklima mit mäßigen, warmen Sommern und milden Wintern. Die mittlere Maximaltemperatur liegt in den Sommermonaten Juni, Juli und August bei circa 22,3 °C. Der Februar als kältester Monat weist circa 0,7 °C im Mittel aus. Die vorherrschenden Windströmungsrichtungen liegen, bedingt durch die Erddrehung, um West. Charakteristisch ist das schnell wechselnde Wetterbild. Aufgrund der Lage am Meer werden die Luftmassen wegen fehlender Bodenformen, wie Berge, aus westlicher Richtung gegen das Land getragen und überqueren es in schneller Folge. Deutliche Zeichen unwirtlichen Sturmwetters sind nach Osten geneigte Bäume und größere Büsche, die nur mehr Äste an ihrer Ostseite aufweisen.
Während der normale Mitteleuropäer Wetterlagen wie tagelangen Stauregen nur in den Mittelgebirgen und Alpen kennt, vollzieht sich der Wetterwechsel in Dänemark relativ rasch. Regen mitführende Wolken ziehen vom Meer her kommend über Land, regnen ab und wenige Stunden später reißt Sonnenschein erste Lücken in die grauen Wolkenmassen.
Auch wenn Dänemark zu den raueren Gefilden in Europa gezählt wird, kann man an den Küsten mit überwiegend wolkenarmen Gebieten rechnen, die bis zu 30 Kilometer ins Landesinnere reichen. Grund ist eine teils geringe Thermik über dem Meerwasser in ruhigen Wetterlagen. Sie verhindert die Bildung von Quellwolken und die damit verbundenen Bewölkungsgrade. Bläst der Wind um Ost, kann man immer wieder beobachten, wie Haufenwolken

Hvide Sande Strand

über die Dünen auf die Nordsee hinausziehen und sich dann allmählich wegen der geringeren Thermik über dem Wasser auflösen. Dieser physikalische Vorgang ändert sich, wenn eine Winddrehung über Süd auf West erfolgt und Tiefdruckgebiete, die um West über das Meer gezogen kommen, dunkle Regenwolken, oft mit Sturm, heranführen.
Das Wasser des Meeres »heizt« sich in den Sommermonaten auf etwa 20 °C auf, was an vielen Stellen zum Baden einlädt, denn die Wasserqualität ist, mit wenigen Ausnahmen in manchen Hafenbereichen, hervorragend. Eine blaue Fahne zeigt an, dass man sich hier ins Wasser »trauen« darf.
Eine Wettervorhersage kann man den Medien entnehmen, wobei eine sehr umfassende Vorhersage beim Dänischen Meteorologischen Institut (DMI) unter www.dmi.dk zu bekommen ist. Natürlich bietet das eigene Smartphone umfassende, auch kurzfristige Wetterprognosen über die einschlägigen Apps. Man ist heute immer auf Höhe der Wetterlage.

Vesterhavet Strand

DER DÄNISCHE HIMMEL

Natürlich ist ein blauer Himmel der Garant für einen schönen und erholsamen Urlaub. Im Sommer kann man das Phänomen der langen Helligkeit erleben. Die Sonne geht, bezogen auf die Hauptstadt Kopenhagen, zur Sonnwende um 4.28 Uhr auf und erst um 21.54 Uhr unter. Es wird dann aber nie so ganz dunkel. Dagegen klettert die Sonne im Winter nicht allzu hoch über den Horizont und verschwindet dann schon gegen 17.20 Uhr wieder in den Wogen der Nordsee, um eine kalte Dunkelheit über das Land zu legen.
Aufgrund der reinen Luft kann man insbesondere im Winter bei wolkenlosem Himmel nachts die Sterne in einer Vielfalt erleben, wie es nur an wenigen Orten noch möglich ist. Das weiße Band der Milchstraße ist dann weithin zu erkennen. Ein besonderer Ort zur Sternenbeobachtung ist die Insel Møn in der Nähe der Kreidefelsen.

ZWISCHEN DEN MEEREN

Die Dänen leben an Nord- und Ostsee und sie leben mit diesen Meeren. Auch wenn die Meeresfischerei rückläufige Zahlen aufweist und die Fischerboote immer weiter in die Nord- und Ostsee hinausfahren müssen, um ertragreiche Fischgründe zu erreichen, ist sie ein sehr wichtiger Bestandteil der dänischen Einkommen. Fischereihäfen wie Esbjerg, Hvide Sande, Hanstholm und Hirtshals oder Skagen sind mit ihren Fischfabriken Arbeitgeber in den Regionen. Nord- und Ostsee könnten allerdings gegensätzlicher nicht sein.

Einfallender Küstennebel am Bulbjerg

NORDSEE

Das raue Klima der Nordsee zieht unter den Reisenden eher die robusten Charaktere an, denen kalte Luft und stetiger Wind nichts ausmachen oder die als maritime Sportler mit dem Segelboot, dem Kite oder dem Surfbrett auf dem Meer unterwegs sind. Zahlreiche Hotspots an der Nordsee warten auf Surfer oder Kiter, auf Rømø, bei Hvide Sande oder bei Klitmøller.
Weite Sandstrände begleiten die Küste der Nordsee von Süden her, wo die Insel Rømø wegen ihres breiten Strandes zum Eldorado der Drachenakrobaten geworden ist. Weiter geht es über Blåvand, Henne Strand, Nymindegab nach Vrist und weiter über Nørre Vorupør hoch in den Norden mit Blokhus, Løkken und Hirtshals. Den Abschluss bilden die weißen Sandbänke bei Gammel Skagen und am Grenen, wo Nordsee und Ostsee sich vereinen.

OSTSEE

Die Ostsee zieht mehr den ruhigen Urlauber-Typus an, der Ruhe und Entspannung sucht. Die Ostseeküste ist aber auch abwechslungsreicher, denn sie besitzt Sandstrände, kleine Steilküsten, Gebiete, die die charakteristischen, glatt geschliffenen Ostseesteine zeigen, und Fjordlandschaften, die weit ins Landesinnere reichen. In der Ostsee liegen zahlreiche Inseln, die mit Fähren gut zu erreichen sind, wie Læsø und Samsø. Etwas abseits dann Bornholm, südöstlich der Südspitze Schwedens, deren Hauptort Rønne von Mukran auf Rügen oder Køge bei Kopenhagen mit einer Fähre zu erreichen ist. Diese Inseln verfügen ebenfalls über abwechslungsreiche Strände, bieten interessante Sehenswürdigkeiten und insbesondere Ruhe zur Erholung. Møns Klint, die berühmten Kalkfelsen der Insel Møn, sind dann nach Osten hin der eigentliche Höhepunkt der Natur Dänemarks, der trotz eines Abstiegs von gut 100 Metern über eine Holztreppenkonstruktion unvergesslich bleibt.

DÜNENLANDSCHAFT

Dünen gehören zum Landschaftsbild Dänemarks wie das Meer. Allerdings wechseln sich die Landschaftsformen regelmäßig ab. Dünen umschließen das Land also nicht vollkommen, auch wenn unter Geologen die Küsten Dänemarks über Deutschland, die Niederlande und bis Frankreich als längstes Dünengebiet der Welt gelten.

Abendstimmung an der Rubjerg Knude

Dünen entstehen an flachen Sandküsten mit einem langsamen Übergang vom Meer zum Land hin unter der Voraussetzung, dass der Wind überwiegend auflandig weht; es entsteht dann längs der Meeresküste ein Strand. Trocknet der Sand strandseitig aus, wird er vom Wind aufgenommen, in Richtung Land verfrachtet und im Windschatten abgelegt. Eine Sandanhäufung bildet sich, an der sich erste Pionierpflanzen ansiedeln. Auf diese Weise entsteht eine kleine Sanddüne. Unter dieser sammelt sich Regenwasser, die Basis für den bekannten Strandhafer.
Eine kleine Sanddüne wächst bei ausreichender Sandzufuhr in einem Jahr über 70 Zentimeter. Durch die Bodenerosion des Meeres sind die Dünen an vielen Strandabschnitten gefährdet. Zur Sicherung werden aus Zweigen und Ried Abschirmungen gebaut, hinter denen sich wieder Sand anhäufen kann. Strandhafer wird angepflanzt, verbreitet sich und die Düne entwickelt sich wieder neu.
In Dünen herrschen gegensätzliche Lebensbedingungen auf kleinstem Raum und so sind unterschiedliche Tier- und Pflanzengemeinschaften zu beobachten. Auf den feuchteren, schattigen Nordhängen ist die Pflanzenvielfalt größer und andersartig als auf den sonnenseitigen Südhängen. Dort kann die Umgebungstemperatur schon mal über 50 °C betragen und im Sommer die ein oder andere Schlange zu sehen sein. Das aber überwiegend in den Schutzzonen, die man sowieso nicht betreten sollte. Nur eine geringe Anzahl an Kleinpflanzen und Moosen halten diesen extremen Lebensbedingungen stand.

AN DEN STRÄNDEN

Strandbesuche gehören zu einem Dänemarkurlaub unweigerlich dazu: Man kann sich irgendwo im Land aufhalten und hat dennoch nicht mehr als maximal 55 Kilometer bis zum nächsten Strand. Der Zutritt zu Dänemarks Stränden wird, trotz spürbarem Naturschutz, großzügig gehandhabt, im Sinne einer Eigenverantwortung, die jeder Einzelne mitbringen sollte.
Trotz eines starken Umweltbewusstseins kann man in manchen Bereichen, wie auf der Insel Rømø im Südwesten Jütlands oder bei Løkken/Nordjütland und zwischen Hirtshals und Tversted in der Jammerbucht, die Strände mit dem Fahrzeug befahren. Da heißt es dann, morgens früh einen Platz belegen, den »Kite« sprich Flugdrachen zusammenbauen – und hoch damit, denn Wind ist nahezu immer vorhanden. Dann beginnt der Urlaub so richtig und innere Ruhe und Entspannung setzen ein, wenn der Drache endlich am Himmel ist und sich manchmal ruhig, manchmal heftig im Wind hin und her bewegt.

Noch sind sie allein am Hvide-Sande-Hotspot.

Drachenfestivals gibt es in Dänemark jedes Jahr zuhauf, wobei das Festival auf Rømø, meist am ersten Septemberwochenende, zu den wichtigsten Ereignissen zählt. Dies gilt ganz besonders für Reisende mit Wohnmobil. In allen Variationen stehen sie dann zusammen, vom einzelnen Gefährt bis hin zu Wagenburgen, die an die Trecks während der Besiedelung des amerikanischen Westens erinnern.

Natürlich kann man an Dänemarks Küsten auch baden. Von über 7000 Kilometern dänischer Küste sind rund 5000 Kilometer Badestrand. Und beobachtet man Menschen, die an dänischen Stränden entlangwandern, entgeht einem nicht die vielfach typische Körperhaltung der Touristen, die sie zugleich von den Einheimischen unterscheidet – leicht nach unten gebeugt, schweift der Blick konzentriert über den Strandboden. Es ist die Hoffnung auf Bernstein und Findlinge, die offenbar zu dieser Haltung »zwingt«. Fast unweigerlich wird man von einer Art »Goldgräberstimmung« erfasst, sobald man irgendwo einen Strand betritt, und jeder wird zum »Bernstein-Besitzer«, der etwas Braunes und Leichtes erspäht hat. Dabei kann es sich

Tipp

WELLENREITEN

Immer mehr Wellenreiter tummeln sich nordseitig der Mole und des Landungsbereichs der Fischerboote in Nørre Vorupør, circa 15 Kilometer südlich von Klitmøller. Bei entsprechender Windrichtung ist man (noch) unter sich. Der Küstenabschnitt ist sehr breit und lang gezogen mit einer regelmäßigen Biegung, wodurch interessante Wellen entstehen. Zudem liegt der Spot direkt an einem freien Stellplatz und die Wege sind kurz.

Kiter mit Gokarts auf Agger Tange am Limfjord

aber auch nur um Teile einer zersplitterten Bierflasche handeln, die durch die Bewegung des Meerwassers und Reibung am Strandkies jahrelang bearbeitet worden sind. Doch egal, welcher Fund es ist, wichtig ist die Suche in der freien Natur, denn diese ist absolut erholsam und gesund!

GOLD DES NORDENS

Es ist der Traum eines jeden Reisenden, das »Gold des Nordens«, einen Bernstein, selbst am Strand zu finden. Man muss es wirklich zu schätzen wissen, wenn man einen »in freier Wildbahn« zwischen angeschwemmten Tangpflanzen und Fischernetzteilen oder nassen Holzstücken entdecken darf. Bernstein zu finden, ist an allen dänischen Küsten möglich, besonders im Strandbereich zwischen der Insel Fanø vor Esbjerg in Südwestjütland und der besonders unter den mobilen Nordtouristen bekannten Fähr- und Hafenstadt Hanstholm in Nordwestjütland. Um die Chance zu erhöhen, Bernstein tatsächlich aufzuspüren, muss man physikalisch denken. Durch seine Gegebenheiten funktioniert das Meer wie eine enorme Steinsortieranlage. Alles wird nach seinem spezifischen Gewicht sortiert und durch die Strömungen und Wellenbewegungen am Strand abgelagert. Bernstein ist leicht, manchmal sogar leichter als das Meerwasser. Daraus ergibt sich, dass er niemals zwischen Steinen zu finden ist, denn das spezifische Gewicht von Steinen ist etwa dreimal höher als das von Bernstein.
Bernstein lässt sich bei einer Meerestemperatur von 4 °C am besten entdecken, denn bei dieser Temperatur treibt er wegen des größten spezifischen Gewichts wie eine Art Boje knapp unter der Wasseroberfläche dahin. Ist der Sandboden nach einem schweren Sturm stark aufgewühlt, ergeben sich sehr gute Möglichkeiten, wenn man mit einem Netz »bewaffnet« im Meerwasser in Strandnähe sucht.
Auch die einheimische Bevölkerung zu beobachten, gibt Hinweise auf Bernsteinfundorte. Meist sind es ältere Herrschaften, die mit alten Motorrädern die Strände entlangfahren, insbesondere nach Stürmen – man erkennt sofort den »Bernstein-Spezialisten«. Wäre nicht die Tatsache, dass im Winter wegen der Kälte des Meerwassers die größten Bernsteine gefunden werden, ein Grund, Weihnachten und Silvester dort zu verbringen? Dänemark ist auch im Winter ein sehr schönes Urlaubsland.

FLINT UND KALKSTEIN – MADE IN DENMARK

Nahezu alle Steine an den dänischen Küsten sind Findlinge von Felsen und Gebirgen aus anderen Teilen Skandinaviens. Flint und Kalkstein stammen aus heimischen Gefilden. Die Gletscher der Eiszeiten transportierten die Steine (als »Geschiebe« bezeichnet) über große Wegstrecken hinweg aus den südlichen Teilen Schwedens und Norwegens, aber auch aus der Tiefe vom Grund der Ostsee. Wissenschaftler haben Spuren von sieben

Eiszeiten im Norden Europas gefunden. Die meisten Steine sind mit der Saale-Eiszeit und der Weichsel-Eiszeit nach Dänemark gekommen. Die westlichen Teile Jütlands waren während der Weichsel-Eiszeit, die vor circa 15 000 Jahren endete, nicht mit Eis bedeckt. Kalksteine gibt es sehr selten an den Stränden, da sie aufgrund ihrer weichen Konsistenz in den Wellenbewegungen des Meeres von anderen Steinen zermalmt werden. Kalkstein ist die Voraussetzung für die sehr langsam verlaufende Bildung von Flint, der aus dem Mineral Quarz besteht. Die meisten Kalksteine findet man in der südlichen Jammerbucht am Bulbjerg, der im Zweiten Weltkrieg ein strategisch wichtiger Posten war. Heute dient er den Vögeln als Brutplatz und unterliegt einer permanenten Erosion. Dennoch kann man überall in Dänemark auf Kalkstein stoßen. An einigen Stellen im Land ließen die Eiszeiten Gletscher-Kalkfelsen entstehen, wie auf Sjælland (Stevns Klint) oder auf der Insel Møn (Møns Klint). Die Gletscher zermalmten aber auch riesige Mengen von Flint, woraus Feuersteine entstanden. Diese können schwarz, grau und braun sein, wodurch sie dem Bernstein ähneln und verwechselt werden können.

Tipp

BERNSTEIN UND DIE DINOSAURIER

Bernstein war in seiner Ursprungsform klebriges, fließendes Harz und ist im Schnitt 50 Millionen Jahre alt. Manchmal findet man in Bernstein eingeschlossene Pflanzenreste oder Insekten. Der Traum, in einem der Insekten, wie Mücken, Gene eines Dinosauriers zu finden, wie in Steven Spielbergs »Jurassic Park«, wird ein Traum bleiben, denn zum Zeitpunkt des Entstehens des Bernsteins waren die Dinosaurier längst ausgestorben.

Kreidefelsen auf Møn

↑ Idylle am Ringkøbing Fjord
↓ Zeugen der letzten Eiszeit am Bulbjerg

RÜCKSICHT AUF TIERE UND NATUR

In einer offenen Landschaft wie der dänischen hat man einen weiten Ausblick – genau wie Vögel, die schnell erschreckt werden, wenn sie etwas sehen, das sich bewegt. Den Dänen ist es ein großes Anliegen, dass man Rücksicht auf die Natur nimmt und natürlich auch auf darin lebende Tiere, insbesondere die Vögel. Dies kann man während der Fahrt an zahlreichen Initiativen und Hinweisen sehen. Folgende Regeln müssen eingehalten werden:

- Während der Brutzeit der Vögel nicht auf Wiesen und in das Schilf gehen
- Nicht über Felder, auf denen sich große Gänseschwärme aufhalten, gehen
- Hunde angeleint lassen

Die EU-Staaten kooperieren bei dem Schutz der Natur. Es wurde vereinbart, dass jeder Staat Gebiete benennen soll, in denen besonders gute Verhältnisse für Zugvögel geschaffen werden, und Gebiete, in denen bedrohte Tier- und Pflanzenarten gute Lebensbedingungen erhalten können. Dänemark hat diese Vereinbarung realisiert.

EIN WENIG GESCHICHTE

Die ältesten menschlichen Spuren, die auf dem heutigen Gebiet Dänemarks entdeckt wurden, stammen aus der Steinzeit, an die sich Bronzezeit und Eisenzeit anschlossen. Die Dänen stammen von den Wikingern ab, die heute immer noch eine große Rolle in der dänischen Kultur spielen. Bei zahlreichen Wikingerfestspielen und Wikingermärkten kann man sich in die damalige Zeit zurückversetzt fühlen. Das Wikingercenter in der ältesten Stadt Dänemarks Ribe zeigt die Lebensweise der Wikinger. Das Wikinger-

Seehund im Ozeanarium Hirtshals

schiffsmuseum in Roskilde informiert mit zahlreichen Originalfunden und Rekonstruktionen. Auch die Mittelaltercenter auf Falster und Bornholm sind lohnende Ausflugsziele, die auch die jüngsten Mitreisenden zum Staunen bringen.
Die Anfänge der dänischen Monarchie reichen bis ins Jahr 940 n. Chr. zu König Gorn dem Alten zurück. Er ist auf den berühmten Runensteinen im jütländischen Jelling verewigt. Nach der Zeit der Wikinger herrschte Waldemar IV., in dessen Amtszeit Auseinandersetzungen mit den Hansestädten bestanden.
Margrete I. verband Dänemark, Schweden und Norwegen zur Kalmarer Union, die bis zur Loslösung Schwedens 1523 andauerte. Die Personalunion von Dänemark und Norwegen endete mit dem Frieden von Kiel und der Wiener Kongress 1814/1815 legte die Grenzen in Europa neu fest. Die Zeit bis zum Ersten Weltkrieg, in dem sich Dänemark – wie auch im Zweiten Weltkrieg – neutral verhielt, war von nationalliberalen Bewegungen geprägt. In der Nachkriegszeit wurden Grønland und die Faerør zu weitgehend autonomen Außengebieten des Königreichs.
Die Runensteine gehören zum Weltkulturerbe der UNESCO, genauso wie das Hamletschloss Kronborg in Helsingør im Norden

Sjællands und die gotische Domkirche von Roskilde, in der die gekrönten Häupter der Dänen bestattet werden. Neben Schloss Kronborg können auch andere königliche Schlösser und Parks besucht werden, wie die Königsresidenz Schloss Amalienborg und Rosenborg mit den Kronjuwelen in Kopenhagen oder der Sommersitz Marselisborg in Aarhus. Viele Schlösser und Herrenhöfe bieten Übernachtung an oder Räumlichkeiten für Meetings.

DAS KÖNIGSHAUS

Derzeitiges Staatsoberhaupt von Dänemark ist Frederik X. Die Dänen lieben ihr Königshaus und ihre ehemalige Königin Margrethe II. Sie ist volksnah und weltoffen wie das Land. Sie genießt in der Bevölkerung gerade wegen ihrer Schwächen wie dem Rauchen eine sehr hohe Sympathie. Aber auch ihr Nachfolger Frederik X mit seiner Frau Prinzessin Mary übernehmen immer mehr die Beliebtheitswerte der Königmutter.
Die Zuneigung der Dänen zu ihrem Königshaus ist traditionell. Dänemark hat die älteste Monarchie Europas und ihre Nationalflagge, der »Dannebrog«, ist die weltweit älteste. Seit 1794 ist Schloss Amalienborg königliche Residenz. Überwiegend im Win-ter wohnt dort die königliche Familie in vier wunderbaren Rokoko-Palais, die um den Schlossplatz angeordnet sind. Die gehisste Fahne zeigt, dass Ihre Majestät Königin Margrethe II. und ihre Familie zu Hause sind. Die Königin reist sehr gern und besitzt neben ihren zahlreichen Schlössern den Dreimaster »Dannebrog«. Das Segelschiff ist ihr ganzer Stolz und dient ihr als Residenz bei offiziellen Terminen oder wenn sie Staatsgäste empfängt.

DIE DÄNEN

»Hej« – der Willkommensgruß der Dänen garantiert Unvoreingenommenheit, die jedem Reisenden mit ehrlicher Freundlichkeit entgegengebracht wird. Die persönliche Anrede ist das »Du«, wie überhaupt im skandinavischen Raum. Eine Anrede mit »Sie« drückt eine klare Abneigung aus, also gut hinhören.
Überhaupt hat die dänische Sprache ihre Tücken, vor allem in der Aussprache, und so erleichtert es die Verständigung, dass viele

Frischwasser – Strom – WLAN
Antenne direkt am Fahrzeug

Dänen Deutsch sprechen. Besonders gilt dies natürlich im grenznahen Bereich, aber auch in den Urlaubsgebieten im Land. Dies mag auch daran liegen, dass vor allem (aber nicht nur) die Nordseeküste während des ganzen Jahres durch die landschaftlich wunderschön gelegenen Camping- und Stellplätze sowie die Ferienhausvermietung fest in »deutscher Hand« ist; vor so manchem Ferienhaus steht mittlerweile zusätzlich ein Wohnmobil! Ansonsten sprechen die Dänen ein verständliches, sehr gutes Englisch.

Die Dänen sind nationalbewusst und zeigen dies auch. Besonders an den Wochenenden, wenn sie sich in ihren Ferienhäusern an den Küsten erholen, wird als erste Aktion der »Dannebrog« gehisst – eine lange, zu ihrem Ende hin spitz zulaufende, manchmal meterlange Sturmfahne in der Landesfarbe Rot mit weißem Kreuz, die jedem Wetter trotzt und über die Zeit hinweg farblich verblasst. Manchmal hängt der »Dannebrog« auch schon in Auflösung begriffen und ausgebleicht am Flaggenmast, aber er ist Symbol für dieses Land und seine Leute und wird erst ausgetauscht, wenn er von Stürmen gezeichnet schon kaum mehr erkennbar ist. Der Wohnmobilbesitzer mag jetzt bitte nicht auf die Idee kommen, eine deutsche Fahne zu hissen, um seine Verbundenheit und Zuneigung zu Dänemark und seinen Bewohnern zu zeigen. Dies ist verboten und wird nur bei offiziellen Anlässen oder in den Häfen akzeptiert, wenn man als Deutscher mit seinem Schiff einläuft. Dies ist auch eine internationale Gepflogenheit.

KRONE ODER EURO

Die Dänen stehen zu ihrem Zahlungsmittel, der »Krone«, nahezu uneingeschränkt. Dennoch akzeptieren immer mehr Geschäfte, nicht nur in den Feriengebieten, den Euro ohne Probleme. Man muss nur wissen,

Kinder und Jugend lieben die freie Natur.

dass das Rückgeld in dänischen Kronen ausbezahlt wird und der Umrechnungskurs »zufällig« immer zu einem Euro gerechnet ist. Besser ist es, in Kronen zu bezahlen, die man vor Ort in Dänemark mit günstigerem Kurs eintauschen kann. Selbst wenn die Banken eine Bearbeitungsgebühr einbehalten, bleibt etwas mehr in der Urlaubskasse, als wenn man in Deutschland wechselt oder immer mit Kreditkarte bezahlt. Auch hier lauern mittlerweile nicht selten Gebührenfallen.

DÄNEMARK LIEBT KINDER

Dänemark ist auch das Urlaubsland für Familien, insbesondere mit kleinen Kindern. Es gibt wohl kaum ein Land, das bezogen auf seine Fläche so viele Angebote für Familien mit Kindern hat. Dabei spielt es keine Rolle, wie man Urlaub macht, ob im Ferienhaus, im Hotel oder eben mit dem Wohnmobil auf den überall im Land zu findenden Camping- und Stellplätzen. Für Kinder ist immer etwas geboten, der Spaß ist grenzenlos.

Design und Technik im Hafen von Esbjerg

Sonne und Meer locken zum Spielen und Baden. Wanderungen auf bezeichneten Wegen in den Dünenlandschaften oder Spaziergänge an breiten Stränden, in tiefen Wäldern oder malerischen Heidelandschaften bieten sich an. Dänemark hat die Eigenschaft, nahezu überall eine eindrucksvolle Faszination zu versprühen. Shoppen und Essengehen in gemütlichen Orten der Feriengebiete und in den Städten befreit vom Stress des täglichen Lebens. Ein stetiger Wind an den Küsten lässt Träume von bunten Drachen am Himmel Realität werden.
Selbst Regen macht in Dänemark Spaß. Man streift sich wetterfeste Kleidung und Stiefel über, zieht den »Südwester« tief ins Gesicht und geht am Strand spazieren. Während langer Spaziergänge wird die gesunde Salzluft eingesogen und man atmet wieder richtig durch. Alternativ findet man überall im Land interessante Sehenswürdigkeiten wie das berühmte, nach einem Brand wieder neu gestaltete, Nordseeaquarium in Hirtshals, die weißen Felsen am Møns Klint, den herrlichen Jesperhus-Blomsterpark auf der Insel Mors, um nur einige zu nennen. Nahezu zahllos sind Ferien- und Erlebnisparks, die über das Land verteilt sind. Über allem aber steht die größte Attraktion Dänemarks, das Legoland in Billund, das nicht nur Kinder gesehen haben müssen.
In jedem Feriengebiet gibt es Attraktionen, um Kinder urlaubsgerecht zu beschäftigen. Ob Reiten am Meer oder Erlebnisse in den großen Ferienparks – Tivoli in Aalborg/ Nordjütland, Dyrehavsbakken in Klampenborg bei Kopenhagen, Faarup Sommerland bei Blokhus/Nordjütland, BonBon-Land bei Næstved/Sjælland oder Blomsterpark in Jesperhus/ Limfjord – glückliche Kinderaugen leuchten. Und das Beste für den Wohnmobilisten ist, man kommt überall gut hin!

ANTIK, BUTIKEN, TILBUD

Shopping in Dänemark ist mitunter ein Erlebnis. Es gibt nichts, was in Dänemark nicht noch zu etwas gut sein könnte, und keine Straße klein genug, um in ihr nicht den Bezeichnungen »Antik« und »Butiken« zu begegnen. Der Däne versteht es, in kleinen privaten Museen das Leben seiner Vorfahren zu dokumentieren und es dem Reisenden für einen kleinen Obolus zu erläutern oder in alten Scheunen irgendwelche Dinge des aktuellen oder früheren täglichen Bedarfs zum Verkauf anzubieten. Mit stoischer Gelassenheit und einer unendlichen, aber ehrlichen Freundlichkeit wird dabei abgewartet, bis ein interessierter Tourist sich zu einem Objekt äußert und es erwerben will.
Über das ganze Land verteilt finden sich diese Handelsorte des »kleinen Bedarfs«, des »Erinnerungseinkaufs«, des »Mitbringsels«. Ebenso sollte man aufmerksam werden, wenn man einem Schild mit der Aufschrift »Tilbud« begegnet. Hier heißt es: anschauen

und kaufen, denn es ist billig, zumindest relativ, denn die Mehrwertsteuer liegt in Dänemark bei 25 Prozent.

Es gibt überall im Land eine Fülle guter Einkaufsmöglichkeiten – von kleinen, heimeligen Fachgeschäften bis hin zu den großen Einkaufszentren, meist in Gewerbegebieten auf dem freien Land gelegen. Im Angebot fehlt nichts, was der europäische Wohnmobilist gewohnt ist. Produkte und natürlich der Begriff »dänisches Design« stehen für Qualität. Der Selbstversorger kann auch auf dem Land in den »grünen Hofläden« oder direkt an der Stalltür oder am Holzwagen vor großen Gutshöfen und kleinen Nebenerwerbshöfen landwirtschaftliche Erzeugnisse einkaufen. Eine kleine, oftmals wackelige Geldkassette oder eine Milchkanne, mit einem Schlitz versehen, reichen zur Bezahlung aus. Man vertraut eben in Dänemark!

In größeren Städten und in den Urlaubszentren laden natürlich viele Restaurants und Cafés zum Verweilen und Erholen nach »anstrengenden« Shoppingtouren ein. Bei schönem Wetter in der warmen Sonne zu sitzen, die Augen zu schließen und vielleicht ein kühles Getränk zu genießen, erinnert einen dann an die Metropolen im Süden.

OPTISCHE KUNSTWERKE: INDUSTRIEKAMINE

Auffällig auf den Inseln sind hohe Industriekamine, die zu wahren Kunstwerken umgestaltet worden sind. Findige Menschen haben es sich zur Aufgabe gemacht, diese notwendigen Übel moderner Technik wenigstens optisch zu verschönern – auch wegen der Korrosionsanfälligkeit durch die Meeresluft. Durch Farbspiele in allen Variationen fallen die sonst überwiegend schmutzig und rostig erscheinenden industriellen Schlote schon von Weitem auf. Dabei scheint es keine Grenzen der künstlerischen Entfaltung zu geben. Ob in bayerischem weiß-blauen Rautenmuster, mit Heißluftballons und Landschaften, mit Wolken und Möwen maritim verziert, oder einfach nur als Giraffe oder mit schwarz-weißen Zebrastreifen, ragen sie in den Himmel empor. Der Begriff »dänisches Design« bekommt dabei eine ganz eigene Note.

MARGUERITRUTEN

Auf unserer Fahrt werden uns immer wieder Hinweisschilder mit einer Margerite darauf begegnen. Sie stehen meist allein am Fahrbahnrand oder sind an ein Verkehrszeichen zusätzlich montiert. Ein solches Schild dokumentiert, dass man sich auf einem Teilstück des Radwanderweges, der um ganz Dänemark herumführt, befindet. Es dient auch ohne Fahrrad immer wieder zur eigenen Orientierung.

Die Margeritenroute hat mit einer Länge von circa 3540 Kilometern die Dimension einer »Tour de France« und führt entlang landschaftlich interessanter Straßen, insbe-

Sinn für Design und ein Herz für das Elefantenwaisenhaus

Offizielles Symbolder Margeritenroute

sondere über Nebenstraßen. An der Route stehen die braunen Schilder mit der weiß-gelben Margerite als Kennzeichen. Die Route ist für Pkws oder Motorräder gedacht, da sie an manchen Stellen über schmale Brücken oder andere Hindernisse führen kann. Manche Teilabschnitte sind daher für Wohnmobile ungeeignet, aber nicht alle. Nähere Infos siehe unter https://de.wikipedia.org/wiki/Margeritenroute.

WOHNMOBILISTEN IN DÄNEMARK

Unter Wohnmobilkapitänen grüßt man sich unterwegs und natürlich fällt auf, wer einem entgegenkommt. An der Westküste steuern besonders viele junge Leute, meist Wassersportler der Surfer- und Kiterzunft, die Wohnmobile, und ihre Fahrzeuge haben manchmal schon viele tausend Kilometer und Jahre auf den Achsen. Auch viele junge Familien trifft man an, teils in gebrauchten Fahrzeugen, die mit ihren Kindern mobil Urlaub machen. Deutsche Kennzeichen sind an der Tagesordnung.

Kommt man weiter in den Norden, ändert sich das Bild, denn nun sind auch viele holländische, französische und italienische Kennzeichen dabei. Natürlich auch andere, zum Beispiel baltische, denn die Fährhäfen nach Norwegen oder Schweden sind nahe. Das Publikum ist altersmäßig gemischt.
Im Osten, fernab von den Tourismusströmen der Nordsee, taucht man in ruhige, beschauliche Landschaften ein, was sich schon an den etwas schmaleren Straßen und einem ruhigeren Meer nachvollziehen lässt. Auch die Kapitäne und Begleiter in den Wohnmobilen sind in diesem Gebiet eher gesetzteren Alters, reisen gern zu zweit und bringen Zeit mit. Die Wohnmobile sind eher neu oder zumindest jüngeren Datums, auch von größerer Wohnfläche.
Auf den Inseln im Süden trifft man dann gern junge Familien und Segelsportler an, denn die Inseln haben italienischen Charakter, nicht nur landschaftlich, sondern auch in Bezug auf Wassertemperatur und Sonnenschein. Man sieht, Dänemark hat für jeden Wohnmobilisten etwas parat.

CAMPING

In Dänemark gibt es über 500 anerkannte Campingplätze, die im Sommer ein vielfältiges, auf Tourismus ausgerichtetes Programm für den Reisenden anbieten. Außerhalb der Saison sind es 135 Plätze, die in den meisten Fällen auch Stellplätze für Wohnmobile zur Verfügung stellen. Für die Übernachtung ist in aller Regel ein gültiger Campingpass notwendig, welcher vor der Reise im Internet bestellt werden kann oder vor Ort am Campingplatz und in den Fremdenverkehrsbüros erhältlich ist. Die Gebühren für den dänischen Pass, der verlängert werden kann und nicht nur in Schweden, Finnland und Norwegen ebenfalls Gültigkeit besitzt, sondern in ganz Europa, betragen pro Jahr etwa 16 Euro.

UNTERWEGS IN DÄNEMARK MIT DEM WOHNMOBIL

Die Zahl der Wohnmobilreisenden steigt mit dem Mobilitätsboom beim Reisen auch in Dänemark. Bei der Einreise sind Führerschein, Kfz-Schein und ein D-Schild mitzuführen, sofern das Fahrzeug kein Euro-Nummernschild hat. In Zeiten des weltweiten Terrorismus haben die Dänen im Jahr 2016 Kontrollen bei der Einreise eingeführt und das Schengener Abkommen für Reisefreiheit vorübergehend außer Kraft gesetzt. Bevor man Dänemark mit dem Wohnmobil bereist, sollte man sich über die örtlichen Gegebenheiten informieren. Aufgrund der geografischen und windphysikalischen Lage sind die großen Städte im Osten angesiedelt, sie »ducken« sich sozusagen von Wind und Sturm im Westen weg. Die Autobahnen sind entsprechend der örtlichen Lage der Städte als Verbindungen entstanden und wurden somit im Osten Jütlands gebaut. Lediglich Esbjerg, als »Vorposten« im Westen an der Nordsee, ist, aber auch erst seit Ende der 1990er-Jahre, an das Autobahnnetz durch die Europastraße E 20 angeschlossen worden und steht damit in Verbindung mit den dänischen Zentren im Osten und mit Schweden. Klassische Verbindung und Zubringer zu den Feriengebieten ist die Europastraße E 45, die ostseitig ganz Jütland als Haupttransferstrecke entlangführt. Vom Grenzübergang Flensburg/Kruså (bis dahin in Deutschland als A 7 bekannt) über Aabenraa, Kolding, Vejle, Aarhus, Randers und Aalborg führt sie bis Frederikshavn zu den schnellen Fähren nach Göteborg in Schweden.

Ab Aalborg zweigt die Nordroute E 39 nach Hirtshals zu den Norwegenfähren ab. Neben den Europastraßen (Europavej) verfügt

Tipp

MAN FÄHRT SICHER

Mittlerweile sind nahezu alle Straßen mit einem Sicherungssytem ausgestattet, das eine Art »Rattern« erzeugt, wenn man zu weit über ihre Mitte oder nach rechts außen fährt, also die – zu diesem Zweck mit Lücken versehenen – Fahrbahnmarkierungen überschreitet. Insbesondere nachts auf ländlicher Route ist dies eine gute Orientierungshilfe, die auch anderswo gängige Praxis geworden ist.

Unendliche Weiten am Limfjord

Stellplatz in Nørre Vorupør

Dänemark über ein gut instand gehaltenes Straßennetz. Hauptstraßen (Primærvej) und Landstraßen (Sekundærvej) sind überwiegend geteert und in einem guten Zustand.

ACHTUNG! VERKEHRSSCHILD

In Dänemark sind viele Verkehrsstraßen über Land nicht wie im dicht besiedelten übrigen Europa angelegt, sondern sie führen oftmals in langen Geraden über viele Kilometer hinweg. Eine Richtungsänderung wird dann durch ein großes weißes Schild oder mit mehreren kleinen weißen Schildern jeweils mit roten Pfeilen angezeigt. Man kann sie meist schon im Vorfeld erkennen, aber manchmal werden sie wegen der monotonen Fahrweise mit 80 km/h schon mal zu spät wahrgenommen oder gar übersehen. Das kann fatale Auswirkungen haben, wie manche Bremsspur im Asphalt beweist, da einige dieser Richtungsänderungen über 60 Grad liegen. Hier ist absolute Vorsicht geboten, damit der Straßengraben nicht zum »Landeplatz« wird.

CAMPEN ODER »FREIES« ÜBERNACHTEN?

Man ist schon versucht, auf einem »schönen Fleck« stehen zu bleiben und erst am nächsten Morgen die Fahrt wieder aufzunehmen. Dies gilt besonders dann, wenn eine beeindruckende Landschaft, wie auf dem Bulbjerg östlich von Lild Strand oder an der Råbjerg Mile im Norden, einen nicht mehr loslässt, aber auch wenn einen Müdigkeit befällt. Einmaliges Übernachten, für maximal elf Stunden, ist auf Rast- und Parkplätzen erlaubt, sofern dies durch Beschilderung nicht verboten ist.

Freies Campen ist jedoch generell nicht erlaubt, will sagen, das Auspacken von Tisch und Stühlen. Wenn man keinen Campingplatz aufsuchen möchte, gibt es im ganzen

Land ausreichend Stellplätze für Wohnmobile, die man zum Beispiel über das Smartphone mit geeigneten Apps auffinden kann. Ab und zu gibt es auch Zwischenlösungen, wie nördlich des Leuchtturms von Nørre Vorupør. Dort sind hinter den Dünen am Surfspot mehrere Parkplätze mit zwei sauberen Toiletten, die jeden Tag während der Saison morgens gereinigt werden, und ein Frischwasseranschluss in einem kleinen Häuschen anzutreffen. Obwohl kein offizieller Stellplatz, kann man hier kostenfrei in wunderbarer Landschaft sein Wohnmobil für eine Nacht abstellen.

Eventuelle Konflikte lassen sich natürlich vermeiden, wenn man einen Campingplatz aufsucht. Über 90 Prozent aller Campingplätze haben Einrichtungen für Wasseraufnahme und Entsorgung sowie Sonderbereiche für Wohnmobile. Man erkennt diese an der Bewertung ab drei Sternen in den Campingführern. Über 110 Campingplätze bieten Quick-Stop-Übernachtungsplätze an: Anreise nach 20 Uhr, Abreise am nächsten Tag vor 10 Uhr. Nähere Informationen findet man unter www.dk-camp.dk. Viele Rastplätze, insbesondere auf Autobahnen, verfügen über Installationen zum Auffüllen des Wassertanks und zum Entleeren des Spülwassers oder der Toilettenkassette.

In Zeiten genereller Unsicherheit sollte man sich das »freie« Übernachten überhaupt gut überlegen. Gerade sogenannte Stellplätze in Autobahnnähe sind nicht unbedingt sicher. So ist bei der Vorbereitungsreise zu diesem Buch im Juni 2017 auf dem Stellplatz der Insel Farø neben der E 45 nachts das neue Wohnmobil von außen mittels iPad und einer geeigneten Software entsperrt worden. Schlimmeres konnte verhindert werden, die Einbrecher wurden vertrieben. Der Vorfall geschah, obwohl zehn Wohnmobile und sieben Lkws vor Ort übernachteten! Andererseits war eine ähnliche Location bei Nyborg nach der Storebælt-Brücke neben der E 20 vollkommen unspektakulär, obwohl zusätzlich nur ein Wohnmobil dort über Nacht geparkt hatte. Es war absolute Ruhe in herrlichem Terrain.

Letztlich ist es also sinnvoll, während einer Tagestour rechtzeitig zu planen, wo die nächste Übernachtung stattfinden soll. Es gibt heute alle Möglichkeiten, einen Camping- oder Stellplatz in Dänemark zu finden und auf einem sicheren Platz zu übernachten – denn nicht jeder Wohnmobilreisende führt zur Bewachung einen Schäferhund mit sich. Insgesamt gilt jedoch uneingeschränkt und voller Überzeugung: Dänemark ist ein wunderschönes, faszinierendes und interessantes Land für den Wohnmobilisten. Das Bereisen macht richtig viel Spaß, egal wie das Wetter ist!

↑ Ewiges Mahlen und Schleifen am Strand ↓ Straßenverkauf von frischen Lebensmitteln aus der Region

Blick vom Bulbjerg zur Nordsee

DIE ROUTEN

Wer gerne Städtetouren mag, fühlt sich im ganzen Land zu Hause. Wer es gerne wilder mag, bleibt an der Nordseeküste, Mediterranes Feeling ist auf den Inseln möglich.

Saisoneröffnung am Hotspot in Hvide Sande

1

GECHILLT IM SÜDWESTEN – VOM MARSCHLAND ZUR »MONDLANDSCHAFT«

Von der Insel Rømø über Esbjerg nach Hvide Sande

Unsere Erkundung Dänemarks beginnt im Südwesten Jütlands auf der Insel Rømø, also an der Nordsee. Die Nordseeküste gehört mit zu den schönsten Wohnmobiltouren, nicht nur weil wir uns überwiegend in der Nähe des Meeres bewegen, sondern weil die Tour immer wieder einzigartige Aussichten auf Meer, wechselnde Landschaften und eindrucksvolle Fjorde bietet, die zum Verweilen einladen. Rømø selbst besitzt neben vielseitiger Dünen- und Heidelandschaften auch sagenhaft breite Strände, weshalb die Insel bei Badeurlaubern wie auch Wassersportlern hoch im Kurs steht.

Der eindrucksvollste Abschnitt der Westküste, die von der Hafenstadt Esbjerg im Südwesten bis nach Hanstholm im Nordwesten geht, reicht vom Marschland um Esbjerg und der »Mondlandschaft« um Nymindegab bis in die Zentren des Surfsports Hvide Sande, wo sich regelmäßig die weltbesten Surfer und Kiter zeigen, und Klitmøller. Das Wattenmeer mit seinen Gezeiten und dem flachen Marschland ist die vorherrschende Landschaftsform und man hat zunächst das Gefühl, noch im hohen Norden Schleswig-Holsteins zu sein. Eine reiche Auswahl an endlosen weißen Sandstränden an der Nordsee und auf den Inseln Rømø und Fanø erwartet uns bald darauf. Zwischen den genannten Orten fahren wir durch Gegenden, die von grünen Feldern und Wäldern geprägt sind.

Auch bei eher trübem Wetter kommt Stimmung auf, wenn Weite, Wind, Wasser und Strand zum Kitesurfen einladen.

AUF RØMØ

Angekommen am Fährhafen der Syltfähre auf Rømø, starten wir unsere Reise am Fähranleger in **Havneby** (GPS: N55°5‘10“ E8°34‘6“). Rømø ist Südwestjütland mit seinen kleinen Inseln und Fjorden sowie seinen gemütlichen Handelsstädten vorgelagert. Die Westseite Dänemarks verspricht breite und kilometerlange Sandstrände sowie Dünen, die höher werden, je weiter wir nach Norden kommen.

ROUTE 1

START- UND ENDPUNKT
Havneby/Rømø und Hvide Sande

STRECKENLÄNGE
186 km

FAHRZEIT
2 bis 3 Tage

MAUTSTRECKEN
keine

BESTE JAHRESZEIT
spätes Frühjahr bis in den Herbst

Start Rømø
Nationalmuseum
Kommadørgård
Drachenfestival
175 — 17 km
Skæbæk
Dom
E6 — 11 km
Ribe

Tipp

REISESTART

Unsere Wohnmobilreise durch Dänemark beginnt in diesem Reiseführer nach der Fährüberfahrt von List auf Sylt am Fähranleger in Havneby auf der dem Festland vorgelagerten Insel Rømø. Bei der Fahrt mit dem Autozug auf die Insel Sylt ist zu beachten, dass es seitens der Deutschen Bahn auf der Strecke über den Hindenburgdamm von Niebüll nach Westerland Beschränkungen für Wohnmobile gibt. Am besten informiert man sich auf www.syltshuttle.de über den aktuellen Sachstand zur Länge der Wohnmobile. Alternativ kann die Insel Rømø auch über die E 45 von Flensburg bis Ausfahrt 73 und über die 8 und 11 über Tønder nahe der deutschen Grenze erreicht werden. Von Niebüll ist Tønder über die 5, ab der dänischen Grenze mit 11 bezeichnet, zu erreichen.

KULTUR

NATIONALMUSEETS-KOMMANDØRGÅRD

Bei diesem Museum im Nordosten von Rømø (GPS: N55°9‘59“ E8°33‘16“) handelt es sich um einen dreiflügeligen Hof aus dem Jahre 1748, der 1951 restauriert wurde. Als Heimatmuseum am Juvrevej gelegen, zeigt er das Leben der Kommandeure der damaligen Zeit. Kommandeure waren Walfänger überwiegend auf holländischen Walfängerschiffen, deren Jagdgebiet um Grønland lag. Viele Seeleute aus Rømø verdienten mit harter und gefährlicher Arbeit auf diesen Schiffen ihren Lebensunterhalt.

Auf Rømø findet jedes Jahr am ersten Septemberwochenende eines der größten Drachenfestivals überhaupt statt. Unzählige Drachen tauchen den Himmel in der Umgebung von Lakolk dann in ein buntes Farbenmeer, begleitet von nicht wenigen Wohnmobilen, die sich auf der über einen Damm erreichbaren Insel ein Stelldichein geben.
Zunächst tauchen wir in eine ruhige Landschaft ein, die, obgleich nicht weit vom Treiben auf Sylt entfernt, sich uns doch in einem ganz anderen Licht zeigt. Wir fahren an der Ostseite von Rømø die 175 nach Norden und kommen nach acht Kilometern an die Kreuzung in **Nørre Tvismark**.

ZU DEN INSELHIGHLIGHTS

An dieser Kreuzung biegen wir zunächst links ab, um uns einige Highlights der Insel anzusehen. Wir folgen einer Art Stichstraße direkt nach Westen, geradewegs nach **Lakolk** zur Nordsee hinaus. Lakolk fällt durch sein »Butikscenter« rechter Hand am Ortsanfang auf. Bereits im Vorfeld des Weststrandes kann man unzählige bunte Drachen am Himmel erkennen, die für Rømø so typisch sind. Für Kinder ist besonders die **Rømø-Ranch** am Weststrand interessant. Auf Islandponys, die in Dänemarks Feriengebieten überhaupt weit verbreitet sind, geht es am Strand entlang oder auf Wegen durch eine interessante Dünenlandschaft. Die Dünenvegetation auf der Ostseite der Insel dagegen ist geprägt von ständigem Wind und zeigt einen vielfältigen Blumenreichtum. Kilometerlange und breite Sandstrände laden hier an Rømøs Westküste zum Baden in den Nordseewellen ein, zur Bernsteinsuche im Spülsaum des Meerwassers oder zum Ausruhen in den windgeschützten Dünen. Wer will, lässt Drachen, in allen Variationen, steigen, probiert Strandsegeln oder auch

Im Hafen von Havneby auf Rømø

Windsurfen aus. Jetzt wird auch verständlich, warum Rømø so beliebt ist.
Doch die Insel ist nicht nur wegen der langen Strände und der vielen Ferienhäuser bekannt, sie beherbergt auch das kleinste **Schulhaus** Dänemarks, das unter Denkmalschutz steht, sowie in seiner Nachbarschaft den alten Erbhof **Nationalmuseets Kommandørgård**.
Nach einer kleinen Pause fahren wir zurück nach Nørre Tvismark und verlassen die Insel Rømø und die bunte Drachenwelt über die 175 auf einem 9,2 Kilometer langen Damm, der 1948 eingeweiht wurde und der bei starkem Wind den Widerstand des Wohnmobils spüren lässt. Salzwiesen und Marschland, das zweimal am Tag überflutet wird, begleiten uns auf dem Weg zum Festland bei Skærbæk. Bei besonders guter Sicht kann man gegen Ende des Damms im Südwesten an Rømø vorbei noch einmal die Insel Sylt erspähen, die wir über die Fährverbindung von List her kennen.

ÜBER SKÆRBÆK UND BRØNS

Skærbæk ist ein typisches Straßendorf an der Straße Nr. 11 auf dem Weg nach Ribe. Die hübsche **Stadtkirche** stammt immerhin aus dem 13. Jahrhundert. Vor über 100 Jahren war Skærbæk, das seinerzeit zu Preußen gehörte und den Ortsnamen »Scherrebek« trug, für seine im Jugendstil gehaltenen Bildteppiche bekannt. Die **Kunstwebschule** des Ortes wurde 1896 von Friedrich Deneken zusammen mit Johannes Jacobsen, der Pastor im Ort war, gegründet und fertigte Teppiche nach Entwürfen verschiedener Künstler an. Das bekannteste Werk ist der berühmte »Schwanenteppich«. Bis 1905 war die Webschule in Skærbæk ansässig.
Wir kommen kurz vor Skærbæk zu einem Kreisverkehr, den wir zu einem Dreiviertel umrunden. Ein Gokart-Center auf der linken Seite weist uns den Weg gen Norden nach Ribe und weiter nach Esbjerg. Vorbei geht es an Landgütern, einzelnen Gehöften und privaten, teils wunderschön gepflegten Einzelhäusern. Die weitere Strecke erinnert immer mehr an das Marschland der deutschen Nordseeküste. Weites Land, ewiger Wind und tief ziehende Wolken deuten auf das Meer hin. Man atmet salzige, gesunde Luft und auch die Lippen schmecken in nur kurzer Zeit nach Salz.
Mehrere »Rasteplads«, das dänische Wort für Rastplatz, laden auf der Strecke zum Verweilen ein und sind teils mit Toiletten

Dom zu Ribe

AUSFLUG

INSEL MANDØ

Mandø ist eine vom Tourismus verschont gebliebene Insel südwestlich von Ribe im Wattenmeer. Der schmale Deich, der sie mit dem Festland verbindet, wird bei Flut jedes Mal überspült, dann ist Mandø vom Festland abgeschnitten. Mandø wurde 1231 erstmals erwähnt und gehörte dem König. Auf einer Auktion kauften die Bewohner 1741 die Insel. Während man 1890 noch 262 Einwohner zählte, die von der Schifffahrt und der Landwirtschaft lebten, waren es Anfang 2016 nur mehr 42. Die kleine, von Sandwatten gesäumte Marschinsel ist als einzige Insel ganz mit einem Deich umgeben. Von Vester Vedsted ist sie zwölf Kilometer, davon sechs Kilometer durch das Wattenmeer, entfernt. Es wird dringend empfohlen, für einen Besuch der Insel den Mandøbus zu nehmen. Der Traktorbus fährt in der Saison regelmäßig ab Parkplatz Vester Vedsted, ansonsten nach Absprache (nähere Infos unter www.visitribe.de). Wegen der Gezeiten ist ein Fußmarsch zur Insel gefährlich! Vester Vedsted ist von Egebæk aus zu erreichen.

und fließend Wasser ausgestattet. Lustig anmutende Schilder mit den Aufschriften »Kartofler« und »Gulerod« (Karotte) begegnen uns, wie überall auf unserer Reise durch Dänemark, bevor wir nach drei Kilometern den Ort **Brøns** durchfahren.
Der kleine Ort ist bekannt durch seine im romanischen Stil erbaute **Dorfkirche**, die zweitgrößte in Dänemark. Sie fällt insbesondere durch ihre interessanten Kalkmalereien auf. Der gemütliche Gasthof **Brøns Kro** mit Bed & Breakfast nimmt den Reisenden gern auf und bietet Qualität, wie überall in Dänemark, denn es ist ein Land der Genießer.
Auf der weiteren Route treffen wir auf die Ortschaften **Rejsby** und **Egebæk-Hviding** mit einer netten Cafeteria und erreichen nach 15 Kilometern den großen Kreisverkehr vor Ribe, in dem die Straße Nr. 24 dazukommt.

ÄLTESTE STADT DÄNEMARKS

Ribe präsentiert sich mit kleinen verwinkelten Gässchen und abgelaufenem Kopfsteinpflaster, was bei uns den Eindruck erweckt, die Stadt befände sich in einem immerwährenden Dornröschenschlaf. Über 100 denkmalgeschützte Bauwerke erinnern an jeder Ecke an über 1000 Jahre Stadtgeschichte. Um das Jahr 860 erhielt der Mönch Ansgar vom dänischen König ein Stück Land im

AUSFLUG

ZWISCHEN NORDSEE UND RIBE

Wenn man Ribe über die 11 westseitig umfährt, kann man auf Höhe des kleinen Flusses Ribe Å links abbiegen und im weiteren Verlauf einer kleinen Straße eine natürlich kultivierte Marschlandschaft besichtigen, die zwischen der Nordsee und der Stadt Ribe liegt. Auf einem befestigten Weg fährt man hinaus Richtung Nordsee, vorbei an landwirtschaftlichen Gütern, die überwiegend Viehzucht betreiben. Eingebettet in eine mit Dünengras bewachsene Landschaft liegen kleine Seen in einem wunderbaren tiefen Blau. Eine Oase der Harmonie tut sich auf, weit weg von der täglichen Hektik. Hat man einen Parkplatz für sein Wohnmobil gefunden, was hier nicht ganz einfach ist, kann man einen erholsamen Spaziergang auf den schmalen Wegen unternehmen. Das Tragen von Gummistiefeln ist hier allerdings dringend angeraten!

Gedenkstein im Hafen von Esbjerg

heutigen Ribe. Er durfte eine Kirche bauen und einen christlichen Priester dort beheimaten. Um 948 wird Ribe dann Bischofssitz. Das Innere des **Doms** Ribe Domkirke wurde um 1117 aus dem Vulkangestein Tuff erbaut, der aus dem Rheingebiet in großen Blöcken nach Dänemark transportiert wurde. Ribes Dom ist schon weit vor der Stadt zu sehen. Er prägt das Stadtbild und »wirft seinen Schutzmantel« über unzählige **Fachwerkhäuser** sowie mittelalterliche Straßen und Wege. Die größte Zahl der Fachwerkhäuser stammt aus der Zeit um 1600, da nach einem Brand im Jahr 1580 weite Teile der Stadt neu gebaut werden mussten.

Die ehemals große wirtschaftliche Bedeutung als Handelsstadt verlor Ribe ab Mitte des 17. Jahrhunderts mehr und mehr.

Heute gilt Ribe als besterhaltene dänische Provinzstadt und bietet neben zahlreichen sehenswerten, historischen Gebäuden viele interessante Museen, wie **Museet Ribes Vikinger** und **Ribe Kunstmuseum**, sowie weitere Sehenswürdigkeiten wie **Ribe VikingeCenter** oder das **Wattenmeerzentrum Ribe**: Groß und Klein können auf den Spuren der Wikinger wandeln oder im Wattenmeerzentrum eine Sturmflut erleben.

Ribe
Esbjerg Fischerei- und Schifffahrtsmuseum
Monumentalskulptur
11
28 — 28 km
Esbjerg
Nationalpark Vadehavet
475
463
431 — 23 km
Oksbøl

Nach einer ausgiebigen Besichtigung der einladenden Stadt, vor allem des Doms zu Ribe und des Bürgerturms, lassen wir die für ein Wohnmobil doch schmalen Stadtstraßen hinter uns und fahren weiter auf der breiten Hauptstraße. 11 und 24 laufen für circa zwölf Kilometer parallel Richtung Hafenstadt Esbjerg, die 28 Kilometer entfernt liegt. Bereits sieben Kilometer nach Ribe beginnt die Schnellverkehrsstraße 24, die uns mit 90 Kilometer Maximalgeschwindigkeit, vorbei an einem Windradpark, den wir links passieren, in das bekannte Hafenzentrum von Esbjerg bringt.

Der hohe Kamin des Heizwerks der Stadt im Industriezentrum südlich des Hafen-

↑ Bau von Bohrinseln in Esbjerg
↗ Insel Fanø vor Sturm bei einsetzender Ebbe

geländes zeigte sich erstmals noch klein am nördlichen Horizont auf der Backbordseite des Damms von der Insel Rømø aus und er taucht während der Fahrt nach Esbjerg, stetig größer werdend, immer wieder linksseitig unserer Straße auf.

ESBJERG

Die relativ junge Stadt Esbjerg war anfangs nur als Hafen geplant. Nach dem Wiener Frieden von 1864, durch den die Dänen keinen eigenen Hafen mehr an der Westküste hatten, wurde an der Stelle der heutigen Stadt ein Hafen gebaut, um insbesondere mit Großbritannien Handel treiben zu können. Der Hafen wurde 1878 fertiggestellt und seitdem laufend erweitert. Die Stadtrechte wurden 1898 erteilt. Esbjerg liegt in der **Fanø Bugt**, mit der vorgelagerten Insel Fanø, und hat über den Grådyb am nördlichen Ende von Fanø Zugang zum offenen Meer der Nordsee. Die südlichen Gewässer sind für größere Schiffe zu seicht.
Gerade in den letzten zehn Jahren ist Esbjerg zu einem gigantischen **Technologiezentrum** herangewachsen. Nähert man sich der Stadt, sieht man von Weitem riesige Bauteile für Windkraftanlagen aller Größen sowie Bohrtürme, die scheinbar endlos in den Himmel wachsen und Esbjerg zu einem neuen Wirtschaftsboom verhelfen, nachdem das Fährgeschäft mit den Englandfähren mangels Rendite eingestellt wurde. Weltweit operierende Firmen wie Blue Water Shipping und Vestas Wind Systems belegen große Areale im Hafen der Stadt, der auch heute noch permanent erweitert wird, und sorgen für Arbeitsplätze, die sich wie überall in den letzten Jahren gewandelt haben. Esbjerg ist die fünftgrößte Stadt des Landes und expandiert immer weiter, auch in digitaler Hinsicht, was gut an den hochmodernen Ampelanlagen in der Stadt zu sehen ist.
Neben vielen spannenden Attraktionen bietet Esbjerg sehr gute **Einkaufsmöglichkeiten** und nennt die längste Fußgängerzone Dänemarks sein Eigen. Zahlreiche Restaurants, Cafés und Musikhäuser halten ein reichhaltiges Angebot für jeden Gast bereit. Im Stadtpark steht das **Wahrzeichen** der Stadt, der Wasserturm von 1897. Im Esbjerg-Museum gibt es eine große Bernsteinausstellung zu bestaunen. Neben zahlreichen Exponaten findet sich auch ein Abriss über die Entstehung von Bernstein.

Tipp

BELIEBTER BAKSKUD

Bekannterweise macht Sightseeing hungrig und viele gemütliche Restaurants und Gaststätten laden zur Stärkung ein. Eine einheimische Spezialität ist »Bakskuld« – Plattfisch, der erst geräuchert, dann getrocknet und nach dem Braten in der Pfanne mit einem kalten Bier oder einem eiskalten Schnaps serviert wird. Eine Empfehlung, auf die man nicht verzichten sollte: »Unbedingt probieren!«

Insbesondere für Kinder unterhaltsam ist Esbjergs großes Fischerei- und Schifffahrtsmuseum, das **Fiskeri- og Søfartsmuseet**. Hier gibt es Action for Kids auf 14 000 Quadratmetern mit Robbenstation, Salzwasseraquarium, großer überdachter Ausstellung über Fischerei und Seefahrt sowie ein Freilichtmuseum mit Rettungsstation, Hafen und Werft. Auch eine Cafeteria und ein Kinderspielplatz zum Austoben sind vor Ort (www.fimus.dk).

Seit 1995 hat Esbjerg mit der Monumentalskulptur **»Mennesket ved Havet«** (»Mensch am Meer«) ein neues Wahrzeichen. Svend Wiig Hansen schuf die beeindruckenden, neun Meter hohen Skulpturen, die vier Männer in halb sitzender Haltung mit zum Meer gerichtetem Blick zeigen.

Fanø ist eine typische **Wattenmeerinsel** und hat nach Westen hin eine leicht geschwungene Küstenlinie. Sie wird umsäumt von einer 50 bis 200 Meter breiten Strandfläche, die gegen Osten hin von einer ungleichmäßigen **Dünenkette** begrenzt ist. Dahinter liegt ein System von Dünenebenen und Dünenkämmen, die in Dünenheide übergehen und von großen **Wanderdünen** beherrscht werden. Im Süden und Norden der Insel erweitern sich die Dünenkämme wie ein Riesenfächer ins Landesinnere hinein.

Monumentalskulptur »Mensch am Meer«

ABSTECHER NACH FANØ

Von Esbjerg aus darf man nicht versäumen, die Insel Fanø zu besuchen. Im Zentrum des Fischereihafens befindet sich die Fähre zur Insel, die nur über diese eine Fähre ab Esbjerg Hafen erreicht werden kann und daher Ruhe pur garantiert. Die Insel wird regelmäßig angefahren, die Überfahrt dauert etwa eine Viertelstunde.

Die Ostküste von Fanø ist im Vergleich zur geradlinigen Westküste gegliedert und beherbergt die beiden alten Fischerorte **Nordby** und **Sønderho**. Interessant ist, dass früher die beiden Orte aufgrund der unterschiedlichen Gezeitenströme nie Kontakt zueinander hatten. Das zeigt sich auch daran, dass die Fischer aus Nordby ihre Ware in das Gebiet Richtung Varde verkauften und

Windradpark vor Esbjerg

die Fischer aus Sønderho in das Ribe-Gebiet. Durch die Straße, die 1804 gebaut wurde, konnten die Bewohner einen Warenverkehr untereinander aufbauen.
In der Zeit der Segelschifffahrt hatte Fanø seine Blütezeit. Weil die Seeleute um die ganze Welt fuhren und auf ihren Schiffen hart arbeiten mussten, war das Straßenbild von Nordby und Sønderho geprägt von Frauen und Kindern. Nur Senioren und Männer, die einen bodenständigen Beruf wie Landwirt hatten, waren vor Ort. Heute ist Fanø eine Insel der Ruhe, allein schon durch die Tatsache, dass die Fähre nur in der Tourismuszeit verkehrt (nähere Infos siehe unter www.faergen.dk). Zurück am Fähranleger in Esbjerg, fahren wir an der »Stormflodsøjle« der Fanø-Vereinigung Esbjerg vorbei. Wir rollen langsam nochmals bis zur Ampel auf die Skyline Esbjergs zu, die nicht durch ihre Höhe, sondern durch ihre wunderschönen Backsteinbauwerke in verschiedenen Varianten auffällt. Dann geht es im Hafen, der Beschilderung zum »Fiskerimuseet og Akvariet« folgend, vorbei an der Monumentalskulptur »Mennesket ved Havet« aus der Stadt hinaus und nordwestlich nach Hjerting mit einem wunderbaren Blick über den **Grådyb** und die Nordsee.

Oksbøl
Bernstein-Museum
Blåvands Huk Fyr
431 17 km
Blåvands Huk
Stellplatz mit Angelteich
181 51 km
Nørre Nebel

ZUM WESTLICHSTEN PUNKT

Eine kleine Straße nimmt uns parallel zur Schifffahrtslinie mit, bis sie im malerischen **Hjerting**, einem kleinen Ort mit wunderschönen Häusern und Villen, nach Norden abbiegt und das Meer auf der 475 verlässt. Besonders eindrucksvoll ist diese Strecke bei Sonnenuntergang. Die Landschaft wird in warmes Licht getaucht und bei Einsetzen der Dunkelheit kann man am Horizont den Leuchtturm von Blåvands Huk in rund 20 Kilometern Entfernung ausmachen, den wir auf unserer Route noch besuchen werden. Ein kurzer Spaziergang in diesem wunderbaren Erholungsgebiet mit grandioser Aussicht und unvergesslichen Stimmungsmomenten lohnt. Vielleicht beobachtet man die Schiffe, die auf die Nordsee hinausfahren, oder auch das Schleppen einer Bohrinsel. Besonders eindrucksvoll ist der hier schnelle Wasserrücklauf bei Ebbe.

Tipp

BLÅVANDSHUK FYR

Der viereckige, 39 Meter hohe Blåvandshuk Fyr markiert den westlichsten Punkt des dänischen Festlands. Der exponierte Leuchtturm warnt die Schifffahrt vor der weit ins Meer reichenden Sandbank Horns Rev und ragt 55 Meter über dem Wasserspiegel auf. 170 Stufen muss man hinaufsteigen, will man den eindrucksvollen Ausblick rundum genießen. Erbaut wurde der Leuchtturm im Jahr 1900. Die damaligen Fischer, die den Hafen von Esbjerg anlaufen wollten, forderten seine Errichtung. Denn das Riff, das auch »Horn des Teufels« genannt wurde, kostete das Leben zahlloser Seeleute. Bei schlechtem Wetter fanden sie oftmals die Fahrrinne »Slugen« nicht, die zwischen dem Niedrigwasserbereich und dem Land verlief, und havarierten. Trotz heutiger Satellitennavigation geben die Leuchttürme den Seeleuten eine zusätzliche, vielleicht psychologische Sicherheit, denn das Leuchtfeuer am Horizont zu erkennen, hieß und heißt nach wie vor für jeden Seefahrer, dass er auf dem richtigen Seeweg nach Hause ist.

Nordwestlich von Hjerting liegt auf unserer Fahrt der **Naturpark Marbæk**. Eine weite Heidefläche, eine urwüchsige Buschlandschaft und eine eindrucksvolle Steilküste in der Ho Bugt sowie Seen mit zahlreichen dort lebenden Vogelarten lohnen einen Besuch. Kurz nach Hjerting geht es links ab auf die 463 in Richtung Billum. Wir befinden uns anfangs im »kleinen Outback« in der Nähe des Meeres und es geht etwas versteckt an der Margeritenroute entlang Richtung Norden. Bei Billum biegen wir links auf die 431, um letztlich zum westlichsten Punkt des dänischen Festlands, nach Blåvands Huk zu kommen, und erreichen zuvor die kleine Ortschaft **Oksbøl**. Oksbøls Aal Kirke im romanischen Stil ist durch die wunderbaren Wandmalereien aus dem 13. Jahrhundert weithin bekannt. Interessierte besuchen auch das örtliche Bernsteinmuseum.

BLÅVANDS HUK

Uns zieht es bald weiter, durch die **Kallesmærsk Hede** nach Blåvand und zur Landspitze **Blåvands Huk** mit ihrem breiten, weißen Strand und auf die unter Natur-

↓ Leuchtturm am Blåvands Huk
↙ Zufahrt zum Hafen in Esbjerg

schutz stehende Halbinsel **Skallingen**, die von Vogelkundlern wegen ihrer Artenvielfalt zur Observation gern aufgesucht wird.
Wir befinden uns jetzt am westlichsten Punkt von Jütland mit dem Leuchtturm **Blåvandshuk Fyr** und breitem Strand. **Blåvand**

Stellplatz Kløvergaardens Put and Take

selbst ist in erster Linie ein Ferienort mit einem der besten Badestrände in Dänemark. Der Ort wird geschützt durch die großen Sandbänke des bis über 20 Kilometer in die Nordsee reichenden Horns Rev. Für den Wassersportler interessant ist der **Hvidbjerg Strand**, der ideal zum Surfen und Baden ist, denn um das Horns Rev ist Surfen und Baden wegen der unterschiedlichen Strömungen und aus Naturschutzgründen verboten.

Nørre Nebel
Tipperne Vogelschutzgebiet „Mondlandschaft" bei Nymindegap
Abelines Gård
181 Surf-Hotspot
30 km
Hvide Sande

Die landschaftlich sehr schöne Region um Blåvand ist ziemlich gegensätzlich. Der Ort ist umgeben von Naturschutzgebieten, die im Herbst Ziel vieler Zugvögel sind. Freies Campen ist in diesem Gebiet unmöglich.
Wir verabschieden uns von Blåvand und seinem Leuchtturm. Auf der 431 geht es zurück, bis nach acht Kilometern die Abzweigung nach Vejers Strand kommt. Wir fahren hinaus zum Zielort des einzigen Beachmarathons der Welt, dem **North Sea Beach Marathon**. Dieser Marathon startet jedes Jahr in der letzten Woche im Juni in Hvide Sande am Ringkøbing Fjord und führt südlich entlang des Strandes über Nymindegab und Henne Strand nach Vejers Strand.

VEJERS STRAND

Vejers Strand liegt etwa 30 Kilometer nordwestlich von Esbjerg direkt an der Nordsee. Endlose Sandstrände, klare und salzige Luft, große Dünen und eindrucksvolle Heidelandschaften sowie ungezähmte Naturgewalten erwarten uns. Jede Jahreszeit hat auch hier ihren ganz besonderen Reiz.
Weiter geht es über **Grærup** und **Kærgård** nach Henne und Henne Strand.

HENNE STRAND

Henne Strand ist eine Oase an der jütländischen Nordseeküste und bietet einen der breitesten und schönsten Sandstrände Europas mit hohen Dünen, die bis ins Land hineinreichen. Der Strand ist autofrei. Die einzigartige Natur und die vielen Aktivitätsmöglichkeiten dort sind Garanten für erholsame Urlaubstage. In dem stimmungsvollen Ferienort besteht die Möglichkeit, Restaurants und Cafés zu besuchen. Außerdem finden Sie hier ein Erlebnisbad, eine Minigolfbahn und Spielplätze.
Auch in der **Stadt Henne**, die drei Kilometer vom Strand entfernt liegt, gibt es gute Einkaufsmöglichkeiten und Restaurants. In der Region liegen viele schöne Kirchen, die alle in Weiß gehalten sind. Besonders die Kirchen in Henne und **Lønne** bei Nymindegab sind einen Besuch wert. In Henne gibt es zudem Kerzenhersteller, Glasbläser, Bern-

↑ Ringkøbing Fjord gegen Tipperne und Nymindegab
↓ Nørre Nebel

Der Weg zur Nordsee
bei Nymindegab

steinschleifer sowie Antiquitätenläden zum Shoppen.

Wir beenden unseren Besuch in Henne Strand und fahren auf der 465 über Henne Stationsby, wo wir die Bahnlinie Varde–Nørre Nebel kreuzen und nach fünf Kilometern auf die 181 treffen. Dort biegen wir links ab und erreichen nach weiteren elf Kilometern Nørre Nebel.

AUSFLUG

BLÅBJERG KLITPLANTAGE

Die Blåbjerg-Nymindegab Klitplantage ist eine von Dänemarks größten Küstenschutzbepflanzungen mit Heide, Wald und Sträuchern. Der Blåbjerg (blauer Berg), nach dem die Pflanzung benannt worden ist, ist mit seinen 64 Metern über dem Meer eine der höchsten Dünen Dänemarks. Die Düne erreicht man südlich von Nymindegab über Lønne Hede und Houstrup. Wir passieren eine ruhige Landschaft aus Heideflächen und Kiefernbewaldungen, die zu gemütlichen Spaziergängen einlädt.

NØRRE NEBEL

Der ruhige Ort ist Endstation des dänischen Bahnnetzes an der Westküste Jütlands südlich des Ringkøbing Fjords. Neben verschiedenen Landwirtschaftsschulen und landwirtschaftlichen Gütern ist seine **Einkaufsstraße** bekannt sowie die **Kirche** aus dem 12. Jahrhundert. Der Name ist als Gegenpol zu dem bei Esbjerg südlich liegenden Vester Nebel entstanden und so wurde aus Nebel verwaltungstechnisch Nørre Nebel. Außerhalb des Ortes, malerisch an einem Angelteich gelegen, befindet sich der wunderbare Stellplatz **Kløvergaarden**.

KLØVERGAARDENS PUT AND TAKE

Am Ortseingang von Nørre Nebel geht es links ab nach Kolle, kurz hinter der Tankstelle, zu einem heimeligen Wohnmobilstellplatz rund einen Kilometer entfernt. Der Stellplatz Kløvergaardens Put and Take ist eingebettet in eine wunderschöne Naturlandschaft mit ortsüblichem flachen Nadelgehölz, das den gesamten Platz umgibt, und er besitzt einen eigenen Fischteich. Angler unter den Gästen können fischen und ihr Fanggut im Anschluss präparieren. Die

sanitären Anlagen sind etwas rustikal, der Eigentümer achtet aber sehr auf Sauberkeit. Duschen geht im Freien. Für Wohnmobilisten, die Ruhe suchen, ist dieser Stellplatz optimal! Auch Tiere sind willkommen ... und der Inhaber spricht Deutsch.
Nach einem herrlich entspannten Ruhetag verlassen wir Kløvergaarden und fahren in Nørre Nebel links auf die 181, die uns jetzt bis Hanstholm begleiten wird und an der Westseite der Hauptinsel Jütland direkt an der Nordseeküste liegt. Nach sechs Kilometern kommen wir nach Nymindegab.

LANDSCHAFT WIE AUF DEM MOND

Das alte Fischerdorf **Nymindegab** ist ein friedliches und beliebtes Ferienparadies. Hier gibt es sowohl Einkaufsmöglichkeiten als auch gute Restaurants. Nymindegab verfügt über einen breiten und weißen Sandstrand mit hohen Dünen. Der Strand eignet sich zum Entspannen und Sonnen, aber auch für Strandaktivitäten und Spaziergänge. Im **Walhaus** in Nymindegab kann das Skelett eines zwölf Meter langen Pottwals, der 1990 hier strandete, besichtigt werden.
Die Landschaft um den Ort ist sehr abwechslungsreich und einzigartig. Sie ähnelt mit ihren bizarr geformten Erhöhungen und Senkungen ein wenig einer Mondlandschaft.

ZU BESUCH IN TIPPERNE

Nördlich von Nymindegab liegt **Tipperne**, ein Vogelschutzgebiet auf der Tipperhalbinsel im Ringkøbing Fjord. Vögel aus ganz Skandinavien rasten hier auf ihrer Vogelflugroute. Vor vielen Jahren wurde dieses Brut- und Rastgebiet für Wasservögel zum Naturschutzgebiet erklärt. Im Frühjahr und Herbst finden sich Tausende von Enten, Gänsen und Wasservögeln ein. Im Juli und August, wenn der Zug der Wasservögel seinen Höhepunkt erreicht, kann man meist Strandläufer, Brachvögel, Schnepfen und Regenpfeifer sehen. Im Winterhalbjahr bekommt man auch Dänemarks Nationalvogel, den Schwan, zu Gesicht.
Vom 1. April bis 31. August ist Tipperne sonntags von 8 bis 10 Uhr, vom 1. September bis 31. März sonntags zwischen 10 und 12 Uhr für Besucher geöffnet. Um die Vögel so wenig wie möglich zu stören, müssen Besucher den Weg bis zum Tipperhaus durchfahren ohne anzuhalten. Auch die Wiesen entlang des Weges dürfen nicht betreten werden. Hinter dem Laboratorium und dem großen Vogelturm existiert eine Ausstellung über die Landschaft, den Pflanzenbewuchs und die Vogelwelt. Vom Vogelturm aus kann man auf einem knapp zwei Kilometer langen Naturpfad einen erholsamen Spaziergang machen. Es gibt einen kleinen gemütlichen Campingplatz in Nymindegab auf der Zu-

↑ Südlich von Bjerregård
↓ Dünen bei Skodbjerge

Tipp

BAKEN

Bei Haurvig sieht man zur Nordsee hin oben auf einer hohen Düne ein altes Seezeichen aus Holz. Diese Seezeichen, Baken genannt, wurden um 1880 gesetzt, um den Fischern und Seeleuten die Landerkennung zu erleichtern. Auf Holmsland Klit gab es ursprünglich drei verschiedene, rot angestrichene Holzbaken, die in Seekarten verzeichnet waren und Seefahrern anzeigten, wo sie sich befanden.

fahrtstraße zum Vogelreservat, von dem aus man das Gebiet zu Fuß erwandern sollte (nähere Infos unter www.tippernecamping.dk). Zurück in Nymindegab, geht es weiter auf der 181, welche die **Holmsland Klit** nahezu in gerader Linie durchzieht und immer wieder herrliche Ausblicke, besonders über den Fjord, bietet. Die Vegetation ist ob des ständig wehenden Windes bodennah gehalten und wird nur gelegentlich durch Kiefernbäume, die sich dem Wind »geduckt« zu entziehen scheinen, ergänzt.

Die 30 Kilometer lange Nehrung Holmsland Klit zwischen Nymindegab und Søndervig entstand erst in jüngster Geschichte und bildete sich entlang des früher zum Meer hin offenen gesamten Ringkøbing Fjords als maximal zwölf Kilometer breiter (Sand-) Streifen. Noch im 17. Jahrhundert bestand in seiner Mitte ein breiter, freier Zugang zur Nordsee. Die Nehrung wird nur weiter nördlich bei Hvide Sande (»weißer Sand«) durch eine Zugbrücke unterbrochen, die die Zufahrt in den Ringkøbing Fjord sichert, der im Durchschnitt 1,5 Meter tief ist und damit ideal für Wassersport. Auf Höhe des Fischerortes ist die Nehrung nur wenige hundert Meter breit. Der Ringkøbing Fjord ist mit circa 300 Quadratkilometern das größte Binnengewässer des Königreichs Dänemark. Die weitere Fahrt führt am berühmten Vogelschutzgebiet Tipperne sowie an den kleinen Ferienorten **Bjerregård** und **Skodbjerge** vorbei, geradeaus über flaches Land, das nur linker Hand von Dünen erhaben ist, hinauf nach Hvide Sande, dem bekannten Fischereihafen und Urlaubsort an der Westküste.

Vesterhavet (Nordsee) bei Hvide Sande

SEHENSWERTES ABELINES GAARD

An der Straße nach Hvide Sande bei Nørre Haurvig liegt der bekannte Strandvogt-Hof **Abelines Gaard**, der 1854 bis 1871 von Strandvogt Christen Christensen und seiner Ehefrau Kristine in typisch westjütischem Baustil errichtet wurde. 1895 übernahm der Sohn den Hof und als er 1904 starb, bewirtschaftete ihn seine Frau Abeline weitere 53 Jahre lang, zuerst mit fremder Hilfe, später zusammen mit vier ihrer fünf Kinder. Abeline besorgte auch die Telefonzentrale von Haurvig und übte das Amt des Strandvogts aus, das an den Hof gebunden ist. Der Strandvogt musste den Strand überwachen, besondere Vorkommnisse melden und angetriebenes Strandgut aufbewahren, bis es auf einer Auktion verkauft wurde.

Im Jahr 1974 kaufte eine selbstständige Stiftung den Hof und machte ein Heimatmuseum daraus. Heute kann man eindrücklich sehen, wie eine westjütische Strandvogt-Familie lebte, denn der Hof ist mit Gegenständen und Inventar aus Abelines Zeit möbliert. Am Ostende des Wohnhauses, wo der

Bake bei Haurvig

Strandvogt früher gestrandete Seeleute beherbergte, ist eine gemütliche Kaffeestube eingerichtet. In der Scheune werden wechselnde Ausstellungen zum Hof und der Umgebung veranstaltet. Im Sommer kann man beim Schleifen von Bernstein und dem Knüpfen von Fischernetzen zusehen.

Unweit von Abelines Gaard kommen wir, in der Nähe des Ringkøbing Fjords gelegen, auch an der weißen Kirche von **Nørre Haurvig** vorbei, die insbesondere bei Sonnenlicht weithin glänzt. Die Kirche lohnt einen Be-

Surf-Hotspot Hvide Sande

Pferde bei Nymindegab in der »Mondlandschaft«

such, da sie abseits der Hauptverkehrsstrecke in flachem Gebiet mit Kieferngewächsen und mit schönem Blick zum Ringkøbing Fjord liegt. Sie lädt förmlich zu einer Pause ein. Dann erreichen wir das lang gezogene, eigentlich durch den Tourismus so weitläufig entstandene **Årgab**, das beste Surfverhältnisse vorweisen kann und ein Eldorado für alle Arten des Wassersports geworden ist. Während im Ringkøbing Fjord überwiegend relativ ruhiges Wasser anzutreffen ist und damit optimale Voraussetzungen für Anfänger gegeben sind, kann man auf der Meeresseite sein Können unter Beweis stellen, wobei allerdings die Strömungen um die – bis 2013 neu eingefasste – Hafeneinfahrt von Hvide Sande zu beachten sind.

HVIDE SANDE

Mitten auf dem Holmsland Klit liegt unser Zielort Hvide Sande (»weißer Sand«), das zum Zentrum für Fischerei und Urlaub geworden ist. Hvide Sande konnte sich bislang ein entspanntes und erholsames Flair bewahren, trotz Tourismus und Industrialisierung. Die Stadt ist der Mittelpunkt der Nehrung Holmsland Klit und Dänemarks fünftgrößter **Fischereihafen**. Eine Mischung aus lebhafter Aktivität und stillem Charme kennzeichnet den Ort.

Im Jahr 1931 gegründet, wurde Hvide Sande rund um die große Brücken-Schleusenanlage zwischen Nordsee und Ringkøbing Fjord erbaut. Die Stadt fing als kleiner Fischerort an und wuchs mit der Entwicklung der Fischerei wie sein Hafen, der im Laufe der Jahre beträchtlich vergrößert wurde.

Der Hafen liegt im Zentrum der Stadt. Hvide Sande ist Heimathafen vieler Schiffe, die überwiegend dem Fischfang nachgehen. Die Fischerei steht auf zwei Säulen: Konsumfischerei und Industriefischerei. Sieht man sich im Hafen um, fallen auf einigen Kuttern eine Vielzahl von Bojen mit Wimpeln auf, auf anderen Kuttern Trommeln mit großen Schleppnetzen. Die Kutter mit den Bojen fischen mit Stellnetzen nach Konsumfisch, während die anderen auch Industriefisch fangen, der in der Fischfabrik nördlich des Hafens verarbeitet wird.

Vom frühen Morgen bis in den späten Abend herrscht reges Treiben im Hafen. Es ist ein faszinierender Anblick, wenn die großen Kutter anlegen, um ihren Fang zu entladen. Um 7 Uhr findet eine **Fischver-**

steigerung statt, bei der den Fischhändlern und den einheimischen Fischern zugesehen werden darf. Alles muss schnell gehen, denn der Fisch muss ganz frisch sein, weil er in Kühllastern in verschiedene europäische Länder oder zu den dänischen Händlern transportiert wird. Das **Haus der Fischerei** in Hvide Sande ist ein zeitgenössisches Museum, das unter anderem den Weg des Fisches von der Nordsee auf den Tisch des Verbrauchers zeigt.
Nicht ganz so schnell geht es zu, wenn Touristen zur Fischversteigerung eingeladen werden. Dann kann man selbst mitbieten, denn der Fisch schmeckt hier an der Quelle am besten (nähere Infos unter www.hvidesande.dk/de/fischauktion-hvide-sande-gdk1078107). Hvide Sande ist zugleich Station des Seenotrettungskreuzers SAR Vessel Emile Robin. Das Schiff liegt direkt an der Schleuse und hat natürlich einen kurzen Weg zur Hafenausfahrt.
Im Süden der Stadt fällt die **Heiliggeistkirche** auf. Sie entstand, wie die Stadt, erst spät, entgegen den meisten anderen Kirchen im Lande. Die Heiliggeistkirche wurde auf Wunsch der Gemeindemitglieder von Hvide Sande, die ein Drittel der Bausumme

Drachenfestival bei Lakolk auf Rømø

spendeten, 1957 erbaut. Das dänische Königs-paar wohnte dem ersten Gottesdienst in der Kirche bei.
Campingplätze befinden sich südlich von Hvide Sande in Århgab, zwei **Stellplätze** nord- und einer südseitig am Hafen, wobei der südseitige Stellplatz wegen seiner Nähe zum Meer für Surfer besser geeignet ist und auch mehr Platz bietet. Alle gehören zum Campingplatz Hvide Sande Camping in Århgab am Ringkøbing Fjord.

Marschland am Rømø-Damm

PRAKTISCHE HINWEISE

TOURISTINFORMATIONEN

Rømø Turistbureau
Jurevej 6, 6792 Rømø
Tel. +45 73 70 96 50
mail@romo-tonder.dk
www.romo.dk

Ribe Besucherinformations-zentrum
Torvet 3, 6760 Ribe
Tel. +45 75 42 15 00
tourist@businessesbjerg.com
www.businessesbjerg.com

Esbjerg Besucher-informationscenter
Skolegåde 33, 6700 Esbjerg
Tel. +45 75 42 15 00
tourist@businessesbjerg.com
www.businessesbjerg.com

Hvide Sande Touristen-information
Kirkevej 4, 6960 Hvide Sande
Tel. +45 70 22 70 01
turist@visitvesterhavet.dk
www.visitvesterhavet.dk

CAMPING- UND STELLPLÄTZE

C 100 **First Camp Lakolk-Strand** (S. 182 B3)
Lakolk 2, 6792 Rømø,
Tel. +45 74 75 52 28,
lakolkstrand@firstcamp.dk,
www.lakolkcamping.dk
GPS: N55°8'44" E8°29'41"
Der Campingplatz liegt an der Westseite der Insel Rømø, eingebettet in eine herrliche Dünenlandschaft an einem der breitesten Strände Europas. Baden, Surfen, Kiten, Strandsegeln oder Wandern in vegetativ wechselnden Landschaften sind nur einige Acts, die hier möglich sind. Direkt am sehr gepflegten Campingplatz findet man Einkaufszentrum, Restaurants und Cafés.

C 101 **Ribe Camping**
(S. 182 C1/S. 188 D6)
Farupvej 2, 6760 Ribe,
Tel. +45 75 41 07 77,
info@ribecamping.dk,
www.ribecamping.dk
GPS: N55°20'27" E8°45'59"
Auf Ribe Camping findet man ausgezeichnete Plätze für Autocamper in sehr angenehmer Atmosphäre. Die Plätze liegen auf Kies oder kombiniert auf Kies und Gras, und in der Hochsaison ist es auch möglich, auf einem Standardplatz mit Gras zu stehen oder auf den größeren Komfortplätzen zu parken. Alle Services für Autocamper werden angeboten. Der Platz wird seiner Stellung als Fünf-Sterne-Platz absolut gerecht. Auf Ribe Camping ist auch Quickstop möglich – ein gutes Angebot für Autocamper, die den ganzen Tag unterwegs sind und nur einen sicheren Platz für die Nacht suchen. Bei Ribe Camping kann Quickstop außer-

Angelteich am Stellplatz Kløvergaarden

Hauptsaison am Hotspot Hvide Sande

halb und hinter der Schranke gebucht werden. Preisliste gibt es auf der Homepage.

S 102 Kløvergaardens Put and Take (S. 188 B2) Kollevej 50, 6830 Nørre Nebel, Tel. +45 20 20 00 26, info@kloevergaarden.com, www.kloevergaarden.com
GPS: N55°45'33" E8°18'12"
Der wunderschöne, ruhige und abgelegene Stellplatz ist in privater Hand und bietet aufgrund eines eigenen Fischteichs zum Beispiel Angelmöglichkeit. Die maximale Anzahl der Stellplätze beläuft sich auf 20.
Der Platz hat rund um die Uhr geöffnet, die Kosten belaufen sich pro Reisemobil (2 Personen inkl. Steuern) auf 130 DKK, die Abwasserentsorgung kostet 40 DKK extra, Kassettenentsorgung, Frischwasser und Stromanschluss sind kostenlos.

C 103 Hvide Sande Camping (S. 194 A6)
Karen Brands Vej 70, Årgab, 6960 Hvide Sande, Tel. +45 97 31 12 18, info@hvidesandecamping.dk, www.hvidesandecamping.dk
GPS: N55°59'12" E8°8'4"
Der gepflegte Platz ist ein idealer Ort, um entspannte Ferien am Meer zu verbringen. Bademöglichkeit gibt es direkt am Campingplatz und auch der Ringkøbing Fjord mit seinen zahlreichen Sport- und Freizeitmöglichkeiten liegt nur 100 Meter entfernt. Die Platzgebühr beträgt in der Hauptsaison 65 DKK, in der Nebensaison fällt keine an. Zusätzlich zahlen Erwachsene 105 DKK, Kinder bis 13 Jahre 50 DKK. Strom kostet 50 DKK pro Tag, die Dusche für fünf Minuten 10 DKK, die Gästekarte 10 DKK. Der Campingplatz bietet auch drei Übernachtungsplätze für Autocamper im Hafen von Hvide Sande an.

S 104 Hotspot-Stellplatz für Wassersportler (S. 194 A6) Tungevej 6, 6960 Hvide Sande
GPS: N55°59'51" E8°07'20"
Quickstop-Platz von 20 Uhr bis 10 Uhr am Folgetag. Das Ticket für 160 DKK wird je nach Saison am Automaten gelöst oder ein freundlicher Mitarbeiter kommt zum Kassieren. Das Ticket unbedingt sichtbar hinter der Windschutzscheibe platzieren.
Mit dem Ticket kann man am Hvide Sande Camping, der circa ein Kilometer in südlicher Richtung liegt, alle Services für einmalig 50 DKK nutzen. Der Stellplatz ist optimal für Surfer und Kiter, da der Weg zum Meer nur über eine Düne führt und somit kurze Wege garantiert sind.

Nørre Vorupør Strand

BEI DEN SURFERN AN DER WESTKÜSTE JÜTLANDS

Von Hvide Sande über Thyborøn nach Nørre Vorupør

Die Route führt uns an der dänischen Westküste zu landschaftlich abwechslungsreichen Regionen: den Ringkøbing Fjord und Nissum Fjord entlang zu einer eindrucksvollen Steilküste bei Bovbjerg und dem einladenden Süßwassersee bei Ferring, den man auf einem Wanderweg umrunden kann. Dann geht es weiter über den berühmten Limfjord mit seinen Seehundbänken hinein in den Nationalpark Thy, Dänemarks größte Wildnis, die Heidelandschaften genauso bietet wie Dünenschutzwälder und mehr als 200 größere und kleinere Seen. Es ist also einiges geboten.

Abschied von Hvide Sande

Bevor uns die Fahrt weiter nach Norden führt, sollten wir früh am Morgen, sofern es nicht regnet, einen kleinen Spaziergang vom Stellplatz am **Tungevej** auf die südlich des Hafens gelegene Mole nicht versäumen. In gut einer Viertelstunde geht man auf einem betonierten, breiten Weg steuerbordseitig zum grünen Signal der Hafeneinfahrt. Ein reizvoller Blick Richtung Hafen erwartet uns und man hat das Gefühl, auf dem Meer vor Hvide Sande zu sein und auf den Hafen zu blicken.
Dann, nach einem morgendlichen Cappuccino im Hafen von **Hvide Sande**, das in den letzten 25 Jahren zum Top-Touristenort am Holmsland Klit angewachsen ist, führt uns die 181 über den großen Kreisverkehr und vorbei am Einkaufszentrum Nord entspannte 14 Kilometer weiter Richtung Søndervig, wo wir die Nehrung Holmsland Klit verlassen werden. Bereits kurz nach Hvide Sande erscheint linker Hand das Wahrzeichen von Holmsland Klit, der **Lyngvig Fyr**.

Zahllose Ferienhäuser, die so typisch für Dänemark sind, begleiten uns durch diese Tourismusregion und wir fahren vorbei an **Klegod** über flaches Gebiet mit Nadelgehölz und ersten Agrargütern, die rechtsseitig zum Fjord hin immer wieder auftauchen. Der Ringkøbing Fjord weicht langsam zurück und deutet an, dass wir seinen nördlichsten Punkt erreichen. Der moderne Badeort Søndervig erwartet uns.

ROUTE 2

START- UND ENDPUNKT
Hvide Sande und Nørre Vorupør

STRECKENLÄNGE
141 km

FAHRZEIT
2–3 Tage

MAUTSTRECKEN
keine

FÄHRE
Thyborøn–Agger (www.thyboronagger.dk)

BESTE JAHRESZEIT
Frühjahr bis Herbst

Start Hvide Sande
Nørre Lyngvig Fyr
181 – 4 km
Nørre Lyngvig
Ringkøbing Fjord
181 – 8 km
Søndervig

AUSFLUG

LYNGVIG FYR

Der für wenige dänische Kronen tagsüber begehbare Leuchtturm Lyngvig Fyr liegt in wunderbarer Natur, ist 36 Meter hoch, wurde auf einer 17 Meter hohen Braundüne erbaut und ist einen Besuch allemal wert. Oben angekommen, hat man bei schönem Wetter eine grandiose 360-Grad-Aussicht über den gesamten Bereich des Ringkøbing Fjords und des Holmsland Klits, die einen spüren lässt, dass man sich an einem der schönsten Orte Dänemarks befindet. Dies gilt insbesondere gegen Abend, wenn sich die Sonne dem Horizont über der Nordsee nähert. Im Umfeld des Leuchtturms lassen sich ausgiebige Spaziergänge tätigen und Kinder können in der freien Natur unbeschwert herumtollen. Parkplätze vor dem ehemaligen Leuchtturmwärterhaus.

SØNDERVIG

Søndervig präsentiert sich als moderner Badeort mit einer entsprechenden Infrastruktur. Ursprünglich kamen die Menschen in diese Gegend der Erholung und Gesundung wegen. Die Meersalzluft wirkt positiv auf Bronchien und Lunge und ist wegen der überwiegenden Westwetterlage in dieser Gegend sehr häufig am Strand und im Dünenbereich vorhanden. Dies liegt aber auch an der physikalischen Struktur des in der Nachbarschaft befindlichen Ringkøbing Fjords. Bei einem Spaziergang am Meer kann man den hohen Salzgehalt der Luft schön an dem Grauschleier über Strand und Dünen erkennen. Man hat den Eindruck, unscharf zu sehen und der Geschmack auf den Lippen wird salzig.

Tipp

MOBIL IM WILDSCHUTZGEBIET

Auf dem Weg zwischen den Dünen und der Westseite des Vest Stadil Fjords kann man entlangfahren. An seiner Ostseite wurde ein Weg für Fahrradfahrer und Spaziergänger auf einem Deich angelegt. Außerdem befindet sich auf einem Teil der Route ein Reitweg. Im Übrigen darf man im gesamten Gebiet spazieren gehen. Der Weg auf dem Deich ist aus Kies und kann mit dem Rollstuhl befahren werden. Die Stege und Toiletten sind ebenfalls rollstuhlgerecht.

Von mehreren Parkplätzen in der Umgebung verzweigen sich Wege durch die Dünenlandschaft zum Meer, die sowohl in südliche wie auch in nördliche Richtung zum Spaziergang an der Nordsee einladen, sofern den Wanderer Bunker aus dem Zweiten Weltkrieg nicht stören. Diese Mahnmale aus der Zeit vor über 70 Jahren liegen heute, obwohl seinerzeit auf festem Grund gebaut, teils am Strand, teils im Meer. Man sieht deutlich, wie das Meer sich seit dem Zweiten Weltkrieg vorgearbeitet und Land »vernichtet« hat.

Eilige Strandläufer und nervige Seemöwen begleiten uns während des Spaziergangs. Dies ist nicht ungewöhnlich, man sieht sie auch an anderen Küsten, doch hier fällt ihre Vielzahl besonders auf. Søndervig hat eine Menge Ferienhäuser, die teils über die Dünen verteilt sind und sogar direkt darauf stehen, was man sonst im Land kaum sehen kann. Die Dünen erheben sich weiter nördlich bis zu 30 Meter über dem Meeresspiegel und bieten beim Spaziergang einen sehr schönen Blick über die Nordsee.

Bei Søndervig verlassen wir die Nehrung Holmsland Klit an der großen Kreuzung, an der ein Auftanken ratsam ist, denn die

Sandskulpturen bei Søndervig

nächste Tankstelle Richtung Norden ist weit. Wir halten uns auf dem sehr komfortabel ausgebauten Teilstück der 181, direkt neben der Dünenreihe zur Nordsee hin und folgen ihr in Fahrtrichtung Nord. Wir befinden uns jetzt mehr oder weniger von der Nordsee entfernt, denn der Blick zum Meer ist durch höhere Dünen verwehrt. Dies tut der Fahrt aber keinen Abbruch, denn wir durchqueren typisch dänisches Terrain, das manchmal an die Vegetation in den Südtiroler Dolomiten erinnert. Vorbei an kleineren Seen des Stadil Fjords bei **Husby Klit** und einer kleinen Einbiegung in das Landesinnere bei der **Husby Klitplantage**, geht es auf sehr gut ausgebauter Straße zunächst nach **Hovvig** und weiter vorbei am Stadil Fjord.

STADIL FJORD

Vier Kilometer nach Søndervig geht es bei **Kryle** rechts ab in ein wunderbares Seengebiet, den **Stadil Fjord**. Die Region um Stadil und den Stadil Fjord bietet ein herausragendes Naturerlebnis. Der Fjord wird von nahezu allen einheimischen Vögeln genutzt. Die Landschaft um den **Vest Stadil Fjord** ist ein großes, offenes und flaches Gebiet mit sehr wenigen Bäumen und Büschen und einer nicht allzu großen biologischen Vielfalt. Aber die Arten, die dem Leben hier angepasst sind, sind in sehr großer Anzahl vertreten. Der Schilfgürtel ist besonders faszinierend. Schilfrohr heißt die dominierende Grasart, aus der diese Schilfzonen beste-

Auf der 181 bei Hovvig

Blick zum Ringkøbing Fjord bei Lyngvig

hen. Das Schilfrohr wird geerntet und für Strohdächer verwendet.

Die Wiederherstellung der Feuchtgebiete am Vest Stadil Fjord ist eines der größten Renaturierungsprojekte des Landes. Hier kann man die offene Landschaft Westjütlands erleben, die durch Dünen, von denen man einen einzigartigen Ausblick über den See und das Meer hat, von der Nordsee getrennt wird. Der nördliche Teil des Sees wurde bis in die 1990er-Jahre entwässert und bebaut. Es sind wieder natürliche Landschaften mit offenem Wasser, Schilf und Wiesen entstanden. Viele wild lebende Tiere und Pflanzen kommen mehr und mehr zurück. Der Vest Stadil Fjord ist ein Wildschutzgebiet, somit ist Jagen verboten.

Søndervig
Stadil Fjord
Husby Klit
Verdersø Klit
Strandings-museum
St. George
Angelhafen
181
32 km
Thorsminde am Nissum Fjord

Nordwärts befindet sich **Strandgaarden**, ein typisch westjütischer Dünenhof aus dem Jahr 1875, der heute ein Museum mit alten Landwirtschaftsmaschinen und Fischgerätschaften ist. Die Nordsee ist nur wenige Meter hinter dem Hof in westlicher Richtung und im Osten befindet sich das Vogelschutz- und Feuchtgebiet Vest Stadil Fjord mit einem 14 Kilometer langen Rad- und Wanderweg. Wir fahren zurück auf die 181, Zielrichtung Thorsminde, und kommen nach Vedersø Klit.

VEDERSØ KLIT

Vedersø Klit liegt nördlich des Vest Stadil Fjords und gehört ebenfalls zu den schönsten Urlaubsgebieten in Westjütland. Auch hier sind **Reetdachhäuser** neben den typischen Ferienhäusern vorherrschend und der Wohnmobiltourist findet neben Supermarkt und Fahrradverleih auch kleine Galerien, somit also auch künstlerische Werte, die zum Kauf reizen.

Wir fahren den **Husby Klit** entlang, der durch seine ruhige, weitläufige Landschaft beeindruckt, vorbei an überwiegend herausgeputzten Häusern, die teils wie kleine Haziendas unregelmäßig angeordnet im Heidegras liegen. Nur die Dünen versperren immer noch den Blick auf die Nordsee. Es geht vorbei am **Husby Sø** und **Nørresø** bis **Øby** am Vedersø Klit, das wieder in der Nähe der Nordsee liegt und uns in der Folge am Husby Klit entlang näher zum Zielpunkt Thorsminde bringt.

HUSBY UND FJAND

Husby liegt nördlich von Vedersø Klit. Diese Gegend fällt besonders auf, weil in der Heidelandschaft Häuser mit reetgedeckten Dächern stehen und auch heutige nach dieser traditionellen Bauweise errichtet werden. Eine weitläufige Dünenlandschaft und schöne Sandstrände liegen direkt vor der Haustür, ebenso sind überall gute **Angelplätze** vorhanden. Es ist eine typische Feriengegend und bietet alles, was man für einen schönen, unbeschwerten Urlaub braucht, vom Supermarkt bis hin zu Restaurants. Das Gebiet ist ein Eldorado für Naturfreunde und fast nirgends längs der Küste findet man so abwechslungsreiche und unberührte Natur wie hier.
Die Gegend um **Fjand** liegt zwischen der Nordsee und dem Nissum Fjord am Husby Klit. Wanderungen durch Dünen und Heide oder Radfahren sind erlebnisreiche Aktivitäten in dieser reizvollen Landschaft. Bei **Nørre Fjand** liegt ein Waldparkplatz, auf dem sich die Kinder austoben können, zudem hat man eine schöne Sicht über den Fjord.
Nachdem die 181 einen langen Bogen landeinwärts über Sönder Nissum und Fjand Gårde vollzogen hat, kommen wir über **Bjerghuse** auf der schmalen Landzunge fünf Kilometer weiter nach Thorsminde am Nissum Fjord, der rechter Hand liegt. Der Nissum Fjord verfügt über ausgedehnte Schilfflächen und ist als Brut- und Rastgebiet für Vögel und als Schutzgebiet von besonderer Bedeutung.

AUSFLUG

VESTKYSTSTIEN

Vestkyststien, mit Zugang beim Campingplatz, ist ein circa 100 Kilometer langer Wander- und Radweg an der Westküste. Die Route geht nach etwa drei Kilometern durch die Husby Klitplantage (Dünenplantage), die mit elf Quadratkilometern sehr abwechslungsreicher Natur ein wirkliches Erlebnis ist.

Segeltörn bei Thorsminde

THORSMINDE AM NISSUM FJORD

Das liebenswerte, verträumte Fischerdorf Thorsminde liegt am Holmen Klit an der Öffnung des Nissum Fjords zur Nordsee. Eine Schleusenanlage, die zur Regulierung des Nissum Fjords gebaut wurde und über welche die 181 führt, trennt den **Außen-** und **Innenhafen** des Ortes. Seine Häuser umschließen den Hafen auf der Seite des Fjordes.
Der Fischereihafen liegt »geduckt« hinter einer Düne, die ihn vor den Stürmen der Nordsee schützt. An der Westküste prallen Stürme frontal auf das Land und können in ausgesetzten Lagen, wie hier in Thorsminde, schon mal Windstärke zwölf bis 13 erreichen. Aufgrund der engen geografischen Lage gibt es kaum wirtschaftliche Expansionsmöglichkeiten. Vom Hafen aus kann man auf dem Kutter **MS Mindbøn** zum Hochseeangeln auf die offene Nordsee hinausfahren. Im Innenhafen liegen die kleineren Fischerboote, die in den Fjord auslaufen, um ihr Fangglück zu versuchen. Das **Strandingsmuseum St. George** zeigt als eine Attraktion eine Sammlung zahlreicher Gegenstände von Schiffshavarien.

WISSENSWERTES ZU WESTJÜTLAND

Thorsminde befindet sich im Herzen Westjütlands, das sich von **Thyborøn** bis südlich der Stadt **Ribe** und der **Insel Mandø** erstreckt. Geografisch betrachtet geht Westjütland aber von der deutschen Grenze bis **Hanstholm** in Thy. Dieser Bereich wurde Haupturlaubsgebiet, da er schnell von der Grenze aus erreichbar ist. Die Verlängerung der Europastraße E 20 bis Esbjerg trug einen erheblichen Teil dazu bei, weil die Fahrzeit in das Gebiet wesentlich verkürzt wurde.

Westjütland bietet alles, was Dänemark ausmacht: Wattenmeer, kilometerlange Sandstrände, Dünen, Fjorde, Seen und ländliche Idylle. Hinzu kommt ein umfassendes Programm für jedermann. Aktivitäten für Groß und Klein, beste Angelgewässer, zahlreiche Sehenswürdigkeiten und Hotels, Kros und Ferienhäuser aller Kategorien und natürlich

Tipp

SEENOTRETTUNG

Das Strandingsmuseum St. George in Thorsminde (www.strandingsmuseum.dk) zeigt unter anderem Gegenstände (wie eine Schiffsglocke, einen Anker und anderes) von der größten Schiffskatastrophe an der dänischen Westküste, als nämlich die englischen Kriegsschiffe St. George und Defence im Jahre 1811 dort untergingen. In einem Orkan mit Hagel- und Graupelschauern strandete die St. George und die Defence versuchte, sie freizuschleppen. Beide Schiffe wurden letztendlich zerstört. Eine Hilfe von Land aus war wegen der Widrigkeiten unmöglich und letztendlich konnten nur 18 Seeleute gerettet werden. Drei Granitsteine erinnern am Dødemandsbjerg südlich von Thorsminde, wo Seeleute begraben wurden, unter anderem an diese Tragödie. Dieses Ereignis war zusammen mit anderen Havarien 1852 Auslöser des Gesetzes zur Errichtung des Nordjütischen Rettungswesens. In den Jahren danach wurden an vielen Stellen der Küste Rettungsstationen, die mit unsinkbaren Rettungsbooten und Rettungsraketen ausgerüstet waren, gebaut. In dieser Zeit liegt auch die Gründung anderer Rettungsorganisationen, wie die der Deutschen Gesellschaft zur Rettung Schiffbrüchiger (DGzRS).

Hafen in Thorsminde am Nissum Fjord

Plätze für den Wohnmobilisten machen uns den Aufenthalt leicht. Die Ursprünglichkeit des Gebiets geht in der Hauptsaison durch die zahlreichen Urlauber natürlich etwas verloren. Wer es planen kann, sollte auf den Zeitraum von Ende September bis Mai ausweichen. Mit Ausnahme der Tage um Weihnachten und Silvester ist man unter sich, bei allerdings oft stürmischem Wetter.

TOURISMUS UM JEDEN PREIS?

Bis vor über einem Vierteljahrhundert zum Beispiel führte ein schmaler Kiesweg von Holmsland Klit nach Søndervig und von dort nach Husby. Der Historie nach hat sich über Jahrhunderte hinweg eine einfache Wagenspur gebildet. Harmonisch schlängelte sie sich durch Höhen und Tiefen der Landschaft, am Fuße der Dünen oder an den Ufern der Fjorde, wie die dänischen Strandseen bezeichnet werden, entlang. Ebenso entstand der Weg über Husby Klit nach Fjand und Thorsminde und weiter in den Norden. Die gemütlichen Kurven hat man begradigt, die Dünen wurden durchgraben und eine moderne Straße entstand, die den Tourismus wachsen ließ und damit Geld in die Region brachte. Die ursprüngliche Fjordlandschaft war bereits durch die Eingriffe des Menschen total verändert. Deiche wurden gebaut, Fjorde entwässert, Wiesen und Moore drainiert und kultiviert, um Neuland zu gewinnen. In den letzten 175 Jahren wurde die landwirtschaftliche Nutzfläche immens vergrößert.
Damit einher gingen große Landschaftsveränderungen und eine Störung des ökologischen Gleichgewichts. Für die Fauna und hier im großen Maße die Vögel war dieses Vorgehen eine Naturkatastrophe. Einige Vogelarten verschwanden, andere sind als Brutvögel sehr selten geworden, den Zugvögeln wurden wertvolle Rastplätze geraubt. Viele Naturwerte gingen verloren. Tourismus ist notwendig, keine Frage, aber er muss Hand in Hand mit einer intakten Natur ablaufen und nicht aggressiv wie in

Thorsminde am Nissum Fjord
Bovbjerg Fyr
Ferring Sø
181 – 25 km
Lemvig am Limfjord
Vejlby Klit
Vrist
Halbinsel
Harboøre Tange
Kystcentret
Jyllands Akvariet
Snegglehuset
181 – 22 km
Thyborøn

Vor Rønland am Limfjord

manchem Urlaubsort, sogar hier in diesem wundervollen Land. Besonders Westjütland ist mit einem stark wachsenden Tourismus konfrontiert, ähnlich dem in den Alpen.

DURCH HOCHLANDSCHAFT ZUM LIMFJORD

Am Ortsende von Thorsminde nimmt uns die 181 wieder mit und wir fahren weiter auf dem Bøvling Klit, bis wir nach zwölf Kilometern den Nissum Fjord verlassen und wieder festen Boden unter uns wähnen. Wir entfernen uns nun rund eineinhalb Kilometer vom Meer und kommen durch eine typische dänische Hochlandschaft mit flacher Vegetation in das Gebiet um **Vejlby Klit**, das sich anfangs mit Windparks in der Nähe des Nissum Fjords und später mit weiten Agrarflächen zeigt, auf denen große Güter überwiegend Getreide und Mais anbauen. Am Horizont im Westen an der Steilküste taucht der Leuchtturm von Bovbjerg auf, den man weithin sehen kann, und man könnte das Gefühl bekommen, er würde uns begleiten, denn wir fahren praktisch in Entfernung um ihn herum.

Wir kommen vorbei am kleinen Ort Vandborg und die 181 führt in einer weiten 90-Grad-Biegung Richtung Lemvig am Nissum Bredning. Wir sind im Gebiet des wunderschönen **Limfjords**. Im spitzen Winkel an einer Dreieckskreuzung, fünf Kilometer vor Lemvig, fahren wir links ab Richtung Thyborøn, das uns aber erst in 17 Kilometern er-

Tipp

ALTERNATIVE ROUTE

Wer Zeit mitbringt und die wunderschöne Landschaft am Nissum Bredning bestaunen möchte, kann über die Landstraße 181 bis Lemvig zurückfahren und dort über die Landstraße 565 nach Humlum zur Hauptstraße 11 gelangen, die sich in Thisted wieder mit unserer Route trifft. Auch diese Gegend ist landschaftlich sehr schön und bietet weite Ausblicke, die für den Norden so typisch sind.

wartet. Wer in dieser Gegend einen Stellplatz sucht, sollte die wenigen Kilometer nach **Lemvig** in den Hafen fahren, um sich direkt am Wasser des Limfjords für eine Nacht zurückzuziehen.

UNENDLICHE WEITEN MIT REINER LUFT

Bei **Vandborg** lohnt sich ein kleiner Ausflug zum **Bovbjerg** mit seinem weinroten Leuchtturm und zum **Ferring Sø**. Es gibt wenige Orte in Europa, an denen man eine nahezu unendlich weite Sicht nach allen Himmelsrichtungen hat. An der Steilküste bei Bovbjerg finden wir einen solchen Ort, der zudem noch eine gesunde mineralhaltige Luft bieten kann.

Wir biegen von der 181 bei Vandborg links ab und fahren zum Ferring Sø, südlich der Region Vejlby, das ein ideales Feriengebiet besonders für Kinder ist, da es direkt am Meer liegt und bis Harboøre an der 181 reicht. Vielfältig sind die Urlaubsmöglichkeiten, die vom Schwimmen über Spielen und Sonnenbaden in den Dünen bis hin zum Angeln reichen. Es klingt nahezu grotesk, ein Badesee am Meer? Tatsächlich finden wir in herrlicher landschaftlicher Lage einen See, direkt hinter der ersten Dünenreihe, der auch wärmer als die kalte Nordsee ist. Der Ferring Sø gilt dazu als Angelparadies. Auf den Angler warten Hecht, Barsch und Aal. Das Dünengebiet um Vejlby lädt bei jedem Wetter zum Wandern ein, bis hin zum **Bovbjerg Fyr** kann man nahezu endlose Weiten durchwandern. Eine schmale Schotterstraße führt an einer etwa 40 Meter hohen, bizarren Steilküste entlang zu einem geräumigen Parkplatz am Leuchtturm.

Der weinrote, 26 Meter hohe Bovbjerg Fyr wurde 1877 auf dem Bovbjerg erbaut. Bis 1877 diente der weiß getünchte Kirchturm von Ferring den Seeleuten als Orientierungshilfe. Damit es zu keinen Verwechslungen kam, wurde der Fyr nicht weiß, sondern weinrot gestrichen. Den Leuchtturm sollte man unbedingt besteigen, denn bei schönem Wetter hat man mit insgesamt 66 Metern Höhe über dem Meer einen gigantischen 360-Grad-Rundumblick.

Der Parkplatz am Leuchtturm wird gern von Modellsegelfliegern wegen seiner fantastischen Aufwinde zum Fliegen genutzt. Westlich des Leuchtturms liegt ein gut erhaltener **Grabhügel** aus der Bronzezeit. Landeinwärts, nordöstlich des Bovbjerg Fyr, hat ein bekannter dänischer Milchverarbeiter ein großes Käselager errichtet. Ausgewählt wurde der Standort, weil in dieser Gegend die reinste und mineralhaltigste Luft Nordeuropas vorhanden ist. Das umliegende Gebiet ist ideal zum Wandern und auch wer sein

↑ Steilküste südlich Ferring
↓ Vor Ferring und Ferring Sø

An den Klippen bei Bovbjerg

Mountainbike mit sich führt, kann viele interessante Touren machen. Pilzliebhaber nutzen einen Ausflug in das nahe Staatsforstgebiet **Klosterheden**, um im späten Sommer oder frühen Herbst Pilze zu sammeln. Auch für geruhsame Wanderungen ist dieses Gebiet bestens geeignet.

Thyborøn
Fähre
Halbinsel
Agger Tange
Westküstenweg
Agger-Bulbjerg
Vestervig Kirke
Klostermølle
Lodbjerg Fyr
Naturhafen
181 Nørre Vorupør
34 km
Nørre Vorupør

Noch von der grandiosen Aussicht am Leuchtturm beeindruckt, fahren wir zurück nach Ferring. Die Kirche in Ferring wurde im 11. Jahrhundert erbaut und ist wegen ihrer Kalkmalereien und der weißen Grundstückseinfassung um die Kirche und das Friedhofgelände bekannt. Ein geologisches Mini-Museum, mehrere Kunsthandwerker sowie eine Bernsteinschleiferei sind vor Ort. Zuletzt besuchen wir das Jens-Søndergaard-Museum (Jens Søndergaard Museet). Es ist das Sommerhaus des berühmten dänischen Expressionisten (1895–1957) und zeigt eine Vielzahl seiner Werke.

Dann bekommen wir wieder eine kleine Teerstraße unter die Räder, die uns nach Vandborg und weiter Richtung Lemvig auf die 181 zurückbringt, wie zuvor beschrieben. Wir sind wieder in der Nähe des Limfjords angelangt.

Nach der Abzweigung vor Lemvig führt die 181 uns hinunter vom Hochplateau zurück auf Meeresniveau in das Ferienhausgebiet **Vrist-Vejlby** mit seinen Seen in Meeresnähe und dem Badesee Ferring Sø, den man auch von Norden her ansteuern kann. Die Landschaft hier ist überwiegend gekennzeichnet von Kiefernvegetation und lädt auf schönen Wegen zum Wandern ein. Linker Hand befinden sich wieder typische Ferienhausanlagen, die uns bis in den kleinen Ferienort **Harboøre** begleiten.

Von Harboøre geht es weiter auf der 181, rund zehn Kilometer auf einem schmalen Damm in langen Geraden. Wir kommen an einem Windpark mit gigantischen Windrädern vorbei, die futuristisch anmuten und aus einem Science-Fiction-Film stammen könnten, sowie an einem großen Chemiekonzern. Schließlich erreichen wir von Süden her, vorbei am Industriegebiet und kleineren Werften, Thyborøn auf der Halbinsel **Harboøre Tange**.

THYBORØN

Unsere Fahrt endet im 1915 gebauten, alten Hafen. Hier stehen wir vor dem **Thyborøn Kanal**, der uns, als Ausgang des Limfjords in die Nordsee, von einer Weiterfahrt zunächst abhält.

Thyborøn liegt auf der Halbinsel Harboøre Tange. Ein sehr schöner, weichsandiger Strand hat sich am Rande des Kanals zwischen den Schutzbuhnen gebildet, der direkt neben dem ältesten Teil des Hafens liegt und

Tipp

KYSTCENTRET & JYLLANDSAKVARIET

In Thyborøns »Küstencenter« treffen sich alle Hobbyforscher, ob groß, ob klein. Auf 2000 Quadratmetern werden die möglichen Naturphänomene der jütländischen Küste durch moderne, interaktive Präsentationstechnik vermittelt. Ein idealer Tummelplatz bei schlechtem Wetter, denn jeder ist beschäftigt: Man kann selbst einen Tornado oder ein Gewitter erzeugen, einen Minitrawler steuern, Deiche bauen, Sturmfluten computergesteuert verursachen, riesige Seifenblasen machen und viele andere interessante, naturbezogene Dinge mehr (www.kystcentret.com). In Jyllands Akvariet können lebende Fische bestaunt, gestreichelt und in die Hand genommen werden. Eine Art »glitschiger« Streichelzoo lässt Kinderaugen strahlen, wenn sie eine Scholle am Rücken kratzen, eine Krabbe in der Hand tragen oder einen echten Hai anfassen – wenn man sich denn traut. Im Freien nimmt man eine Brotzeit zu sich oder steht als Kapitän auf der Brücke eines typisch original weiß-blauen dänischen Fischkutters (www.jyllandsakvariet.dk).

1915 angelegt wurde. Daraus entwickelte sich der Ort Thyborøn, heute eine übersichtliche, freundliche Kleinstadt, mit einer weiten Sicht auf das Meer im Westen und den Nissum Bredning im Südosten, wenn das Wetter gut ist und der Wind günstig.

Thyborøn ist eine Industrie- und Hafenstadt und birgt an den Stränden immer noch Relikte aus dem Zweiten Weltkrieg. Zahlreiche Bunker stehen als Mahnmal hinter den Dünen am breiten Strand. Ein **Bunkermuseum** in der Nähe des alten Hafens gibt Auskunft über die Historie. Steht man selbst auf dem äußersten Bunker zum Meer hin, kann man die militärische Bedeutung dieser Stellung nachempfinden.

Der Hafen ist heute ein bedeutender Fischereihafen und seine Marina wird auch gern von großen Segeljachten angefahren. In der alten **Fischauktionshalle** am Innenhafen ist ein Museum eingerichtet, das sich mit dem Rettungswesen und selbstverständlich mit der Fischerei um Thyborøn beschäftigt. Wie vielfach in Dänemark sind es die kleinen Highlights, die zum Sightseeing einladen. Ein absolutes Muss ist die Besichtigung des berühmten **Sneglehuset** am nordwestlichen Ende Thyborøns. Man beachte die Ausschilderung. Es wurde von seinen früheren

Abzweigung bei Fjaltring

Besitzern komplett mit Muscheln gestaltet und beherbergt heute eine Ausstellung von Schnecken und Muscheln aller Art sowie einen Souvenirverkauf. In der Nähe finden wir auch eine etwas andere Künstlerin, Hanne Mock, die es sich zur Aufgabe gemacht hat, Kunstwerke aus Schwemmholz herzustellen. Es bedarf nur einer Idee, um in dieser kargen Ecke an der Nordsee überleben zu können.

AUF DER FÄHRE

Bereits am Ortsanfang von Thyborøn zeigt uns ein Straßenschild an der 181 die Zufahrt zum Fähranleger der Autofähre über den Nissum Bredning nach **Agger Tange**. Der Fähranleger liegt rechter Hand der 181 und die Fähre transportiert selbst größte Wohnmobile sicher über den Thyborøn Kanal. Wir lösen ein Ticket auf der Fähre und genießen die Überfahrt, die uns in rund 20 Minuten zur 181 auf der anderen Uferseite des Kanals bringt.

Anker der 1868 havarierten Fregatte Nevskij in Thyborøn

Der **Thyborøn Kanal** ist der Ausgang des Limfjords in die Nordsee und damit das letzte Naturareal einer unglaublich schönen Fjordlandschaft und eines sagenhaften Segelreviers. Auf uns wartet Nordwestjütland, das mit Nordjütland durch den Limfjord mit seiner einmaligen Fjordlandschaft zur Insel geworden ist, denn die Ausläufer des Limfjords reichen bis nach Hals an der Ostsee, das wir später besuchen, und durchtrennen Jütland im Norden.

Die 20-minütige Überfahrt hat uns auf den Damm **Agger Tange** gebracht, der von einer Moorlandschaft und vom seichten Wasser des Krik Vig Fjords umgeben ist. Der Blick geht am Anleger über den weitläufigen Nissum Bredning, der direkt in die Nordsee mündet, zu den Sandbänken, auf denen sich im Sommer schon mal Seehunde tummeln, und reicht bis in den Norden, wo es gleich zehn Kilometer auf gerader Strecke den Damm entlanggeht. Am Ende erwartet uns eine durch die Landschaftsform bedingte enge, rechtsdrehende 90-Grad-Kurve mit der Abzweigung nach **Agger**, wo der weithin bekannte Westküstenweg nach Bulbjerg in Nordwestjütland beginnt. Wir halten uns auf der 181 rechts und haben kurz darauf die berühmte Kirche Vestervig vor Augen.

VESTERVIG KIRKE UND KLOSTERMØLLE

Vestervig Kirke ist die größte Dorfkirche Skandinaviens. Im Mittelalter war sie Bischofssitz und sie besitzt eine der besten Orgeln des Landes. Es ist selbstverständlich, dass eine der drei Kirchenmusikschulen Dänemarks ihren Sitz in Vestervig hat.

Auf dem Weg von der Kirche nach Krik liegt die wiederhergestellte **Klostermølle** (»Klos-

Berühmtes Sneglehuset in Thyborøn

termühle«), die im Jahr 1860 nach holländischem Vorbild erbaut wurde. Gleich daneben befindet sich Æ Beeshus, ein kleiner Schutzstall, der eine historische Ausstellung aus der direkten Umgebung beherbergt.
Nördlich von Vestervig führt die 181 in einer Linksbiegung endgültig nach Norden. Wir befinden uns in überwältigender Landschaft, im **Nationalpark Thy**. Die Straße führt durch zahlreiche Klitplantagen, künstliche Bewaldungen, die den Sandflug aufhalten sollen, denn der Wind hier im Norden ist um einiges rauer als zu Beginn unserer Reise im Südwesten des Landes.
Bei **Trankær** sehen wir dann schon den **Ørum Sø** mit dem Leuchtturm Lodbjerg Fyr. Er wurde 1883 aus Granitstein erbaut und ist 35 Meter hoch. Bei schönem Wetter bietet er einen unglaublichen Rundblick über das Land. Er ist Ausgangspunkt herrlicher Wanderungen durch eine wilde Landschaft in den Dünen rundherum. Ein markierter Weg führt zur hohen Düne Penbjerg. Östlich des Weges liegen drei bekannte Gräber aus der Bronzezeit.
Vorbei am lang gezogenen **Ovesø** geht es zurück in Meeresnähe bei Stenbjerg und weiter in das kleine, noch heute aktive, heimelige Fischerdorf **Nørre Vorupør**, das trotz zahlreicher Ferienhäuser seine Ursprünglichkeit und seine Identität behalten hat. Hierzu verlassen wir die 181, um am Kreisverkehr in den Ort links auf die 539 zu fahren. Nach den letzten zwei Kilometern dieser Route sind wir am Zielpunkt Nørre Vorupør angelangt. Das Wohnmobil stellt man zunächst direkt am Leuchtturm auf dem Parkplatz ab.

Klostermølle am Krik Vig

↑ Vestervig Kirke ↓ Fischereihafen Nørre Vorupør

TRADITIONELLES NØRRE VORUPØR

Nachmittags kommen die kleinen Fischerboote vom Fang aus der Nordsee zurück und werden mit Traktoren wie vor 100 Jahren traditionell an den Strand gezogen, bevor sie entladen werden können. Bereits kurze Zeit später kann man die frische Ware in den Läden am kleinen Hafen erstehen und in der Pfanne auf dem Gasherd im Wohnmobil braten. Nirgendwo gibt es Fisch frischer als am Hafen in Nørre Vorupør.

Nørre Vorupør ist »noch« ein zurückgezogener und malerischer Fischerort, der in einer kleinen Bucht durch eine lange Mole in die Nordsee hinaus vor den Stürmen des Meeres geschützt ist. Eingebettet ist es in eine wundervolle Dünenlandschaft, die zu endlosen Erholungsspaziergängen einlädt und trotz vieler Ferienhäuser ihren urtümlichen Charakter bewahrte. Keine Hektik kommt auf, auch wenn am Wochenende Surfer und Waver den Parkplatz im Hafen »besetzen«. Nørre Vorupør ist der größte Badeort in Thy und auf der großen Düne neben dem Parkplatz weht stolz die blaue Flagge, das Zeichen für beste Wasserqualität.

Sehenswert im Ort sind neben der schönen **Kirche** aus rotem Ziegelstein, die 1902 erbaut wurde, vor allem das **Nordsø Akvariet**, das die Meeresgegebenheiten um den Ort herum zeigt. Das **Vorupør Museum** ist ein Küstenfischereimuseum, das in einer alten Bootsbauerwerkstatt eingerichtet ist und die Geschichte des Ortes reflektiert. Die alten Maschinen sind wieder instand gesetzt und gut erhalten. Auch Vorführungen finden statt. Im Sommer veranstaltet das Museum eine Reihe von Aktivitäten für Kinder und »Junggebliebene«. Auch an Menschen mit Behinderung wurde gedacht. So geht ein befestigter Weg am interessanten Strand entlang, den man auch mit einem Rollstuhl befahren kann. Beide Museen sind mit viel Liebe zum Detail eingerichtet.

Zentral am Hafen liegen ein Bernsteinladen sowie Souvenirshops. Auch eine Kerzenzieherei ist am Ort. Vor der Kirche gibt es ein sehr gut sortiertes Einkaufszentrum mit einem großen Supermarkt, in dem man auch Reit- und Tennisstunden buchen kann.

AUSFLUG

DER WESTKÜSTENWEG

80 Kilometer lang ist der Westküstenweg von Agger nach Bulbjerg, der als Rad- wie auch als Wanderweg sehr beliebt ist. Während der Wanderweg größtenteils dem alten Rettungsweg folgt, führt der Radweg entlang öffentlicher Wege und Waldwege. Übernachtungsmöglichkeiten und Einkaufsläden sind entlang des Westküstenwegs in regelmäßigen Abständen zu finden. An die aufgestellten Regeln zur Benutzung, wie die Aufenthaltszeit vor Ort, die Feuerstellenerlaubnis nur an eingerichteten Lagerfeuerplätzen und das Anleinen von Hunden, muss sich jeder halten, damit dieser herrliche Weg lange Zeit erhalten bleibt.

Leuchtturm von Nørre Vorupør

In den Dünen am Stellplatz Nørre Vorupør

Vor allem in den Abendstunden kann man in Nørre Vorupør immer wieder einen lauter werdenden Rasenmähermotor hören, der in Form eines Drachenfliegers über dem Ort kreist, eine Runde im Hafen über den Köpfen der vor der »Pölserbude« (beste Pommes im Thy!) sitzenden Leute dreht und genauso schnell verschwindet, wie er gekommen ist. Nørre Vorupør ist auf jeden Fall und insbesondere mit Kindern, die in der Weite der Dünen spielen können, einen Besuch wert. Alte Tradition und Schnelllebigkeit der vielen, dem Surfsport anhängenden Besucher leben hier in Eintracht nebeneinander. Immer mehr Protagonisten dieses Sports verlassen das quirlige 14 Kilometer entfernte Klitmøller, um hier an der Nordseite des Hafens in entspannter Atmosphäre ihrem Sport nachgehen zu können.

Surfspaß in den Wellen von Nørre Vorupør

FREIER STELLPLATZ

Wir fahren die kleine Straße aus dem Hafen, vorbei am neu renovierten Leuchtturm und hinaus aus dem Ort in die Dünenlandschaft Richtung Vangså. 500 Meter nördlich des Leuchtturms, beidseitig der Straße, finden wir Parkplätze mit zwei sauberen Toiletten, die täglich morgens gereinigt werden, und einen Frischwasseranschluss – der absolute Geheimtipp. Es ist zwar kein offizieller Stellplatz, aber direkt am Meer, in Dünen eingebettet, treffen wir auf eine freie, lebendige Natur und Ruhe. Gegen eine Übernachtung mit dem Wohnmobil hat hier niemand etwas, sofern man den Platz sauber wieder am nächsten Tag verlässt.

PRAKTISCHE HINWEISE

TOURISTINFORMATIONEN

Søndervig Centerforening
Badevej 1, Søndervig,
6950 Ringkøbing
info@sondervig.dk
www.sondervig.dk

Turistcenter Vedersø Klit
Havvej 6–10, 6990 Ulfborg
Tel. +45 96 11 91 00
vedersoe@ulfborg-turist.dk
www.ulfborg-turist.dk

Lemvig Turistbureau
Skolegade 3, 7620 Lemvig
Tel. +45 97 82 00 77
turist@visitlemvig.dk
www.visitnordvestkysten.dk

Thy Fremdenverkehrsamt in Nørre Vorupør
Vesterhavsgade 21,
7700 Thisted
Tel. +45 97 93 88 50
info@thy.dk
www.visitthy.de/de/thy-fremdenverkehrsamt-vorupor-gdk601776

CAMPING- UND STELLPLÄTZE

S 200 **Hvide Sande Autocamperplads** (S. 194 A5), Tungevej 6, 6960 Hvide Sande, Tel. +45 97 31 12 18, info@hvidesandecamping.dk, http://hvidesandecamping.dk/de/autocamper
GPS: N55°59'54" E8°7'19"
Der Stellplatz (Quickstop-Platz von 20 Uhr bis 10 Uhr am Folgetag) ist am Strand-Parkplatz südlich des Hafens gelegen, gehört zum Hvide Sande Camping und ist ein Hotspot-Stellplatz für Kiter und Surfer, da er direkt am Meer gelegen ist. Das Ticket für 160 DKK wird je nach Saison am Automaten gelöst oder ein freundlicher Mitarbeiter kommt abends zum Kassieren. Das Ticket unbedingt sichtbar hinter der Windschutzscheibe platzieren. Mit dem Ticket kann man am Hvide Sande Camping, der circa einen Kilometer in südlicher Richtung liegt, alle Services für einmalig 50 DKK nutzen. Die Zufahrt ist ausgeschildert. Reisemobile (zwei Personen inkl. Steuern) bezahlen ca. 110 DKK, mit der Stellplatz-Zahlkarte kann bei Hvide Sande Camping kostenlos Wasser getankt und die Entsorgung genutzt werden.

C 201 **Thorsminde Camping** (S. 194 A2)
Klitrosevej 4, Thorsminde, 6990 Ulfborg,
Tel. +45 20 45 19 76,
mail@thorsmindecamping.dk,
www.thorsmindecamping.dk
GPS: N56°22'34" E8°7'21"
Der Campingplatz ist ein ruhiger Familienplatz mit modernen Einrichtungen und hat eine ideale Lage zum Baden, Angeln und Surfen. Er ist 200 Meter von der Nordsee und direkt am Nissum Fjord in naturschönem Gelände gelegen. Die Standplätze sind groß, viele haben Sicht auf den Fjord und die Dünen. Es gibt einen guten Platz zum Surfen direkt beim Campingplatz, nur fünf Minuten sind es zu Fuß zum Hafen und zur Bootsrampe (Bootsliegeplatz gratis). Möglichkeiten zum Angeln gibt es von der Mole aus, vom Strand

Tiere finden sich oft nahe am Straßenrand.

oder im Fjord und den Seen. Der Campingplatz ist auch ein guter Ausgangspunkt für den Besuch der vielen Sehenswürdigkeiten von West- und Mitteljütland. Die Sauna und das Hallenbad sind mit 28 °C warmem Wasser für Campingplatzgäste gratis.

C 202 **Bovbjerg Camping** (S. 194 A1), Julsgårdvej 13, Ferring, 7620 Lemvig, Tel. +45 29 88 22 31, bc@bovbjergcamping.dk, www.bovbjergcamping.dk GPS: N56°31'40" E8°7'31" Bovbjerg Camping liegt wunderschön in der Nähe der Nordsee, 42 Meter über dem Meeresspiegel. Rund um die Campingstellplätze sind Hecken- und Rosensträucher als Windschutz angelegt. Viele Fahrrad-Camper nutzen die Lage des Campingplatzes als Basis für Radtouren. Die Margeritenroute und der Nordseepfad sind zwei bekannte nationale Routen, die beide direkt am Campingplatz vorbei verlaufen. Für die Fahrrad-Camper ist ein Teil des Platzes attraktiv mit Tischen und Bänken, dicht an den Badeanlagen, hergerichtet. Außerdem stehen ihnen eine moderne Küche sowie Fernseh- und Aufenthaltsraum zur Verfügung. Eine kleine Poolanlage lädt zum Schwimmen ein. Ein Platz, wo man Ruhe finden kann.

C 203 **Lemvig Strand Camping** (S. 200 B6), Vinkelhagevej 6, 7620 Lemvig, Tel. +45 23 82 00 45, info@lemvigcamping.dk, www.lemvigcamping.dk GPS: N56°34'1" E8°17'37" Der Campingplatz befindet sich direkt am Ufer in herrlicher Lage am Limfjord und bildet den idealen Rahmen für den perfekten Familienurlaub. Auch Naturliebhaber schätzen seine ruhige und schöne Umgebung. Auf dem Platz gibt es moderne Servicegebäude mit Familienbaderäumen, einer Kinderabteilung und einem Baderaum mit Spa. Man hat Zugang zur Schwimmhalle mit großem Becken, Kinderbecken, Spa, türkischem Bad und Sauna. Massagestuhl, Fernsehraum, Münzwäsche, Küchen, Grill, drahtloses Internet, Minigolf, Strandvolleyball, Tennis, Spielplatz mit zwei Hüpfkissen ergänzen das umfassende Angebot, ebenso ein Spielraum mit Pooltisch, Airhockey und ein Kioskk, der u. a. knuspriges Brot von einem lokalen Bäcker anbietet. Die Preise können der ausführlichen Preisliste auf der Homepage entnommen werden.

Stellplatz Nørre Vorupør

C 204 **Thyborøn Camping Hotel & Hytteby** (S. 200 B5)
Idrætsvej 3, 7680 Thyborøn, Tel. +45 97 83 12 77, +45 23 11 41 83 mobil, info@thyboroncamping.dk, www.thyboroncamping.dk
GPS: N56°41'41" E8°12'12"
Thyborøn Camping Hotel & Hytteby ist ein kleiner, gemütlicher, neu renovierter Campingplatz ganz nah an der Nordsee. Der Platz hat alles, worauf aktive (Kinder-) Familien Wert legen. Außerdem findet man die raue und schöne westjütische Natur gleich vor dem Wohnmobil. Wenn man über 62 Jahre alt ist, gibt Thyborøn Camping 25 Prozent Rabatt auf den Aufenthalt, vorausgesetzt, man kommt mit dem eigenen Campingwagen und außerhalb der Hochsaison.

C 205 **Krik Vig Camping** (S. 200 B4)
Krik Strandvej 112, 7700 Vestervig, Tel. +45 97 94 14 96, info@krikvigcamping.dk, www.krikvigcamping.dk
GPS: N56°46'43" E8°15'41"
Krik Vig Camping ist ein gemütlicher Drei-Sterne-Familienplatz, zwischen Wald und Wasser gelegen. Er grenzt an das Flüsschen Kastet Å, das den Platz im Osten zur Hälfte umgibt. An der Kastet Å gibt es Bootsliegeplätze für die Campinggäste. Bis zum Limfjord sind es 250 Meter. Im Westen ist der Platz bewaldet, dort steht man abgesichert gegen den Westwind, der an der Küste fast immer weht. Die restlichen Stellplätze sind durch Hecken hervorragend geschützt, obwohl das Meer gerade mal 1200 Meter entfernt liegt. Die meisten Wünsche für einen idealen Stellplatz werden auf Krik Vig Camping erfüllt. Man kann sich zwischen die großen Bäume im Wald stellen oder auf einen der sonnigen Plätze mit hervorragendem Windschutz. Nahe am Fluss gibt es Stellplätze mit Aussicht auf das Leben in der Natur. Wenn Sie Glück haben, können Sie abends Seehunde beim Fischen in der Kastet Å beobachten und sozusagen vom Wohnwagen aus Aal angeln. Preise sind der Homepage zu entnehmen.

Typische Steine am Strand von Klitmøller

C 206 **Strandgaardens Camping** (S. 200 C3), Vesterhavsgade 93, Nørre Vorupør, 7700 Thisted, Tel. +45 97 93 80 22, thy@feriepartner.dk, www.strandgaardens camping.dk
GPS: N56°57'13" E8°21'58"
Der Campingplatz hat wenige und einfache Einrichtungen, dafür aber eine der besten Lagen Dänemarks direkt an Strand und Nordsee und alle Möglichkeiten für Einkäufe und Restaurantbesuche im Umkreis von wenigen hundert Metern. Das Einchecken erfolgt bei MENY, Vesterhavsgade 44. Es gibt 155 Stellplätze. Erwachsene zahlen 70–85 DKK pro Nacht, die Platzgebühr beläuft sich auf 15 DKK (Nebensaison) bzw. 30 DKK (Hochsaison). Abwasser-, Kassettenentsorgung und Frischwasser sind kostenlos, Stromanschluss gibt es zu 3 DKK (per kWh). Der Platz ist nur circa 150 Meter vom Strand entfernt, liegt wunderbar inmitten der Dünen und zum Zentrum von Nørre Vorupør sind es gerade mal 1,2 Kilometer. Geöffnet hat der Campingplatz vom 20. März bis zum 24. Oktober.

Abendstimmung im Naturpark Thy

3

DURCH DEN NORDWESTEN JÜTLANDS INS »LAND DES LICHTS«

Von Nørre Vorupør über Thisted nach Hirtshals

Wir machen uns auf zum Lysets Land, zum »Land des Lichts«, das so viele Maler nicht nur im letzten Jahrhundert in ihrem Schaffen beeinflusste. Aber wir kommen auch in den Norden, der mit der Fährschifffahrt und deren Expansion viele neue Arbeitsplätze schafft, die so dringend benötigt werden, denn die Fischerei ist rückläufig. Auf dem Weg dorthin genießen wir den Limfjord bei Thisted, der uns sehr an italienisches Flair erinnern wird, aber auch eine bizarre Landschaftsform, den Bulbjerg, einen Beobachtungsfelsen, auf dem wir weit auf das Meer schauen können und seiner historischen Bestimmung nachspüren.

Vom freien Stellplatz in **Nørre Vorupør** (siehe Ende Tour 2) fährt man, ohne in den Ort zurückfahren zu müssen, wieder auf die 181 Richtung Klitmøller. Weiter geht es 14 Kilometer über Vangså mit seinen niedrigen Kiefernwäldern und Heidelandschaften zum Surfer-Hotspot Klitmøller. Wir verlassen die 181 kurz, um in den Ort zu fahren, in dem wir in der Hauptsaison das pulsierende Leben spüren können.

Gewitter bei Klitmøller

SURF-MEKKA KLITMØLLER

In Surferkreisen ist Klitmøller schon lange als Hotspot bekannt und es wird daher auch als »Thylands Hawaii« bezeichnet. Die Lage des Ortes mit seiner kleinen Bucht und entsprechenden Windverhältnissen bringt für Wassersportler beste Bedingungen. Jeder Surf-Insider war schon hier. Neben dem Ringkøbing Fjord südlich bei Hvide Sande ein klares Muss! Bis 2015 fand dort der »Cold Hawaii PWA World Cup« statt, der seit 2016 im September in Hvide Sande ausgetragen wird.
Klitmøller ist gemütliches Fischerdorf und lebhafter Badeort zugleich – mit einem idealen Strand. Am alten Landungsplatz werden die Jollen der Küstenfischer nach alter Tradition mit einer Seilwinde an Land gezogen, ähnlich wie in Nørre Vorupør.
Viele der alten Häuser des Ortes entstanden während der Blütezeit des Koggenhandels und sind noch heute erhalten. Der alte **Møllegården** ist noch Zeuge des früheren Haupterwerbs, des Kornmahlens. Erst in der Mitte des 19. Jahrhunderts wurde die Fischerei der wichtigste Erwerbszweig in Klitmøller, bis in Hanstholm 1967 der Hafen eröffnet wurde.
Die **Kirche** von Klitmøller wurde 1871/72 im neugotischen Stil gebaut. Die dänische Königin Louise malte das Altarbild.
Der Ort hat sich in den letzten 25 Jahren vom Fischerdorf zum Badeort verändert – Tourismus pur ist angesagt und zahlreiche Ferienhäuser dokumentieren dies deutlich. Und Klitmøller expandiert noch. Nachteil für den Autocamper ist daher, dass während der Hauptsaison die Camping- und Stellplätze zumeist überfüllt sind. Besser ist es dann, gut zehn Kilometer auf der 181 durch ein nahezu flaches Naturschutzgebiet nach Hanstholm zu fahren.
Nachdem wir Klitmøller verlassen haben, wartet auf dem Weg bis Hanstholm das größte Naturreservat Dänemarks auf uns,

ROUTE 3

START- UND ENDPUNKT
Nørre Vorupør und Hirtshals

STRECKENLÄNGE
221 km

FAHRZEIT
3 bis 4 Tage

MAUTSTRECKEN
keine

BESTE JAHRESZEIT
Frühjahr bis Herbst

Start
Nørre Vorupør
Hanstholm
Vildreservat
181 Hanstholm Fyr
26 45 km
Thisted am Limfjord

Leuchtturm Hanstholm

das **Wildschutzgebiet Hanstholm** im Nationalpark Thy, das wir am Rand zur Nordsee hin durchfahren. Rund zehn Kilometer nach Klitmøller erreichen wir dann Hanstholm, dessen Leuchtturm wir schon lange zuvor über der Stadt erkennen. Vor der Stadt geht es links ab in den Hafen, der bis Ende des ersten Jahrzehnts überwiegend als Fährhafen bekannt war. Nachdem die Stadt den Fährlinien nicht mit einem größeren Ausbau des Hafens entgegenkam, wanderten diese nach Hirtshals im Norden ab. Wir fahren hoch zum Leuchtturm **Hanstholm Fyr** und genießen den weiten Blick über die Stadt und das Meer.

In Hanstholm finden sich saubere Campingplätze, die über Stellplätze für Autocamper verfügen.

HAFENSTADT HANSTHOLM

Hanstholm ist geografisch einer der Eckpunkte Dänemarks und war lange eine Fähr- und Fischereistadt. Heute ist die Fischindus-

Blick über den Hafen von Hanstholm

trie der Arbeitgeber in der Gegend, mit all den Ups and Downs, die das Fischereiwesen mit sich bringt. Die raue, sturmgepeitschte Nordsee prägt die Industrie- und Handelsstadt, die einstmals ein kleiner Fischerort gewesen ist und heute zu den größten Konsumfischereihäfen Dänemarks gehört. Die Kirche von Hanstholm, **Hansted Kirke**, wurde im 12. Jahrhundert im romanischen Stil und ohne Turm erbaut. Statt in dem Kirchturm hängt die Glocke an einem Mauergalgen an der Ostseite der Kirche. Viele Figuren und ein Handelsschiff sind in die Steine eingeritzt. Das mittelalterliche Schiff war das Vorbild für das Hanstholmer Stadtwappen. Im Friedhof neben dem Leuchtturm fanden fünf deutsche Soldaten aus dem Ersten Weltkrieg inmitten dänischer Gräber ihre letzte Ruhe.

Das **Museumscenter Hanstholm** beinhaltet eine große Dokumentation, welche die Geschehnisse des Zweiten Weltkriegs in der ehemals größten Festungsanlage des Nordatlantikwalls, die heute noch zu besichtigen ist, darlegt.

Das **Hanstholm Kunstbygning** (wörtlich: »Kunstgebäude«) steht über dem Hafen und

Tipp

VIELSEITIGES FERIENPROGRAMM

Kinder sind sozusagen Programm der Stadt. Jede Woche gibt es für sie spezielle Veranstaltungen, wie das Herstellen von Bonbons, Märchenerzählen, Schatzsuche und vieles mehr. Segeltouren auf Holzsegelschiffen bringen der ganzen Familie großen Spaß und die Großen können eine interessante Führung im Thisted Bryghus machen, das das nicht nur bei Surfern weithin bekannte Bier, das Cold Hawaii, braut.

↑ Auf dem Weg in das Zentrum von Thisted ↓ Dünengräser

zeigt im Sommer Werke dänischer und internationaler Künstler. Das Haus liegt im sogenannten »**Meeresgarten**«, wo ein aus größeren und kleineren Steinen zusammengesetztes Schiff, mit Windharfe am Bug und Stuhl am Heck, zu sehen ist.
Vom Leuchtturm kommend fahren wir in das moderne **Einkaufszentrum** mit großem Parkplatz und bevorraten uns. Über den großen Kreisverkehr im Osten Hanstholms geht es dann fünf Kilometer weiter zum endgültigen Ende der 181 nach Ræhr. Dort halten wir uns rechts und fahren auf der 26 in Richtung Thisted, das wir, am Flughafen Thisted vorbei, nach weiteren 15 Kilometern erreichen. Wir bleiben zunächst auf der nordwestlichen Umfahrung, bis die 539, aus Nørre Vorupør kommend, unsere Fahrt kreuzt. Auf der 539 geht es hinein in die Stadt und hinunter zum Limfjord zur berühmten Promenade, die uns von der Anlage her an manchen Ort am Gardasee in Italien erinnert.

SEGELPARADIES – THISTED AM LIMFJORD

Der Limfjord trennt nicht nur den Norden vom Rest Jütlands ab, sondern er ist in erster Linie ein wunderbares Segelrevier, eingebettet zwischen Nord- und Ostsee mit genügend Wind für erholsame Törns. Thisted ist die größte Stadt in Thy und trotz ihrer Geschäftigkeit bewahrte sie sich eine gemütliche Atmosphäre. Verborgene Winkel und ein Hauch von Vergangenheit in alten Gebäuden laden den Reisenden zum Bummel durch Geschäfte und zum Verweilen in Cafés und Restaurants ein. Thisteds Lage direkt am Fjord zeigt sich auch am malerischen Jachthafen **Lystbådehavn** und an den Molen.
An jedem Freitag und Samstag ist Markttag auf dem **Store Torv. Christiansgave** ist eine Grünanlage aus dem Jahr 1821. In ihr befinden sich eine Freilichtbühne und der **Kongelunden**, auch Königshain genannt, in dem Büsten der Könige stehen. Ein Kräutergarten, essbare Blumen, ein Mini-Dornröschenschloss und ein großer Spielplatz runden die Erholungsoase ab. Im alten **Rathaus** sind Räume für Kunstausstellungen eingerichtet. Vor dem Haupteingang zum Rathaus auf dem Marktplatz liegt der **Null-Kilometerstein**, von dem aus früher alle Kilometersteine vermessen wurden.

Thisted am Limfjord
Segelhafen Thisted
Bulgbjerg Bunkermuseum
Vogelfelsen
11 · 569 · 71 km
Fjerritslev
Tranum Klitplantage
Brovst Galerien
11 · 34 km
Aabybro

Über der Fußgängerzone ragt die spätgotische **Thisted Kirke** auf. Jede Stunde ertönt ein Glockenspiel, ein Zeichen der Musikalität dieser Stadt.
Wir verlassen Thisted in nordöstlicher Richtung und kommen zur 11, die wir nach Norden zum zehn Kilometer entfernten Østerild befahren. Durch eine Kiefernlandschaft hindurch erreichen wir **Vesløs**. Ein Ausflug zum Bulbjerg erwartet uns und sollte auch eine historische Pflicht sein: Nach der Tankstelle biegen wir am Kreisverkehr links ab und kommen, vorbei am sehr schön gelegenen **Tømmerby Fjord**, nach sieben Kilometern auf die 569. Es geht sechs Kilometer hinaus zur Nordsee in eine etwas verlassen anmutende »Mondlandschaft« zum Bulbjerg und nach Lild Strand.

AUSFLUG

ZU FUSS DIE UMGEBUNG ERKUNDEN

Hinter der Bunkeranlage stand früher ein Hotel der »Führung«, das nicht mehr besteht und auf dem wir heute unser Wohnmobil auf Kiesboden sicher abstellen können. Das Gebiet um den Bulbjerg bietet auf schönen Wegen ausreichende Wandermöglichkeiten und eine eindrucksvolle Rundumsicht.

↑ Vogelfelsen am Bulbjerg
↓ Damwild in der Nähe des Lund Fjords

BULBJERG UND LILD STRAND

Bulbjerg war in der Steinzeit eine dem Festland vorgelagerte Insel. Heute ist der 47 Meter hoch aufragende Kalkfelsen der einzige Vogelfelsen in Dänemark, auf dem etwa 500 Paar Dreizehenmöwen nisten. In den letzten Jahren wurden auch nistende Eissturmvögel beobachtet. Vor der Küste liegt der **Skarreklit**, der während eines Sturmes 1978 auseinanderbrach.

Im Zweiten Weltkrieg war der Bulbjerg von größter militärischer Bedeutung. Eine restaurierte Bunkeranlage ist Zeugnis dieser verheerenden Zeit, genauso wie viele Bunker die Nordsee hinauf über Vrist, Thyborøn bis Skagen noch heute stumme, langsam zerfallende Zeugen sind. Von hier aus und von Kristiansand auf norwegischer Seite wurde die Durchfahrt in die Ostsee im Zweiten Weltkrieg überwacht. Ein **Besucherzentrum** ist im Bunker, der in den Steilhang mit einem Gängesystem eingefräst worden ist, eingerichtet. Blickt man aus den Beobachtungsschlitzen auf das Meer hinaus, kann man nur erahnen, welch schreckliche Ereignisse sich damals abgespielt haben.

Nur fünf Kilometer westlich entfernt ist der kleine Fischerort **Lild Strand**, den man vom Bulbjerg aus sehen und erwandern kann. Erst 1883 entstand um ein Lagerhaus, in dem Waren bis zum Verschiffen gelagert wurden, eine kleine Siedlung, die stetig wuchs. Lild Strand gehört zu den wenigen Orten, wo gewerbliche Fischerei vom offenen Strand aus betrieben wird und die Fischerboote nach getaner Arbeit unter großen Mühen an Land gezogen werden müssen.

Nach einem kleinen Spaziergang in Lild Strand kehren wir nicht wieder nach Vesløs zurück, sondern fahren auf der Landstraße 569 in östlicher Richtung über Vust am schönen **Lund Fjord** direkt nach **Fjerritslev** (20 Kilometer ab Bulbjerg).

Wer den Bulbjerg aussparen will, kann von Vesløs zwei Kilometer weiter nach **Øsløs** fahren, denn dieser kleine Ort bringt uns nahe an den Limfjord und zu Shakespeares Literatur; zugleich ist er bekannter Ausgangspunkt zu Nordeuropas größtem Vogelschutzgebiet Vejlerne.

ZUM FEGGESUND

Von Øsløs geht es acht Kilometer auf der 581 nach Süden zum Feggesund. Dort wartet ein richtiges Limfjord-Erlebnis. Unter dem Motto »Genieße eine Fähre« kann man eine Fährfahrt unternehmen, zum Beispiel auf

↑ Bunkermuseum am Bulbjerg
↓ Schützenscharte am Bulbjerg

Auf der 11 nach Brovst

der Næssund, einer alten Holzfähre auf dem Limfjord. Mit Verlassen der Fähre am Feggesund hat man die Insel Mors und damit kulturhistorischen Boden betreten.
Von der Nordspitze geht es zunächst auf einer Halbinsel nach Süden. Der Molerfelsen Feggeklit bildet die eigentliche Nordspitze von Mors und ist Ort der Grabstätte des Sagenkönigs Fegge. Shakespeare hat mit »Hamlet« das Schicksal dieses Despoten und seines Neffen Hamlet beschrieben. Man kann der Straße auch nach Süden folgen und weitere interessante Sehenswürdigkeiten besuchen, wie das landwirtschaftliche Museum Skarregaard, das Fossilienmuseum Molermuseet oder den Jesperhus Blomsterpark bei Nykøbing auf Mors. Die Straßenführung geht nach Nykøbing auf Mors und kurz danach auf die 26, auf der wir nach Thisted fahren können.

Blick vom Bulbjerg in die Jammerbucht

VEJLERNE AUF DER HALBINSEL HANNÆS

Direkt nach Øsløs an der 11 liegt ein Besucherzentrum mit einer Ausstellung zum Vogelschutzgebiet Vejlerne. Eine Fußgängerbrücke über den Kanal bringt die Gäste zur Aussichtshütte mit einem lichtstarken Fernglas und einer elektronischen Info, die umfassendes Wissen zum Thema Ornithologie vermittelt. Das Reservat selbst darf nicht betreten werden, weshalb viele Reisende nicht davor zurückschrecken, den Rucksack zur Seite zu legen, ihre Ferngläser in

Anschlag zu nehmen und sich direkt an der Hauptstraße, die über den Bygholm-Damm führt, niederzulassen. Den besten Aussichtsplatz aber hat man natürlich von den Vogeltürmen aus, die entlang dem alten Eisenbahndamm zwischen Frøstrup und Vust stehen.

FJERRITSLEV

Wir werden linksseitig begrüßt von zwei rostigen Kaminen, die vom Meersalz der nahen Nordsee gezeichnet sind. Fjerritslev ist Zentrum in **Han Herred** und eine Brücke zwischen Thy und Vendsyssel. Man nennt es »Land zwischen Fjord und Meer«. Die Stadt hat ein gehobenes Niveau und ist von unberührter und großflächiger Natur umgeben. Die Jammerbucht im Norden und der Limfjord im Süden liegen nur etwa 20 Kilometer voneinander entfernt.

Fjerritslev ist ein Urlaubsort, der noch wächst und in dem Tourismus noch überschaubar ist. Dementsprechend ist das Touristenangebot neben den üblichen Museums- und Kirchenbesichtigungen – allein 13 Kirchen lassen sich bestaunen – auf Urlaubsaktivitäten ausgerichtet. Ob Golf, Tennis, Reiten, Radfahren, Wandern und selbstverständlich Fischen, es bleiben kaum Wünsche offen. Hier gilt der skandinavische Werbespruch: »Entdecke die Möglichkeiten!«

Aabybro
Blokhus
Farup
Sommerland
55
27 km
Løkken

Für uns geht es weiter auf der 11 durch Fichtenbewaldungen nach **Østersvendstrup**, vorbei an kleinen Ortschaften mit Konditoreien und Bäckereien, Kirchen, kleinen Cafés und Kros mit Biergärten. Passend zum Thema

Wolkenstimmung in der Tranum Klitplantaage

AUSFLUG

GEHEIMTIPP TRANUM KLITPLANTAGE

Auf der 11 umfährt man Fjerritslev bis zur Einmündung der Landstraße 569 aus Lild Strand und vom Bulbjerg. Hier biegt man links ab in Richtung Kollerup und begibt sich auf einer kleinen Landstraße über Hjortdål und Sanden nach Slettestrand, direkt in die Jammerbucht. Auch hier werden die Fischerboote nach alter Tradition per Hand und Seilwinden an Land gezogen. In einem Bogen fahren wir, der Beschilderung folgend, landeinwärts zur Tranum Klitplantage. Wir kommen in eine traumhafte Gegend mit eindrucksvollen hohen Dünen, eine Landschaft, die in Wellenform in das Meer der Jammerbucht übergeht. Die Natur scheint noch unberührt zu sein. Eingebettet in diese grandiose Landschaft liegt die Ferienanlage Tranum Klit, die einen erholsamen Urlaub garantiert. In der Nähe ist die Svinkløv Plantage, die unzählige Varianten für Spaß in den Dünen bietet, und das Naturschutzgebiet Fosdalen, wo es keinen Zeitbegriff zu geben scheint. Es gelingt in Dänemark immer wieder, lebendigen Tourismus und hochgradigen Naturschutz zu vereinbaren. Tranum Strand, Ejstrup Strand, Rødhus Klit sind kleine Orte, die man auf zum Teil verschlungenen, kleinen Straßen, auch mit dem Wohnmobil, entdecken kann.

---

steht die Brauereistadt **Brovst** auf unserem Reiseplan, bevor wir bei **Arentsminde** eine Pause machen und das bekannte **Harmonika Museum** besuchen. In der Brovst-Kommune befinden sich viele Galerien, Kunsthandwerker und Kerzengießereien. In den Galerien werden den ganzen Sommer über abwechselnde Ausstellungen von sehr hoher Qualität gezeigt. Bei den Kunsthandwerkern hat man die Möglichkeit, sehr gut verarbeitete Keramik sowie gewebte Bilder und Seidenmalereien zu bestaunen und zu erwerben. Die Fahrt geht weiter über **Birkelse**, südwestlich der Stadt Aabybro, wo wir auf die 55 treffen, die uns über einen Kreisverkehr den Weg in den Norden nach Hirtshals zeigt und uns bis dorthin, von kleinen Abstechern abgesehen, begleiten wird.
Über die 55 kommen wir an Pandrup vorbei und erneut zu einem großen Kreisverkehr, wo wir einen kurzen Abstecher in den bekannten Ort Blokhus unternehmen. Er gehört fast zum Pflichtprogramm eines Dänemark-Reisenden, aber – es ist nichts für Urlauber, die Ruhe suchen.

BLOKHUS

Blokhus war ursprünglich ein kleines Fischerdorf und ist heute Zentrum des weitläufigsten dänischen Feriengebietes. Bereits in den 1970er-Jahren kamen viele Deutsche in das Gebiet um Blokhus und begründeten damit einen wahren Urlauber-Boom, der heute vor allem in der Hauptsaison unzählige Touristen anzieht und mancherorts für Überfüllung sorgt. Im Ort pulsiert das Urlaubsleben regelrecht, zahlreiche Restaurants und Cafés laden zum Verweilen und Chillen ein, und Shopping darf natürlich auch nicht fehlen.
Kilometerlange Sandstrände sind mit der blauen Flagge ausgezeichnet und haben beste Wasserqualität. Parallel zum Strand liegt ein bis zu 30 Meter hoher Dünengürtel, vorgelagert einem bewaldeten und hügeligen naturnahen Gebiet, das Ausgangspunkt für zahlreiche erholsame Wanderungen ist.
Nach einem kleinen Bummel verlassen wir das Urlaubsgebiet um Blokhus über die 559 und fahren nach fünf Kilometern links ab auf die 55, die uns vorbei an den viel besuch-

ten Urlaubsorten Saltum, Kettrup, Grønhøj nach **Løkken** führt. Wir befinden uns in **Vendsyssel**, dem Teil Dänemarks, in dem sich die Lichtstimmungen ändern werden, je weiter wir nach Norden kommen. Der Himmel wird hellblauer, wie man ihn von Föhnlagen aus den Alpen kennt, nur die typischen Fischchen-Wolken fehlen. Manchmal ziehen lang gezogene Schäfchenwolken am Firmament dahin, doch ohne weitere Bedeutung für das kommende Wetter. Sowieso spielt es keine Rolle, in welcher Jahreszeit man sich im Norden Jütlands befindet, man fühlt sich einfach wohl in dieser herrlichen Landschaft. Scheint die Sonne, wird man von den verschiedenen Blautönen, die sich im Verlauf eines Tages am Himmel einstellen, ergriffen. Selbst wenn Nebel in herbstlichen Wetterlagen über dem Land liegt, verbreitet dieser eine unvergleichliche Mystik. Man wartet beinahe darauf, einem Troll oder ähnlich Mythischem zu begegnen.

Italienisches Flair in Thisted

LØKKEN

Løkken ist der größte Ort in der Jammerbucht und ein klassischer dänischer Urlaubsort, der mit seinen Geschäften überwiegend auf den Tourismus mit Feriengästen des gehobenen Lebensstandards ausgerichtet ist. Viele sprechen vom St. Moritz des Nordens. Im Ort vibriert in der Hauptsaison das Leben.

Sehenswert ist das **Løkkenmuseum**, ein Stadtmuseum mit den Themenbereichen Geschichte, Handwerk und Tourismus. Das Museum ist in einem Schifferhaus aus dem Jahr 1860 eingerichtet. Zu beiden Seiten des Weges, der zum Strand führt, befinden sich, wie seit über 100 Jahren, weiße Badehäuschen, die zu einem der besten Badestrände geleiten. Von hier bis nach Blokhus kann man mit jedem Fahrzeug am Strand fahren, allerdings mit der gebotenen Zurückhaltung, denn viele Sommergäste dösen tagsüber im Sand vor sich hin, nachdem sie das

Zentrum in Blokhus

Løkken Strand

Nachtleben ausgekostet haben. In Løkken ist bis spät in die Nacht was los, im Gegensatz zu vielen anderen Ferienorten, die überwiegend eine Oase der Ruhe sind.
Mit der Region um Løkken und Blokhus wird im Übrigen der Beginn des typischen Ferienhausurlaubs in Dänemark impliziert, der sich dann über das ganze Land sukzessive ausbreitete. Schon in den 1970er-Jahren kamen deutsche Feriengäste überwiegend zum Campen in dieses Gebiet, bot es doch eine hervorragende Alternative zu den überfüllten Stränden an der Adria und der Riviera in Italien. Heute stehen Zehntausende Ferienhäuser über das Land verteilt, und wenn man einmal dort war, weiß man auch, warum. In Løkken und Blokhus sind wir an der Wurzel eines aktiven und pulsierenden Dänemarkurlaubs angekommen.
Wir befinden uns immer noch auf der 55. Es geht sieben Kilometer weiter bis **Sønder Rubjerg**, wo wir links abbiegen und uns einem außergewöhnlichen Naturschauspiel nähern, der Rubjerg Knude.

AUSFLUG

BRØNDERSLEV

Ein kleines Highlight sollte man sich nicht entgehen lassen. Nach Saltum Kirke biegt man rechts ab auf die 543, die uns nach 16 Kilometern nach Brønderslev führt (GPS: 57.2760536, 9.9434134). Es geht vorbei an kleinen Gehöften, die links und rechts der Landstraße immer wieder eigens produzierte Ware anbieten, wie Obst und Gemüse, je nach Jahreszeit. Brønderslev ist das Herz von Vendsyssel und befindet sich nicht weit entfernt von den Feriengebieten der Nordseeküste. Die Handelsstadt ist im typischen skandinavischen Backsteinbau gehalten und wirkt dennoch malerisch. Gemütliche Fußgängerzonen laden zum Shoppen ein. Der Rhododendronpark Hedelund oder das Moorgebiet Store Vildmose im Südwesten sind Sehenswürdigkeiten, die man anschauen sollte.

Auf der 55 bei Sønder Rubjerg

RUBJERG KNUDE UND RUBJERG FYR

Zwischen Nørre Lyngby und Lønstrup wälzen sich gewaltige Sandverwerfungen über die Dünenlandschaft, die jahrelang den dort stehenden Leuchtturm mit seinem Leuchtturmwärterhäuschen versandeten. Umliegende Gebäude wurden dabei nach der Jahrtausendwende zerstört. Lange Zeit war auch der Leuchtturm **Rubjerg Knude Fyr** an der Nordseeküste Jütlands südlich von Lønstrup nicht zugänglich. Mit einem gewaltigen Eingriff in die Natur entstand ein neues Reservat an der Wanderdüne **Rubjerg Knude**. Und nach behutsamer Renovierung durch eine dänische Stiftung und die staatliche Naturbehörde ist der Weg zur Leuchtturmspitze ab sofort wieder frei für Besucher. Viel Zeit bleibt allerdings nicht, um die spektakuläre Aussicht vom Rubjerg Knude Fyr zu genießen, denn in zehn bis 15 Jahren droht der zur Hälfte von der Wanderdüne bedeckte Leuchtturm durch die Erosion an der Steilküste ins Meer zu stürzen. Der Leuchtturm von Rubjerg Knude wurde einst auf dem höchsten Punkt der jütländischen Steilküste rund 60 Meter über dem Meeresspiegel errichtet und im Jahr 1900 in Betrieb genommen. Schon bald war der 23 Meter hohe Leuchtturm allerdings durch die Sandmassen der Wanderdüne bedroht und zeitweise sogar fast gänzlich von Sand bedeckt. 1968 musste der Betrieb des Leuchtturms schließlich eingestellt werden. Heute ist Rubjerg Knude Fyr und die ihn umgebende Natur eine der größten Touristenattraktionen Nordjütlands. Im Zuge der nun abgeschlossenen Renovierung erhielt der Leuchtturm eine neue Treppe, eine Aussichtsplattform und ein Kaleidoskop im Turminneren.

Auf dem Leuchtturm genießt man einen der schönsten Ausblicke, den man in Dänemark auf einem »Berg« bei schönem Wetter haben kann. Allerdings muss man von der Straße

Leuchtturm bei Rubjerg Knude

aus etwa 20 Minuten Anmarschweg in Kauf nehmen, was sich aber lohnt!
Wir verlassen die Rubjerg Knude, fahren durch Lønstrup und treffen nach elf Kilometern wieder auf die 55 nördlich von Hjøring. Nach 20 weiteren Kilometern, vorbei an Vidstrup und Tornby, empfängt uns die große Hafenstadt Hirtshals mit ihrem an der Westküste stehenden Leuchtturm. Am Leuchtturm vorbei geht es auf der 55 direkt in den in den letzten Jahren stark ausgebauten und weiter wachsenden Hafen.

HIRTSHALS

Hirtshals hat nach Esbjerg den bedeutendsten Fischereihafen. Er wurde zwischen 1919 und 1930 angelegt. Heute ist der Hafen von Hirtshals, westliches Ende der Tannisbucht, als Fährhafen und Arbeitsplatzsicherung nicht mehr wegzudenken. Bekannt ist Hirtshals auch wegen seines Leuchtturms, der direkt am Meer neben dem Campingplatz steht. Für wenige Kronen kann man ihn besteigen und hat eine herrliche Aussicht über Hirtshals und natürlich das Meer. Beeindruckend ist es, wenn die Schnellfähre Silvia Ana dann gerade den Hafen verlässt und beschleunigt.

DER HAFEN VON HIRTSHALS

Die wichtigste Sehenswürdigkeit von Hirtshals ist natürlich der Hafen. Er wurde von 1919 bis 1931 unter der Leitung des Ingenieurs Jørgen Fibiger erbaut und 1966 erweitert. Heute ist er einer der größten Fischereihäfen Dänemarks und bietet die wichtigen Rahmenbedingungen für alles, was mit Fischereiwesen zu tun hat, wie Fischerei, Transport und Fischveredelung. Ein Teil des Hafens ist für die Öffentlichkeit nicht zugänglich, man kann jedoch große Teile mit dem Auto befahren oder zu Fuß erkunden und die Boote, die ihren Fisch anlanden, beobachten. Für Hirtshals ist der Hafen von allergrößter Bedeutung.
Der **Westhafen** ist der älteste Teil des Hafens. Hier sind die kleineren Fischkutter, verschiedene Maschinen-, Maler- und Segelmacherwerkstätten, Zubehörgeschäfte und Netzbindereien sowie eine Stapel- und Schleppstelle beheimatet.
Der **Osthafen** ist der Fährhafen, der sich in den letzten Jahren stark vergrößert hat. Superschnelle Fähren wie Super Speed und Fjord Cat stehen neben zahlreichen

Tipp

HIRTSHALS FYR

Der Leuchtturm von Hirtshals ist 35 Meter hoch, die Fokushöhe beträgt 57 Meter. Unter der Herrschaft von König Frederik VII. gebaut, wurde der Leuchtturm am 1. Januar 1863 in Betrieb genommen. Sein Bau dauerte zweieinhalb Jahre. Der Kessel steht auf einem Fundament aus Beton und Granit. Der Turm selbst ist aus rotem Backstein, getäfelt mit holländischen Fliesen. 1896 wurde er mit kalkhaltigem, grauem Klinker versehen. Sein heutiges Aussehen hat der Leuchtturm seit 1960. Der Kessel wurde zunächst mit fester Linsenvorrichtung und rotierender Prismenverstärkung ausgerüstet. Nach Kerosinbetrieb wurde im Jahr 1939 Elektrizität in den Kessel gelegt, womit eine elektrische Lampe als Lichtquelle verwendet werden konnte. 1973 wurde auf Funksteuerung umgestellt, die immer noch in Betrieb ist. Die Sichtbarkeit des Signals beträgt 25 Seemeilen mit einem kontinuierlichen Licht und einem zusätzlichen Blitz alle dreißig Sekunden (nähere Infos unter www.hirtshals-fyrtaarn.dk).

Zufahrt zum Fährhafen Hirtshals

normalen Fähren für den Fortschritt in des Meeres Transit. Wenn man nicht selbst sein Wohnmobil auf eine Fähre stellen muss, kann man im Hafen den Fährverkehr beobachten und verfolgen, wenn die großen Fähren nach Norwegen oder zu den Færøern bzw. Island aufbrechen oder von dort in Hirtshals einlaufen.

Die **Hirtshals Marina** wurde erst 2005 eingerichtet, um den Freizeitseglern eine feste und zentrale Anlaufstelle im Hafen zu bieten. Das Interesse, Hirtshals anzulaufen, ist wachsend und immer mehr Segler wählen Hirtshals als ihre feste Basis. Aus diesem Grunde wurde die Marina bereits im Jahre 2011 erweitert.

In gerader Linie verbindet die Treppenanlage

Zufahrt zum Fährhafen Hirtshals

Nordsee-Ozeanarium

»**Trappe & Monument**« die Anlegestelle mit der Stadt – ein absolutes Erlebnis für sich. »Treppe und Monument« ist geformt wie eine Welle, die den zentralen Platz der Stadt, »Den Grønne Plads«, und die Nordsee verbindet – rauf und runter. Die unterschiedlichen Abstände der Treppenstufen auf beiden Seiten der Treppe bieten ein außergewöhnliches Geherlebnis und von der Mole in der Mitte der Treppe hat man eine fantastische Aussicht über den Hafen. Das Bauwerk wurde 1997 von der Kommune Hirtshals in Auftrag gegeben und von der Künstlerin Dorte Dahlin und dem Bildhauer Mogens Møller erschaffen. Die kleineren Freizeitjollen liegen an der **Westmole**, die auch für Angler ein guter Platz ist.

NORDSEE-OZEANARIUM

Das einstige »Nordsømuseet« war viele Jahre eine der größten Attraktionen von Hirtshals und beherbergte neben einer Darstellung der dänischen Hochseefischerei und verschiedenen Aquarien unter anderem ein mehrstöckiges Nordseeaquarium, das man auch von unten beobachten konnte, und ein Seehundbassin im Freien. Leider zerstörte im Dezember 2003 ein Brand das riesige, rund 4,5 Millionen Liter Wasser fassende Meerwasseraquarium. Nach rund 18-monatigen Wiederaufbauarbeiten öffnete das Nordseemuseum im Sommer 2005 erneut seine Pforten.
Nach einem weiteren Wasserschaden wurde das Nordseemuseum im Jahr 2007 mit dem damaligen Nordseecenter unter eine Verwaltung gestellt, seither nennen sie sich **Nordsøen Forskerpark** (Forscherpark der Nordsee) und **Nordsøen Oceanarium**. Im neuen Seewasser-Hauptbecken des Nordsee-Ozeanariums können Gäste Tausende Fische in großen Schwärmen hautnah beobachten, darunter Heringe, Makrelen, Stachelmakrelen oder Hornhechte. Zu sehen ist auch, wie Nordseehaie und andere Raubfische auf Beutejagd gehen oder ein Taucher die Fische von Hand füttert. Eine besondere Attraktion stellt ein Mondfisch dar, der schwerste Knochenfisch der Welt. Ein Besuch des Ozeanariums ist ein absolutes Highlight, nicht nur für Kinder (nähere Infos unter www.nordsoenoceanarium.dk).
Wir fahren durch die Innenstadt hinaus zum Leuchtturm, wo wir einen Campingplatz antreffen, der für einen Aufenthalt bestens ausgestattet ist: direkt am Meer, zu Füßen des Leuchtturms.

Tipp

SPRUNG NACH NORWEGEN

Mit großen Fähren gelangt man mehrmals täglich ab Hirtshals nach Kristiansand, Larvik oder Oslo. Mit den Schnellfähren geht es in zwei bis drei Stunden nach Kristiansand oder Larvik und das Wohnmobil ist mit dabei. Norwegen ist nur mehr einen Tagesausflug entfernt. Empfehlenswert ist es, mit der normalen Fähre nach Oslo zu fahren, dann über Land nach Kristiansand und wieder zurück mit der Schnellfähre. Im Zentrum des Hafens von Hirtshals liegt zentral ein Stellplatz, der inmitten der Fähranleger auf einem großen Areal mit Schranke das Warten auf die diversen Fähren angenehm gestaltet, allerdings bislang ohne Sanitäreinrichtungen (Kosten 14 Euro pro Nacht).

PRAKTISCHE HINWEISE

TOURISTINFORMATIONEN

Thy Fremdenverkehrsamt in Hanstholm
Tårnvej 21, 7730 Hanstholm
Tel. +45 97 92 19 00
info@thy.dk
www.visitthy.dk

Thy Fremdenverkehrsamt in Thisted
Store Torv 4, 7700 Thisted
Tel. +45 97 92 19 00
info@thy.dk
www.visitthy.dk

Turist Info Visit Jammerbugten
Springvandstorvet 4,
9492 Blokhus
Tel. +45 72 57 89 70
visit@jammerbugt.dk
www.visitjammerbugten.dk

Rubjerg Knude Fyr
Fyrvejen 30
9480 Løkken
Tel. +45 96 24 10 50
www.rubjergknude.dk

Hirtshals Turistbureau
Jyllandsgade 10,
9850 Hirtshals
Tel. +45 98 94 22 20
info@visithirtshals.dk
www.visithirtshals.dk

CAMPING- UND STELLPLÄTZE

C 300 **Hanstholm Camping**
(S. 200 D1)
Hamborgvej 95, 7730 Hanstholm, Tel. +45 97 96 51 98, info@hanstholm-camping.dk
www.hanstholm-camping.dk
GPS: N57°6'33" E8°40'2"
Hanstholm Camping liegt inmitten einer einzigartigen Natur, welche die großartige Küstenlandschaft Thys kennzeichnet, mit direktem Zugang zur Nordsee. Gemütliche, abgeschirmte und ruhige Ecken oder ein Platz mit Aussicht über das Meer und auf den Sonnenuntergang wechseln sich ab mit Bereichen regen Treibens. Optimaler Campingplatz mit zehn festen Stellplätzen für Wohnmobile mit Fahrspuren aus Beton.

C 301 **Thisted Camping**
(S. 200 D3)
Iversensvej 3, 7700 Thisted,
Tel. +45 97 92 16 35
mail@thisted-camping.dk,

In den Wäldern bei Klitmøller

www.thisted-camping.dk
GPS: N56°57‘8“ E8°42‘46“
Der herrlich gelegene Campingplatz befindet sich im Nordwesten von Thisted, direkt am Limfjord. Von jedem Stellplatz aus hat man Blick auf den Limfjord. Der Platz verfügt über Spielplätze, einen großen Pool, ein Kinderbecken sowie eine neue Minigolfanlage. Die Sanitäranlagen sind sauber und es ist immer eine gute Stimmung auf dem Platz.

C 302 **Klim Strand Camping** (S. 201 G1)
Havvejen 167, 9690 Fjerritslev
Tel. +45 82 10 70 10,
info@klimstrand.dk,
www.klimstrand.dk
GPS: N57°7‘56“ E9°10‘16“
Klim Strand Camping liegt in der Jammerbucht, wo das nördliche Jütland einen Bogen macht und die Sonne am Horizont über der Nordsee an diesem schönen Badestrand untergeht. Bei Sonne, aber auch bei jedem anderen Wetter, ist der Aufenthalt auf dem weißen Sandstrand ein besonderes Vergnügen. Ein eigenes Schwimmbad und viele andere Einrichtungen bieten einen hohen Komfort, die meisten Angebote sind sogar gratis. Ein gemütliches Restaurant und ein gut sortierter Laden mit vernünftigen Preisen runden das Gesamtbild ab. Gebäude und sanitäre Einrichtungen erfüllen höchsten Standard und sind gepflegt, sauber und einladend. In der perfekt organisierten Information kann man jederzeit um Rat fragen und Hilfe erhalten. Wenn man mit dem Wohnmobil unterwegs ist, findet man hier optimale Bedingungen. Die Stellplätze, umgeben von Bäumen als Windschutz, sind groß und eben. Außerdem befindet sich der Zugang zum Servicegebäude in unmittelbarer Nähe. Wasserversorgung und Entleerung der Chemietoilette gehören dazu.

C 303 **Tranum Klit Camping Brovst** (S. 205 F5), Sandmosevej 525, 9460 Brovst,
Tel. +45 98 23 52 82,
info@tranumklitcamping.dk,
www.tranumklitcamping.dk
GPS: N57°10‘15“ E9°27‘44“
Tranum Klit Camping ist ein gemütlicher Platz in natürlicher Lage. Jeder Platz hat seine eigene Begrenzung durch Bäume oder Büsche. Die Plätze haben verschiedene Größen, abhängig davon, ob man mit einem großen Wohnmobil kommt oder mit kleinen Zelten. Es gibt zwei Spielplätze auf dem

Stellplatz im Fährhafen Hirtshals

Campingplatz Hirtshals

Platz, Hüpfkissen, Minigolfanlage, Ballplätze, Fernsehraum und einen Minimarkt, in dem man jeden Tag frische Backwaren und Milch kaufen kann. Es gibt unzählige Fahrradrouten in der Umgebung, Routenbeschreibungen sind in der Rezeption erhältlich.

C 304 **Gl. Klitgaard Camping & Hytteby** (S. 205 G3), Lyngbyvej 331, Nørre Lyngby, 9480 Løkken, Tel. +45 98 99 65 66, camping@gl-klitgaard.dk, www.gl-klitgaard.dk
GPS: N57°25'13" E9°45'40"
Der Campingplatz befindet sich im schönsten Naturgebiet Dänemarks, in der Mitte zwischen den beiden Ferienstädten Løkken und Lønstrup im Gebiet Vendsyssel. Zahlreiche Aktivitäten locken, wie ein Spazierritt auf Ponys, Zopfbacken, Ballspiel, Minigolf, Füttern der Tiere im Minizoo und vieles andere mehr. Wander- und Radtouren in der großartigen Natur sind ebenso zu empfehlen wie Baden an der nur 200 Meter entfernt liegenden Nordsee. Die Benutzung des platzeigenen Swimmingpools ist kostenlos. Die Stellplätze sind weiträumig und oft in der Nähe von Bäumen. Ein Shop bietet Waren des täglichen Bedarfs an, unter anderem frisch gebackenes Morgengebäck. Darüber hinaus gibt es in der Nähe zahlreiche Sehenswürdigkeiten und Vergnügungsparks, wie Fårup Sommerland, Nordsømuseet und Pay'n Play Golfbahn. Aber auch auf dem Platz findet man eine Vielfalt an Erholungsmöglichkeiten.

C 305 **Hirtshals Camping** (S. 205 H1), Kystvejen 6, 9850 Hirtshals, Tel. +45 98 94 25 35, info@hirtshals-camping.dk, www.hirtshals-camping.dk
GPS: N57°35'11" E9°56'44"
Nahe zu Füßen des Hirtshals Fyr, direkt am Rand von Hirtshals liegt der Campingplatz mit wunderbarer Aussicht auf das Meer. Es ist ein ruhiger Ort, wo sich auch Familien wohlfühlen, und er ist einer von Dänemarks bestgelegenen Campingplätzen – direkt am Wasser. Nur ein paar Minuten sind es zu Fuß zum Zentrum von Hirtshals und in den Hafen. Kilometerweite Sandstrände garantieren Badespaß. Die Stellplätze sind teils windgeschützt, teils frei. Zur Ausstattung des Platzes gehören gute Sanitäranlagen, Familienwaschräume, Küche, Aufenthaltsraum mit TV, Waschmaschine mit Trockner, Campinghütten, Kinderspielplatz und ein Minimarkt. Die sauberen sanitären Einrichtungen umfassen auch eine Einrichtung für Behinderte, die aber kostenpflichtig ist.

Jogging am Tversted Strand

4

SKAGERRAK UND KATTEGAT – VEREINIGUNG VON NORD- UND OSTSEE

Von Hirtshals über den Grenen nach Hadsund am Mariager Fjord

Hier im Norden Dänemarks befinden wir uns nun inmitten des »Lands des Lichts«, wie die Gegend poetisch genannt wird. Allein der Himmel hat ein ganz anderes Blau, als man es von Mitteleuropa gewohnt ist. Die außergewöhnlichen Lichtstimmungen in diesem Teil Dänemarks zogen schon immer viele Maler und auch Literaten an. Lysets Land reicht von Løkken an der rauen und wilden Nordsee über Skagen an der Nordspitze und dem Zusammenfluss von Nord- und Ostsee bis nach Sæby an der ruhigen Ostsee mit milderem Klima, seichtem Wasser und flacheren Wellen. Es umfasst den gesamten Bereich Nordjütlands.

Wir verlassen Hirtshals östlich über den Zubringer zur E 39 nach Aalborg und kommen zu einem großen Kreisverkehr, den wir zu drei Vierteln umrunden, um auf die 597 nach Aalbæk in 26 Kilometern Entfernung zu fahren. Es geht über eine sehr gut befahrbare Asphaltstraße über Tolstrup zur Abzweigung bei Uggerby. Wir bleiben auf der 597, bis uns nach etwa 800 Metern links eine Stichstraße in eine Allee führt, an deren Ende ein wunderbarer, versteckter neuer Stellplatz wartet.
Es geht zurück zur 597. Wir fahren vom Gut aus links nach Tversted, wo wir unter anderem mit dem Wohnmobil direkt ans Meer Richtung Hirtshals fahren können.

Strand östlich von Hirtshals

TVERSTED

Tversted ist ein kleiner und gemütlicher Ort, der nur um die 500 Einwohner hat und im typisch ländlichen Bereich liegt. Die romanische **Tversted Kirke** stammt aus dem 12. Jahrhundert und hat eine Altartafel aus dem 17. Jahrhundert. Im Tversted-Gebiet wohnen viele Kunsthandwerker und Künstler. Die **Tversted Klitplantage** mit ihren Seen und Wäldern liegt eingebettet im Vorfeld des Strandes. Verschlungene Wanderwege und Aussichtstürme erschließen ein herrliches Wandergebiet mit der einzigen dänischen **Bockmühle Østerklit**, die noch in Betrieb ist. Die Mühle ist als Bezugspunkt von überallher sichtbar.
Bei sicherem Wetter sollte man sich eine Fahrt mit dem Autocamper direkt am Strand nicht entgehen lassen. Man beachte aber dringend die üblichen Sicherheitsvorschriften wie das Vermeiden zu langen Parkens an einer Stelle. Schnell ist das Fahrzeug eingesunken und kommt nur mit Mühe wieder frei oder man benötigt den Traktor, um es herauszuziehen. Aus diesem Grund sollte man nicht allein irgendwo parken, sondern in den Bereichen, wo der Sand fast zementiert ist.
Über **Tuen** kommen wir am **Ørnens Verden** vorbei, einem Adlerreservat, in dem wir majestätische Greifvögel und ihre akrobatischen Flugkünste bewundern können.
Von dort gelangen wir nach weiteren sechs Kilometern zum Kreisverkehr nördlich von Aalbæk, wo wir auf die 40 stoßen. Mit ihr

ROUTE 4

START- UND ENDPUNKT
Hirtshals und Hadsund

STRECKENLÄNGE
176 km

FAHRZEIT
2 bis 3 Tage

MAUTSTRECKEN
keine

FÄHRE
Hals Egense Færgeoverfart (www.halsegense.dk)

BESTE JAHRESZEIT
Frühjahr bis Herbst

Start Hirtshals
Leuchtturm Hirtshals
Oceanium
Fährhafen Norwegen
597
Uggerby Stellplatz
Tverstedt Klintplantage
50 km
Tversted
Am Greenen
Grenen Kunstmuseum
597
Grab Holger Dachmann
40
23 km
Skagen

Zurück auf der 40, geht es vorbei an Heidelandschaften, an Buschwerk, niederen Nadelbäumen, an Dünengraswiesen und kleineren und größeren Tümpeln, Skagen entgegen. Die Vegetation ähnelt immer mehr der des Alpenraumes in ungefähr 2000 Metern Höhe. In einer lang gezogenen Rechtskurve kommen wir nach Skagen, das wir, der Beschilderung zum Hafen und zur Marina folgend, besuchen.

Parken können wir auf dem großen, wohnmobilfreundlichen Parkplatz im Hafen – manche benötigen dort gut zwei Parkplätze, was aber keinen stört – mit seinen gemütlichen Fischerbuden direkt neben der Marina sowie großen Überseetrawlern, die uns sofort beeindrucken. Nachdem wir uns mit einer guten Fischsemmel gestärkt haben, lassen wir unser Wohnmobil am Hafen stehen und ziehen durch die gemütliche Fußgängerzone. Wir gehen shoppen auf dänische Art, geht es über **Skagen** an die Nordspitze des Festlandes am Grenen und dem Zusammenfluss zwischen Nord- und Ostsee nach 23 weiteren Kilometern. Zuvor erwartet uns zwei Kilometer vor Skagen in der **Skagen Klitplantage** eine im Sand versunkene Kirche. Einmal mehr sind wir beeindruckt von der Macht des Sandes.

Befahrbare »Betonpiste« von Hirtshals nach Tversted

Tipp

STATION TANNISBUCHT

Unser Stellplatz liegt direkt auf einem neu renovierten Gut in absolut ruhiger Lage in der Nähe des Meeres an der Tannisbucht. Der Platz ist neu, sauber und gepflegt und bietet alle Einrichtungen, die ein Wohnmobilist benötigt. Angelegt ist er an der Rückseite einer Stallung auf einer nahezu ebenen Wiese, ab vom Leben der Gutsbesitzer. Vom Stellplatz aus kann man durch den umliegenden Wald an die Tannisbucht in etwa einer halben Stunde zum Baden gehen oder lange, entspannende Spaziergänge tätigen, denn das gesamte Gebiet ist vollkommen verkehrsfrei (nähere Infos siehe unter »Praktische Hinweise, Camping- und Stellplätze«).

↑ Altes Leuchtfeuer bei Skagen
↗ Wasserturm in Skagen

ohne Hektik, beschaulich und immer in der Gewissheit, dass es etwas mehr kostet als bei uns. Aber wir sind ja im Urlaub, da darf es auch mal etwas teurer sein.

SKAGEN

Die nördlichste Stadt Jütlands, Skagen, liegt mit ihrem großen Hafen an der Ostseeseite in der Aalbæk-Bucht. Trotz der wichtigen kunstgeschichtlichen Bedeutung der Stadt ist jedoch Skagens Natur die größte Sehenswürdigkeit. Sonne und Meer, Dünen und Strand bilden einen idealen Rahmen, wie man ihn nicht überall finden kann. Das Gebiet um Skagen hat einen 60 Kilometer langen und blendend weißen Sandstrand, an den bei Sonnenschein glitzernde Wellen schlagen, in denen sich das Licht diamantartig bricht. Rund um Skagen sind nahezu alle Natur- und Landschaftstypen Dänemarks auf engstem Raum vereint, die Sonne scheint häufiger als anderswo im ganzen Land. Bei West- oder Nordwestwind, der in Skandinavien vorherrschend ist, liegt Skagen meteorologisch gesehen auf Norwegens windabgewandter Seite. Die vom Atlantik hereinziehenden Tiefdrucksysteme regnen ihre meisten Schauer in den Bergen Norwegens ab. Der dahinterliegende Bereich um Skagen hat dadurch mehr Sonne als die Lan-

AUSFLUG

DEN TILSANDEDE KIRKE

Die »versandete Kirche« Sankt Laurentius wurde wahrscheinlich in der letzten Hälfte des 14. Jahrhunderts erbaut und war in dieser Zeit die größte Kirche in Vendsyssel. Das im 16. Jahrhundert einsetzende Sandtreiben erreichte den Kirchenbau im auslaufenden 18. Jahrhundert. Schaufeln war notwendig, wenn man zum Gottesdienst gehen wollte. Dies wurde bis 1795 so gehandhabt, dann wurde die Kirche auf königlichen Befehl hin geschlossen. Nur der Turm steht noch als Denkmal und Touristenattraktion. In der Umgebung kann man schöne Wanderungen vom Parkplatz aus machen, der bereits ein Stück vor der Kirche liegt.

Leuchtturm in Skagen

desteile im übrigen Land. Im Durchschnitt scheint sie 1956 Stunden, was gut 20 Prozent mehr ist als in den wetterausgesetzten Gebieten Jütlands.
Wir nehmen am besten den Weg zur 40 zurück, den wir gekommen sind, und biegen dann an der großen Ampel rechts ab. Vorbei an Kunstgeschäften und anderen zum Shopping einladenden Boutiquen fahren wir die Gerade hinaus, am Campingplatz und am grauen Leuchtturm vorbei, zum Grenen. Wir sind am Ende Jütlands angekommen.

GANZ OBEN IN JÜTLAND – AM GRENEN

Nördlich von Skagen befindet sich eine einzigartige Landzunge. Ihr Name: Grenen. An ihrem Ende kann man bei ruhiger See mit einem Bein in der Nordsee und mit dem anderen in der Ostsee stehen. Grenen ist eine Landzunge und der letzte Ort, bevor die beiden Meere, Nord- und Ostsee, sich vereinen. Hier endet die 40 an einem großen Parkplatz, der die vielen Touristen aufnimmt und uns einen tollen Stellplatz bietet.
Besonders schön ist diese Gegend in den Herbsttagen Ende Oktober, wenn der Sonnenstand schon sehr niedrig ist, aber noch genügend Energie den Strand erwärmt. Man ist unter der Woche ziemlich allein und kann die Stimmungen, die uns das Licht an diesem Ort schenkt, aufnehmen und eine Ruhe finden, die man sonst in unserem hektischen Leben nur noch selten genießen kann.
Das Grenen Kunstmuseum, das wir auf unserem Rückweg besuchen, und das Restaurant De 2 Have sind die »letzten Posten der Zivilisation«, bevor es zum Nordstrand geht. Letzteres bietet neben einem unbeschreiblichen Ausblick über die Landzunge der beiden Meere eine hervorragende Küche und ein äußerst gehobenes Ambiente (www.restaurantde2have.dk).

KULTUR

SKAGENER KUNSTMUSEUM

Unbedingt besuchenswert ist das 1908 gegründete Skagener Kunstmuseum, das sich der Geschichte der Künstlerkolonie widmet, die ab den 1870er-Jahren in Skagen entstand und vornehmlich aus dänischen, norwegischen und schwedischen Künstlern bestand. Zudem präsentiert es eine Sammlung bedeutender Werke der berühmten Skagen-Maler, unter anderem von Peder Severin Krøyer, Holger Drachmann und Anna Ancher, um nur einige zu nennen (www.skagenskunstmuseer.dk).

ZU FUSS ZU DEN MEEREN ODER DOCH MIT DEM TRAKTOR?

Vorbei am Grab Holger Drachmanns geht es zu Fuß hinaus auf die schmale Landzunge. Man kann aber auch bequem den »Sandormen« nehmen, einen Traktor mit einer Art Eisenbahnwaggon, der einen sicher hin- und zurückbringt und in der Regel im Halbstundentakt fährt. Einer permanenten Veränderung unterliegt die Landzunge durch das Zusammenfließen von Nordsee und Ostsee und sie sieht bei jedem Besuch anders aus. Je nach Wind- und Wetterlage kann es schon sehr beeindruckend sein, die Gewalt des Wassers zu spüren, wenn zwei entgegengesetzte Strömungen aufeinanderprallen und viele Meter hohe Wellentürme entstehen lassen, die zwar stetig, aber in ihrer Form nie gleich sind. Nicht umsonst wird auf Lebensgefahr im Umfeld dieses letzten Stützpunktes in Nordjütland hingewiesen. Ja, man könnte das Gefühl haben, dass jenseits unseres Blickes nichts mehr ist, kein Land, kein Eis, rundherum nur Wasser, und dennoch stehen wir hier oben »nur« am nördlichsten Punkt Mitteleuropas.

Tipp

HOLGER DRACHMANNS GRAB

Der berühmte Dichter und Maler Holger Drachmann, Mitglied der Skagener Künstlerkolonie, wurde in den Dünen am Grenen in der Nähe des Kunstmuseums in einer Urne beigesetzt. Das Grabportal wurde von P. S. Krøyer entworfen, die Urne von J. F. Willumsen. Das Grab liegt seitlich des Fußweges hinaus zu den beiden Meeren, Nord- und Ostsee, in den Dünen.

Nach gut 30 Minuten sind wir wieder zurück am Parkplatz mit dem Kiosk, wo es fast alles an Souvenirs gibt, was man sich denken kann. Schnell noch eine Karte geschrieben und in den königlichen, roten Briefkasten, den »Postbrevkasse«, geworfen, die Lieben zu Hause sollen ja sehen, wie faszinierend diese Gegend ist. Dann steht Kultur auf dem Programm und wir statten dem **Grenen Kunstmuseum** den verdienten Besuch ab.
Es ist ein absolutes Muss, dieses von Axel Lind gegründete Kunstmuseum zu besichtigen – das Atelier, in dem der Maler jahrelang wirkte. Welch unbeschreibliches Feeling, am

↑ »Sandormen« zur Spitze an Nord- und Ostsee ↓ Grab von Holger Drachmann

Am Grenen

Platz des Meisters selbst zu stehen und bei gutem Wetter den Wellenbergen der ineinanderströmenden Nord- und Ostsee geistig nachzuspüren und sie in sich aufzunehmen. Ja, es wird einem bewusst, dass Axel Lind seine Kunst am schönsten Arbeitsplatz der Welt schuf. Das Museum zeigt neben Werken von Axel Lind Bilder weiterer regionaler Künstler (www.grenenkunstmuseum.dk). Wir fahren zurück auf die 40 und die Umgehung von Skagen mit ihrem Industriegebiet und Discountern mit großen Wohnmobilparkplätzen für das Einkaufen. Vor der Skagen Klitplantage biegen wir rechts ab und folgen der Beschilderung in das malerische Gammel Skagen, auch Højen genannt.

Skagen
Råbjerg Mile
Fährhafen Schweden
Tierpark
40 Dyrehaven
44 km
Frederikshavn

GAMMEL SKAGEN

Das kleine Gammel Skagen liegt westlich von Skagen an der Butterbakke und besteht aus einer Gruppe gelber Häuser mit roten Ziegeldächern und weißen Kanten. Umgeben ist die Häusersiedlung von mit Strandhafer bewachsenen Dünen, die bis zum Strand reichen. Ferienhäuser wie Hotels sind zahl-

Tipp

DER ALTE MALER UND DAS MEER

Axel Lind wurde am 1. August 1907 in Rådvad in der Nähe von Kopenhagen geboren und starb am 28. Mai 2011 in Skagen. Er fing zwar schon im Alter von fünf Jahren an zu malen, wurde aber zuerst als Sänger entdeckt und ging nach Italien, um unter anderem beim berühmten Beniamino Gigli (1890–1957) zu studieren. Der Zweite Weltkrieg durchkreuzte Linds Opernpläne – er wurde in die Heimat gerufen. Nach dem Krieg arbeitete Lind zunächst als Journalist. Doch er wollte sich wieder malerisch ausdrücken und spezialisierte sich auf maritime Motive, die bald überall auf der Welt auf Begeisterung stießen. So war es nur logisch, dass Lind 1977 das Grenen Art Museum auf den Ruinen des alten Seehotels Grenen gründete. An dieser Stelle arbeiteten um 1900 der berühmte Dichter und Maler Holger Drachmann und viele bekannte Impressionisten. Drachmann verband eine jahrelange Freundschaft mit dem »Grand Old Man of the Scandinavian Marine Painting«, der auch im hohen Alter ein witziger und geschäftiger Mann war.

Am Grenen Strand

weiter. Nach elf Kilometern geht es bei **Hulsig** rechts zur Nordsee bei Kandestederne, auf einer Straße, die überwiegend aus Betonplatten besteht und einen richtig durchschüttelt. Vorbei an einem sehr einsam, aber schön gelegenen Hotel und Reiterhof und einer privaten Galerie mit modernen Werken kommt man zum Strand.

reich. Das Skagen-Licht ist hier besonders intensiv und es beschleicht einen manchmal das Gefühl, der liebe Gott würde ein leicht kitschiges Blau als Himmelsfarbe bevorzugen, kombiniert mit dem tiefen Blau des Meerwassers. Dieses malerische Bild erhält seinen Höhepunkt natürlich vor einem wunderschönen Sonnenuntergang. Anschließend lässt man sich in einem der wegen guter Küche bekannten Lokale zu einem gemütlichen Abend nieder. Nachdem wir wieder auf der 40 sind, fahren wir erneut Richtung Aalbæk

KANDESTEDERNE

In die Gegend des kleinen Ortes Kandestederne mit vielen Sommerhäusern kommen vorzugsweise die etwas raueren Urlauber-Typen. Es sind Menschen, die gern in der Natur sind, Flora und Fauna, insbesondere Vögel, beobachten, aber auch den Strand lieben, denn hier darf nicht nur gebadet, sondern auch mit dem Auto gefahren werden. Die Zufahrt zum Strand, auf Höhe des Kiosks, ist allerdings etwas steil und rutschig, wenn es geregnet hat.
Wir fahren zweieinhalb Kilometer zurück, biegen rechts ab und nähern uns schnell einem einzigartigen Naturschauspiel, der Råbjerg Mile. Nach weiteren 1000 Metern sieht man schon die scheinbar ruhigen Sandmassen vor einem als Ringweg angelegten neuen Parkplatz.

Auf der Wanderdüne
Råbjerg Mile

Parkplatz an der Råbjerg Mile

EXTREMBERGSTEIGEN IN DÄNEMARK!

Dieses einzigartige Naturphänomen muss man nicht nur gesehen, sondern »erstiegen« haben. **Råbjerg Mile** ist eine gewaltige Wanderdüne, die an der Westküste während des großen Sandtreibens im 16. Jahrhundert entstand. Sie wälzt sich jährlich um etwa 15 Meter nach Osten vorwärts und nichts kann sie aufhalten. Vom Parkplatz, der auch Wohnmobilen ausreichend Platz gibt, kann man in die Wanderdüne »einsteigen« und wird schnell merken, wie beschwerlich der Weg zu ihrem obersten Punkt ist. Im »schwimmenden« Sand zu laufen ist eben nicht ganz einfach. Selbst bei wunderschönem und ruhigem Wetter ist Bewegung im Sand, denn im ganzen Areal herrscht ein permanenter Wind.

Auf dem Rückweg wird bald die Endlichkeit des Lebens bewusst, wenn man nämlich sieht, dass die kurz zuvor gemachten eigenen Spuren bereits wieder vollständig verschwunden sind. Aber keine Angst, das Wohnmobil parkt offiziell in sicherem Abstand! Anhand von ausführlichen Informationsschaubildern im Parkplatzhaus lässt sich die bisherige und künftige Entwicklung nachvollziehen. Die Zeit, in der wir leben, wird gut als Halbzeit des Weges angesehen und irgendwann wird die Wanderdüne die Ostsee erreicht haben und dort in das Meer fallen.

In uns schon bekannten Kilometereinheiten sind wir auf der 40 nach Aalbæk unterwegs, passieren den Kreisverkehr aus Hirtshals kommend und fahren nach weiteren zwei Kilometern in den Ort Aalbæk.

AALBÆK

Aalbæk liegt ziemlich genau in der Mitte zwischen Skagen und Frederikshavn, das dortige Wirtshaus war jahrhundertelang wichtige Station für den Wechsel der Pferde und für die Erfrischung der Reisenden. Bedeutende Persönlichkeiten, wie Hans-Christian Andersen und Holger Drachmann, haben hier schon Rast gemacht. Aalbæk zeigt sich als anmutiger und gemütlicher Ort mit einer Marina und einer kleinen Werft,

Geschäften und Kunsthandwerk, sehr guten Restaurants sowie Übernachtungsmöglichkeiten. Vorbei an Jerup und Elling fahren wir bald darauf in den Fährhafen von Frederikshavn.

FREDERIKSHAVN

Die moderne Hafenstadt ist bekannt wegen ihres großen Fährhafens. Mit nahezu überdimensionalen Katamaranen gleitet man über die Ostsee in das schwedische Göteborg oder nimmt die Fährschiffe nach Larvik, Moss, Oslo in Norwegen oder zur dänischen Insel Læsø. Frederikshavn entstand aus dem Fischerort Fladstrand und wurde später berühmt als Festung. Der legendäre Seefahrer Tordenskiold führte seinen Ausfall gegen die Schweden von Frederikshavn aus.
Als Frederikshavn 1818 die Stadtrechte bekam, entwickelte es sich bald zu einer wichtigen Handelsstadt mit Betrieben für Fischerei, Landwirtschaft und Schiffsbau sowie vielen Handelsunternehmen. Mit Ausnahme des Schiffsbaus gab es durch die Industrialisierung kaum Veränderungen. Dienstleistungseinrichtungen und Handel sind heute neben öffentlichen Einrichtungen die größten Arbeitgeber.
Sehenswert ist das südlich des Stadtzentrums gelegene **Bangsbo Museum** am rund 70 Meter hohen **Pikkerbakken**, einem Hügel, der eine wunderbare Aussicht bietet. Das kulturhistorische Museum hat Abteilungen zur

Tipp

KATTEGATKÜSTE

Frederikshavn hat eine 32 Kilometer lange Kattegatküste im nördlichen Teil der Ostsee. Die Küste ist flach abfallend und wird durch Strände und Dünen dominiert. Den Stränden sind Sandbänke vorgelagert. Die Wassertiefe beträgt in zwei Kilometer Abstand zur Küste ungefähr vier Meter. Um 6000 v. Chr. waren große Teile des Kattegats noch Land. Etwa 4000 v. Chr. stieg der Meeresspiegel an und die Kattegatküste verlief am heutigen Frederikshavn vorbei und bildete die Hirsholmene sowie die heute von Frederikshavn 27 Kilometer entfernte Insel Læsø. Das flache Meeresvorland im Norden der Stadt ist von Heide, Wald sowie von landwirtschaftlicher Nutzung, meist Getreideanbau, geprägt. Im Süden der Stadt befindet sich nur ein schmaler Streifen flacher Küste, bevor eine bis in den Westen hineinziehende, markante Hügellandschaft beginnt.

Frederikshavn Kirke

Seefahrt, zu Textilien und zum Freiheitskampf von 1940 bis 1945. Im Anschluss an das Museum befindet sich das Freigehege **Bangsbo Dyrepark** mit Rot-, Dam-, Sika- und Rehwild. Für Kinder wieder ein »Must have«!

Wir fahren durch das Zentrum des Hafens, dessen Werftindustrie von großer Bedeutung für die Wirtschaft der Stadt ist. Ebenso wichtige Einnahmequelle sind die Gäste, die per Fähre aus den nordischen Nachbarländern kommen. Vorbei geht es am Pulverturm **Krudttårnet**, der wegen Ausbauarbeiten im Hafenbereich im Jahre 1974 um 270 Meter verschoben werden musste, und an den teils futuristisch anmutenden Schnellfähren. Dann geht es mit dem Zubringer zur E 45 aus der Stadt nach Süden. Wir fahren ein kurzes Stück der Autobahn Frederikshavn nach Aalborg, verlassen diese aber bei Ausfahrt 12 »Sæby Nord« und erreichen auf der 180 nach nur sechs Kilometern Sæby.

Frederikshavn
Naturpark Stensnæs
180 Flak
Mania Hou
541 Festung von Hals
47 km
Hals

Fährhafen Frederikshavn

SÆBY

Nach aktuellen Erkenntnissen wurde Sæby vermutlich von Wikingern an einer Flussmündung gegründet. Der Name leitet sich von »Søby« (»Seestadt«) ab. Der kleine Fluss wurde nach dem Ort Sæby Å genannt. Von 1462, nach der Gründung des Klosters Mariested, bis zur Reformation hieß der Ort Mariested. Damals war die **Sæby Kirke** der Jungfrau Maria geweiht. Der Kirche war ein Karmeliterkloster angeschlossen, das dem Kloster Børglum unterstand.

Der im Westen des Ortes gelegene Herrensitz **Sæbygaard** war bis zur Reformation Eigentum des Bischofs. Das Stadtwappen mit der Mondsichelmadonna erinnert an die katholische Zeit, als der Ort dank des Bischofs Stygge Krumpen 1524 die Stadtrechte erhielt. Sæby verlor seine Stellung als größte Stadt in Vendsyssel im 17. Jahrhundert infolge des Zweiten Nordischen Krieges und der zunehmenden Versandung des Hafens. Als der Handel in den 1840er-Jahren wieder aufblühte, hatte sich das benachbarte Frederikshavn bereits zum wirtschaftlichen Zentrum der Region entwickelt. Dorthin wurde 1899 eine Eisenbahnverbindung gebaut, die 1968 durch eine Buslinie ersetzt wurde.

Ende des 19. Jahrhunderts erreichte der Bädertourismus Sæby. Im alten Badehotel von Sæby beispielsweise logierten neben der »feinen Gesellschaft« auch viele Schriftsteller und Prominente, wie Henrik Ibsen, Sophus Schandorph, Holger Drachmann, Gustav Wied oder Herman Bang. Herman Bang setzte dem Hotel mit seiner impressionistischen Erzählung »Sommerfreuden« (1901) ein literarisches Denkmal. Da er die provinzielle Beschränktheit seiner Zeitgenossen aufs Korn nahm und seine Figuren mit Kenntnis der lokalen Verhältnisse leicht wiederzuerkennen waren, rief Bangs Veröffentlichung erhebliche Verärgerung unter den so

Kirche in der Aalborg Bugt

zur Schau gestellten Bürgern hervor.
Wir fahren aus Sæby südöstlich hinaus, bis wir nach eineinhalb Kilometern auf die 541 treffen, die uns ab hier bis zum Routenziel Hadsund begleiten wird. Zunächst geht es auf ruhiger, gut befahrbarer Straße rund elf Kilometer über Lyngså nach **Voerså**, einem netten Ort, der einen malerischen Hafen hat und in der Nähe eines Vogelschutzgebietes liegt. Seine vielfältige Vogelwelt kann man in den Salzwiesen und seichten Gewässern des Naturschutzgebietes **Stensnæs Flak** mit dem Fernglas studieren und zum Beispiel Eiderenten, Brandgans, Kiebitz und Rotschenkel entdecken. Ergänzend gibt es einen Vogelbeobachtungsturm und zwei Unterstände. Wir befinden uns in dieser Region an der ruhigen Ostsee und tauchen in beschauliche Landschaften ein. Die Straßen haben eine mittige Erhöhung, damit das Regenwasser seitlich ablaufen kann, und man muss konzentriert fahren, um die Spur zu halten. So geht es weiter auf der 541 über Aså nach Hou.

Tipp

GUT GESTELLT

Zu erwähnen ist der kleine gemütliche Stellplatz in der Marina am Havstokken. Pro Nacht kostet er 19 Euro – inkl. Strom, Wasser und Entleerung. Man vertraut: Das Geld einfach in den Briefkasten stecken (GPS: 57.204061, 10.494034).

LEBEN AN DER MARINA

Das Leben in **Hou** fokussiert sich auf seinen Hafen mit der Marina, die wohl die bestplatzierte in Ostjütland ist. Hier sieht man eine einzigartige Mischung von alten Fischkuttern und schönen Jachten. Dazu hat der gemütliche Hafen eine authentisch wirkende Atmosphäre. Neben dem bekannten Bistro **Ishuset** gibt es verschiedene Attraktionen, wie einen tollen **Kinderspielplatz**. Überhaupt bietet Hou Erlebnisse für Kinder aller Altersklassen.
Darüber hinaus besitzt der Ort einen fantastischen Strand mit weißem Sand und

Campingplatz Hirtshals

große Dünen jenseits der Marina. Auch hier wieder ein ideales Gebiet, um lange Spaziergänge am Strand zu unternehmen und die Luft einer intakten Natur aufzunehmen. Ein Spaziergang über die Dünen zeigt einen eindrucksvollen Blick über Hafen und Strand, der ein Genuss ist. Im Sommer lädt die ruhige Ostsee natürlich zum Baden ein und Frühaufsteher erwartet ein einmaliges Erlebnis: Vom Strand aus lässt sich ein herrlicher Sonnenaufgang mit Sicht über das Kattegat genießen.

Wer Lust auf gutes Essen hat, kommt an einem Besuch der einzigartigen und stimmungsvollen Gaststätte **Skovgaards Raaling** in Hou nicht vorbei. Das Strohdachhaus stammt aus dem Jahr 1552 und ist eines von Dänemarks ältesten Häusern in privatem Besitz. In dieser Gaststätte ist es »hyggelig«.

Weiter führt uns die 541 an den besten Stränden Dänemarks vorbei nach Süden. Die Strände um **Bisnap** erwarten uns.

Kurz nach Bisnap gelangen wir nach Hals, wo die Fähre uns auf das Festland mitnimmt, denn hier endet unser Besuch im hohen Norden auf der Insel in Vendsyssel: Wir sind zurück am Limfjord, den wir mit der Thyborøn-Fähre in Route 2 überquert haben. Alternativ kann man über Aalborg nach Aarhus zur Schnellfähre gelangen.

AUSFLUG

BESTE STRÄNDE DÄNEMARKS

Die dänische Ostküste verfügt über einige der feinsten und kinderfreundlichsten Strände in Nordeuropa. Nach einem kurzen Spaziergang den Strand entlang oder nach einer Fahrradtour auf den breiten Fahrradwegen kommt man südlich von Hou nach Bisnap Strand. Bisnap Strand wurde mehrmals als bester Strand Dänemarks ausgezeichnet. Die Gegend ist einerseits ideal zum Baden für Familien, andererseits kann man in den Wäldern jenseits der Dünen ausgiebige Spaziergänge im Schatten großer Wälder machen.

HALS

Die fleckenähnliche Ortschaft im Vendsyssel befindet sich etwa 31 Kilometer östlich von Aalborg. Hals liegt an der östlichen Einfahrt in den Limfjord, der dort seit 1961 von einer Fähre nach Egense überquert wird. Der Ort lebt zum großen Teil vom Tourismus. Bemerkenswert ist die **Festung** von Hals mit vier Bastionen und umlaufenden Gräben. Vor den Gräben befinden sich Ravelins, sogenannte »Wallschilde«, und das zugehörige Glacis, eine leicht ansteigende Erdanschüttung vor dem Graben.

Hals bietet viele Freizeitmöglichkeiten und im Sommer findet, wie oft in Dänemark, das Leben überwiegend im Hafen statt, da es dort schöne Geschäfte und Restaurants gibt und man das Leben in ruhiger Atmosphäre genießen kann.

Nach unserem Stadtbummel setzen wir mit der Fähre in wenigen Minuten unspektakulär über den **Hådybet Fjord**, wie dieser Bereich am Beginn des Limfjords genannt wird, über und kommen nach drei Kilometern Fahrt nach **Egense**. Egense verfügt über einen schönen Stellplatz, der am Meer gelegen ist (www.dacf.dk, PNr. 249). Wir fahren durch den kleinen Ort weiter auf der 541. Dann erwartet uns das kleine Dorf **Dokkedal** mit der bekannten Moräne Mulbjerge.

MULBJERGE

Nördlich von Dokkedal, im Gebiet **Lille Vildmose**, liegt die landschaftlich schöne Moräne Mulbjerge, die durch ihre grandiose Aussicht über das Kattegat im Osten und Lille Vildmose im Westen geprägt ist. Die Fläche steigt bis auf 45 Meter Höhe über die rundherum flache Landschaft an. Es ist eine herrliche Umgebung, in der man ausgiebige Wanderungen machen und dabei Schafe und Pferde auf Koppeln antreffen kann.
Von Dokkedal aus führt ein Weg durch die Moräne bis an die Küste. Im südlichen Teil von Mulbjerge ist **Guldhøj** der höchste Punkt, wo das Gras vom Vieh kurz gehalten wird. Nach einer Wanderung zum Gipfel hat man einen schönen Blick auf das Kattegat. Über verschlungene Pfade geht es über bewirtschaftete Felder, Wiesen, durch Wälder und Weiden mit Schafen, Pferden und Rindern. An steilen Hängen gibt es Eichenwald. Wer zu den Dokkedal-Tagen im August in der Gegend weilt, sollte den **Mulbjerge Lunch Jazz** nicht verpassen – neben vielen anderen Veranstaltungen ein Highlight in der Region.

Hals
Fähre Hals
Mulbjerge bei Lille Vilsmose
Storegade
541
36 km
Hadsund

An der Ostsee entlang führt uns die 541 bis ins elf Kilometer entfernte Øster Hurup. Von dort sind es nur noch 17 Kilometer zu unserem Routenziel Hadsund.

ØSTER HURUP

Das alte Fischerdorf in der dänischen Kommune Mariagerfjord zählt rund 1000 Einwohner. Während der Sommersaison kommen viele Touristen hierher, denn die Ortschaft ist dann von südländischer Stimmung geprägt. In Øster Hurup gibt es kinderfreundliche und saubere Strände, einen faszinierenden Hafen sowie eine mit zahlreichen Restaurants, Cafés, Geschäften

Fähre bei Hals

Gutshof in Uggerby

und Discos repräsentative Hauptstraße. Im Sommer findet das vielseits bekannte **Øster Hurup Sommerkonzert** statt. Getrunken wird dazu: Bier. Nicht nur in der Hauptstraße gibt es in dem Ort gemütliche Lokale mit Essen für jeden Geschmack. Wir finden einen aktiven Ferienort mit gemütlichen Campingplätzen vor.
Nach weiteren acht Kilometern gelangen wir nach Als, wo die 541 eine 90-Grad-Biegung macht und wir nach Osten zum Mariager Fjord nach Hadsund gelangen.

HADSUND

Hadsund liegt circa 13 Kilometer von Als Odde, wo der **Mariager Fjord** in die Ostsee mündet, entfernt und entwickelte sich von einer früheren Eisenbahnersiedlung zu einem modernen Handels- und Industriezentrum. Hadsund ist die zweitgrößte Stadt in der Kommune Mariagerfjord und ihre Bevölkerung wächst stetig, weshalb der Wohnungsbau der Stadt besonders gefördert wird.

Das Zentrum, der älteste Teil der Stadt, gruppiert sich um die evangelisch-lutherische Kirche von Hadsund (Hadsund Kirke) als Stadtmittelpunkt und die Hauptgeschäftsstraße Storegade, die im Westen des Stadtzentrums liegt. Weitere wichtige

Tipp

DIE VIER STADTPLÄTZE

Hadsund hat vier Plätze unterschiedlichster Prägung. Der Marktplatz Torvet, ein Handelsplatz aus der Zeit der Stadtgründung, ist Teil der Fußgängerzone. Das Geschäftszentrum Butikcenteret, eine überdachte Arkade auf zwei Etagen, firmiert in den Gebäuden der alten Marmeladenfabrik Johan & Axel Hornbech von 1898. Der »Midtpunkt« aus den 1970er-Jahren ist ein offener Platz mit einer zentralen Park- und Geschäftszone. Der »Bankpladsen« gehört zu den alten gepflasterten Plätzen und ist nach der Hadsund Bank benannt.

Uggerby Klitplantage

Geschäftsstraßen liegen in der Nähe. Die **Storegade** stammt von 1800 und ist eine der ältesten Straßen der Stadt. Bis in die 1970er-Jahre war sie Hauptverbindungsweg zwischen Hobro und Aalborg, bis sie von der Himmerlandsgade abgelöst wurde. In den 1950er-Jahren wurde die Straße gepflastert, später dann geteert. Nach Einweihung der Storegade als Fußgängerzone im Jahr 1990 wurden Asphalt und Bürgersteig aufgerissen und man schuf mit neuer Pflasterbettung eine moderne Flaniermeile. Am nördlichen Ende der Fußgängerzone liegt das Einkaufszentrum Hadsund Butikscenter, welches sich auf zwei Etagen, verbunden durch eine Rolltreppe, verteilt und 17 Geschäfte sowie zwei Supermärkte umfasst.

Zur Kulturlandschaft der Stadt gehören die beiden Museen **Hadsund Egnssamling** und Nordjütlands **Møllehistorisk Samling** (Mühlenhistorische Sammlung). Weitere bedeutende Sehenswürdigkeiten sind die **Kirche von Hadsund** von 1898, der Tierpark **Hadsund Dyrehave**, das **Hadsund KulturCenter** mit Kino, Konzertsaal, Café und Bibliothek sowie das Hadsund Butikscenter. Der **Dolmen von Ballegård** (auch als »Ganggrab« bezeichnet) liegt nördlich der Straße von Assens nach Hadsund hinter den Gebäuden eines Hofes nahe dem Mariager Fjord.

Ein paar Kilometer weiter östlich befindet sich die **Havnø Mølle**, Nordjütlands älteste Windmühle von 1842. Sie ist denkmalgeschützt und wurde in den 1990er-Jahren vollständig restauriert.

Im Zentrum von Hadsund trennen wir uns von der 541 und gelangen auf der 507, die uns mit einer breiten Brücke aufnimmt, über den Mariager Fjord nach Sønder Hadsund. Die nächste Route beginnt und wird zur längsten Tour unserer Reise.

Hadsund Zentrum

PRAKTISCHE HINWEISE

TOURISTINFORMATIONEN

Tversted Turistbureau
Østervej 10, Tversted,
9881 Bindslev
Tel. +45 98 93 12 93
info@tversted.dk
www.tversted.dk

Skagen Turistbureau
Vestre Strandvej 10,
9990 Skagen
Tel. +45 98 44 13 77
skagen@turisthusnord.dk
www.toppenafdanmark.dk

Frederikshavn Turistbureau
Skandiatorv 1,
9900 Frederikshavn
Tel. +45 98 42 32 66
frederikshavn@
turisthusnord.dk
www.visitfrederikshavn.dk

Øster Hurup Turistbureau
Havnen 2, 9560 Hadsund
Tel. +45 70 27 13 77
info@destination
himmerland.dk
ww.destinationhimmerland.dk

CAMPING- UND STELLPLÄTZE

C 400 Ostenagard
(S. 206 B2)
Tverstedvej 41, Uggerby,
9800 Hjørring,
Tel. +45 28 34 83 56,
urbanmartin@hotmail.com
www.camping-app.eu
GPS: N57°34'31" E10°7'43"
Der Platz liegt weitab der direkten Verbindung zwischen Hirtshals und der Ostsee bei Aalbæk: Wir kommen von Hirtshals vorbei an Tolstrup, bis es circa 800 Meter nach der Ortsabzweigung Uggerby auf der 597 links in eine kleine Allee geht, die uns zu einem Stellplatzparadies bringt. Zehn Wohnmobile finden auf dem neuen Grasplatz mit ebenfalls neuer Sanitäranlage Platz. Auch Wasserversorgung und -entsorgung ist vorhanden. Umgeben von Weihnachtsbaumplantagen und 30 Minuten von der Tannisbucht entfernt, kann man unendliche Ruhe genießen.

C 401 Grenen Camping
(S. 206 D1)
Fyrvej 16, 9990 Skagen,
Tel. +45 63 60 63 61,
grenen@campone.dk,
www.grenenstrand.dk
GPS: N57°43'52" E10°36'51"
Grenen Camping ist trotz seiner Größe ein Campingplatz mit erholsamer Atmosphäre. Der Platz ist in der einmaligen Natur von Skagens Gren gelegen und hat direkten Zugang zum Strand. Zahlreiche Einrichtungen erfüllen die Ansprüche, die ein moderner Wohnmobilist heute an einen Campingplatz stellt. Auf dem Platz findet man außerdem Küche, Wickelraum, Wäscherei, einen schönen Aufent-

↓ Stellplatz Martin Urban
↘ Auf dem Weg zum Meer bei Uggerby

Zufahrt zum Stellplatz Uggerby

haltsraum mit Farbfernseher, Kaufmannsladen, einen gut ausgestatteten Spielplatz sowie einen Fußballplatz. Außer den üblichen Badeeinrichtungen gibt es Familienbäder. Sämtliche Plätze sind mit elektrischem Anschluss versehen.

S 402 Stellplatz Am Grenen
(S. 206 D1)
Fyrvej, 9990 Skagen,
Tel. +45 98 44 13 77,
skagen@turisthusnord.dk,
www.skagen-tourist.dk
GPS: N57°44'1" E10°37'15"
Der Stellplatz befindet sich direkt am Grenen, wo der Fyrvej in einem Kreisverkehr endet, und ist gebührenpflichtig. Die Nacht kostet für zwei Personen 150 DKK. Auf dem geteerten Platz dürfen acht Wohnmobile mit maximal acht Meter Länge eine Nacht lang zwischen 22 Uhr und 9 Uhr stehen. Die Gebühr wird an einem Automaten nach 18 Uhr entrichtet. Der Stellplatz liegt unweit des Meeres und hat keine Sanitäreinrichtungen. Haustiere sind erlaubt. In der Nähe befindet sich ein Kiosk sowie das Restaurant De 2 Have.

C 403 Nordstrand Camping
(S. 206 D3)
Apholmenvej 40,
9900 Frederikshavn,
Tel. +45 98 42 93 50,
info@nordstrand-camping.dk,
www.nordstrand-camping.dk
GPS: N57°27'50" E10°31'40"
Die einzigartige Lage des Platzes an Strand, Stadt und Marina bietet eine Menge Möglichkeiten für einen aktiven Urlaub und die Vier-Sterne-Einrichtungen garantieren Entspannung. Der Campingplatz lässt kaum Wünsche offen und wartet mit einem gut sortierten Supermarkt auf, darüber hinaus gibt es Internetcafé und WLAN auf dem Platz, Café Nordstrand und Pizzeria, moderne Wascheinrichtungen mit Familienwaschraum und Babybad, geräumige Küchen, Wäscherei, Autowaschplatz und Wohnmobil-Service, Fernsehraum, Fahrradverleih, Quick-Stop, Grillplatz mit Tischen und Bänken sowie Angeltische.

S 404 Øster Hurup Havn
(S. 203 E4)
DACF-Stellplatz 243,
Havnen 39, 9560 Øster Hurup, huruphavn@mail.dk,
www.dacf.dk
GPS: N56°48'19" E10°16'49"
Øster Hurup ist ein kleiner Stellplatz im Hafen des Ortes vor Hadsund unter dem Dach der Campervereinigung DACF. Er kann ganzjährig angefahren werden und bietet für 19 Euro alles, was der Autocamper benötigt – von Wasser über die Entsorgung bis hin zu Strom. Durch die Marina ist alles vorhanden, auch ein frei zugänglicher TV- und Aufenthaltsraum. Frischen Fisch kann man im Hafen erwerben. Ideal für eine Nacht.

C 405 Hadsund Camping
(S. 202 D5)
Stadionvej 33, 9560 Hadsund,
Tel. +45 22 64 16 19,
info@hadsundcamping.dk,
www.hadsundcamping.dk
GPS: N56°43'17" E10°8'1"
Hadsund Camping ist ein kleiner, ruhiger Platz in schöner Natur, wo Entspannung und Nachtruhe selbstverständlich sind. Die Umgebung des Mariager Fjords lädt zu Strandwanderungen, Fahrradtouren, Freizeitangeln und vielen anderen Ferienaktivitäten mit der ganzen Familie ein. Auch auf dem Stellplatz ist man immer willkommen, egal, ob man im Østhimmerland einige Tage Urlaub machen möchte oder auf der Durchreise ist und nur einen Platz zum Schlafen braucht. Die Anreise erfolgt dann ab 20 Uhr und am folgenden Tag reist man spätestens um 10 Uhr weiter. Die Möglichkeit, abends wiederzukommen, besteht.
Die Entleerung von Abwasser und Toilette sowie das Auffüllen der Trinkwassertanks und die Müllentsorgung kosten nichts extra, auch nicht, die Einrichtungen des Platzes zu nutzen. Strom allerdings schon.

Am Mariager Fjord bei Hadsund

5

VON DEN SCHÖNSTEN STRÄNDEN ZUR GRÖSSTEN INSEL DÄNEMARKS

Von Hadsund nach Møn und über die Storebælt-Brücke

Das grüne und wunderbar vielseitige Ostjütland reicht von Hobro im Norden bis Fredericia im Süden, von Viborg im Westen bis Grenaa im Osten und wurde in der Eiszeit von den Gletschern geformt. Ablaufendes Schmelzwasser ließ Täler, Schluchten und tiefe Fjorde entstehen. Als das Eis dann vor über 10 000 Jahren endgültig zurückwich, blieb eine sanft hügelige Moränenlandschaft zurück. Heute steht Ostjütland für lebendige Städte wie Aarhus, Randers oder Grenaa, fruchtbare Landschaften mit großen Wäldern sowie malerische Küsten mit feinem Sand.

Wir befinden uns in Hadsund am Beginn der längsten Route. Nach der Brücke über den Mariager Fjord fahren wir nach dem Kreisverkehr zwölf Kilometer auf der sehr gut ausgebauten 507 nach Stangerum. Links ab geht es auf die 531, die uns vorbei an Dalbyover durch sanfte Landschaften und Bewaldungen nach zehn Kilometern in den kleinen **Fährhafen von Udbyhøj** am Randers Fjord bringt. Konzentriert und in aller Ruhe wird man mit der einzigen Kabelfähre Dänemarks in sieben Minuten übergesetzt.
Weiter geht unsere Fahrt auf der 531 über kleine, fast versteckte Orte, wie Udby, Holbæk und Ørsted, vorbei an Allingåbro bis ins 24 Kilometer entfernte Fausting. In Fausting treffen wir auf die 16 als direkte

Ebeltoft Marina

Verbindung von Randers nach **Grenaa**. Um das bekannte Kattegatcentret mit seinem Haifischaquarium bestaunen zu können, ist ein kleiner Umweg über Grenaa zu empfehlen (40 km), immerhin die geografische Mitte Dänemarks.

ROUTE 5

START- UND ENDPUNKT
Hadsund und Nyborg

STRECKENLÄNGE
433 km

FAHRZEIT
4–5 Tage

MAUTSTRECKEN
Storebælt-Brücke (346,75 DKK)

FÄHREN
Molslinjen Aarhus/Ebeltoft nach Sjællands Odde (www.mols-linjen.dk)

Udbyhøj-Fähre über den Randers Fjord (www.randersfjord-faerger.dk)

BESTE JAHRESZEIT
Frühjahr bis Herbst

Start Hadsund
Kabelfähre bei Udbyhøj
Kattegatcentret Grenaa
507
531
16 — 88 km
Grenaa
Nationalpark Mols Bjerge
Fregatten Jylland Ebeltoft
15
21 — 72 km
Ebeltoft

AUSFLUG

NATIONALPARK MOLS BJERGE

Der Nationalpark Mols Bjerge ist ein großes Schutzgebiet in Syddjurs auf der jütländischen Halbinsel Djursland. Er ist 180 Quadratkilometer groß und umfasst neben großen Wäldern, Heide- und Grünlandflächen auch Seen, wie den Stubbe Sø, Nørresø und Skramsø, sowie Küstengebiete am Ebeltoft Vig, Begtrup Vig, Egens Vig und am Kattegat bei Rugård. Mols Bjerge eignet sich für zahlreiche Wanderungen in absolut ruhiger Natur, besonders um den Agri Bavnehøj mit 137 Metern Höhe. Vom Agri Bavnehøj aus bietet sich eine grandiose Aussicht auf die Umgebung. Viele Stellen im Nationalpark sind einen Besuch wert, denn seine Größe ist immens und für die Erkundung reicht ein einziger Urlaub gar nicht aus (www.nationalparkmolsbjerge.dk).

KATTEGATCENTRET IN GRENAA

Das Kattegatcentret im Hafen von Grenaa wurde 1993 eröffnet und ist ein großer Meeres-Erlebnispark. Interessierte Besucher erfahren alles über das Meer und seine Bewohner. Über 250 Arten von Meerestieren gibt es zu bewundern. Umfängliche Erlebnisprogramme werden angeboten, da ist sicherlich für jeden etwas dabei. Als Zuschauer kann man den Park durchwandern und sich immer wieder an ruhigen Stellen niederlassen, einfach nur die Meereswelt genießen und vielleicht der Haifisch- oder Seehundfütterung zusehen. Man kann aber auch selbst aktiv werden und im Taucheranzug der Welt der Meere in der Tiefe nachspüren, lernen, wie man Fisch richtig zubereitet und vieles mehr. Ein einmaliges Erlebnis wartet auf jeden Fall (www.kattegatcentret.dk).

Nach einem aufregenden Tag im Kattegatcentret verlassen wir Grenaa auf der 15 in

Mühle bei Lumsås

südwestliche Richtung, bis wir nach 17 Kilometern in **Tirstrup** links ins Gebiet des **Nationalparks Mols Bjerge** fahren.
In der Folge kommen wir in den Urlaubsort **Ebeltoft** und fahren auf der Hauptstraße an der **Fregatten Jylland** vorbei, die im Hafen als Museumsschiff in einem Trockendock des Museumshafens festliegt. Der historische Dreimaster ist mit 71 Metern Länge das längste erhaltene Schiff seiner Art.
Nach weiteren fünf Kilometern gelangen wir in den Fährhafen der Mols-Linien (GPS: N56°10‘53“ E10°42‘6“), die mit den schnellsten Fähren der Welt mit circa 70 Minuten Fahrzeit eine zeitlich kurze Verbindung zur Hauptinsel Sjælland anbieten, von Ebeltoft aus aber leider nur während der Hauptsaison.
Alternativ kann man zurück über Rønde auf die 15 fahren und nach insgesamt 42 Kilometern vom Hafen in Aarhus aus mit Schnellfähren der Mols-Linien ebenfalls nach Sjællands Odde gelangen (GPS: N56°9‘25“ E10°12‘43“).

Gleich, für welche Überfahrt wir uns entscheiden, mit einer der Schnellfähren der Mols-Linien kommen wir nach etwa 70 Minuten sicher im Hafen von Sjællands Odde an. Mit der Überfahrt haben wir das Festland in Jütland verlassen und befinden uns auf der Hauptinsel Dänemarks, auf der unter anderem die Hauptstadt Kopenhagen liegt.

Overby Kirke

Einkaufsstraße in Holbæk Centrum

SJÆLLANDS ODDE

Sjællands Odde ist eine schmale Halbinsel an der Nordwestküste Sjællands und ragt wie ein Finger 15 Kilometer in das Kattegat. Sie beginnt in dem kleinen Ort **Lumsås** mit seiner bekannten evangelischen Kirche von 1896 und endet in **Gniben**, das man nur zu Fuß erreichen kann. Die Gegend hat in erster Linie Tourismuscharakter. Nach Überqueren des Kattegats verlassen wir das Schiff und reisen weiter. Die lang gezogene Straße führt durch landschaftlich sehr eindrucksvolles Gebiet, das, je weiter wir vorankommen, unsere Aufmerksamkeit immer mehr auf sich zieht und mit verschiedenen Meeresausblicken nach der Fährstation auf Sjællands Odde einige optische Höhepunkte bietet. Nadelbewaldungen, typische Gräser und Wiesenflächen wechseln sich mit Farbenspielen, besonders in Abendstimmungen, ab.

Ebeltoft
15
21 46 km
Aarhus
Schnellfähre Mols Linjen nach Sjællands Odde
21 43 km
Sjællands Odde

Die Landschaft erinnert zunehmend an die in Jütland gesehenen Landschaften. Hier am nordwestlichen Ende Sjællands befinden wir uns wieder an einem der schönen Plätze des Landes. Im Gegensatz zum flacheren und hektischeren Osten finden wir hier überwiegend Ruhe.
Die 21 geht nach 24 Kilometern in eine Schnellstraße über, die wir bei Ausfahrt 23, Vig Nord, verlassen. In einem langen Bogen fahren wir an Vig vorüber nach Herresstrup und weiter ein Stück entlang des schönen Lammefjords über Hagested und Mårsø von Westen an den **Holbæk Fjord**. Nach weiteren vier Kilometern bringt uns der Kalundborgvej direkt in die Innenstadt.

HOLBÆK

Die Hafenstadt wurde 1199 als Holbækgaard erstmals erwähnt und wuchs nach und nach um eine im Jahre 1236 von König Waldemar II. errichtete Burg. Aufschwung erlebte Holbæk besonders im 17. und im 19. Jahrhundert, als der Export von Getreide große Gehöfte entstehen ließ. Bekannt ist

das **Holbæk Museum**, das in einem 1670 erbauten Gehöft beheimatet ist und vorgeschichtliche Funde sowie Memorabilien aus der damaligen Zeit zeigt.
Holbæks **alter Hafen** liegt mitten in der Stadt und ist Ausgangspunkt für viele maritime Ausflüge am Holbæk Fjord, der Teil des **Isefjords** ist. Mit verschiedenen Schiffen können Tauch- und Touristenfahrten unternommen werden. Ähnlich schön wie am Limfjord ist in dieser Gegend das Segeln.
Dann fahren wir aus der Stadt hinaus zur 21 und nehmen die Zufahrt 19, Holbæk Centrum, um uns während der nächsten 27 Kilometer auf der Schnellstraße durch ein typisch ostdänisches Gebiet, in dem sich Wälder und Wiesen regelmäßig abwechseln, etwas zu erholen. Ausfahrt 13 bringt uns über den Ringstedvej in das Hafenzentrum der bekannten dänischen Stadt Roskilde am **Roskilde Fjord**.

Roskilde Domkirke

ROSKILDE

Die Universitätsstadt Roskilde liegt auf Sjælland circa 30 Kilometer westlich der Hauptstadt Kopenhagen und ist seit der Verwaltungsreform von 2007 eine Stadt.
Ihr Name soll sich von der Sagengestalt König Roar ableiten – von ursprünglich »Roars Kilde«, also »Roars Quelle«. Roskilde war bis ins 14. Jahrhundert Residenzstadt der dänischen Könige und spielte in der Geschichte Dänemarks eine wichtige Rolle. Harald Blåtand gründete um das Jahr 980 einen Königshof, nachdem die königliche Residenz von Jelling in Jütland nach Roskilde verlegt worden war. 1020 gründete Knud der Große einen Bischofssitz. Bis zur dänischen Reformation im Jahre 1536 blieb Roskilde Sitz der Bischöfe von Sjælland.

Sjællands Odde
Burg Holbæk
Hafen
43 km
Holbæk
Roskilde Dom
Vikingeskibshallen
21
27 km
Roskilde
Roskilde
Flughafen
Solrød in
Køge Bugt
21
6
E47
90 km
Vordingborg
Ausfahrt 41

International bekannt ist die Stadt vor allem wegen des jährlich im Sommer stattfindenden **Roskilde-Musikfestivals**, wohin seit nunmehr fast 50 Jahren Menschen aus aller Welt pilgern (www.roskilde-festival.dk).
Typisch dänisch sind die zahlreichen Backsteinbauten, die die engen Gassen der Innenstadt umrahmen. Neben dem **Dom** gelten die **Vikingeskibshallen** als berühmte Sehenswürdigkeit. Sie zeigen die fünf bei Skuldelev ausgegrabenen Wikingerschiffe, die um das Jahr 1000 als Sperre am Roskilde Fjord in 20 Kilometer Entfernung zur Stadt versenkt worden waren. Die museumseigene Werft stellt nach alten Verfahren Nachbauten der Wikingerschiffe her, mit denen man im Roskilde Fjord fahren kann.
Mit den Studentenbewegungen von 1968 und ihrer Forderung nach stärkerer Einflussmöglichkeit auf das Bildungswesen entstand

Roskilde Gasværk

1972 das Roskilde-Universitetscenter (RUC) östlich von Roskilde. Heute gilt die Universität Roskilde als besonders innovativ und fortschrittlich. Sie umfasst vier Institute, besitzt eine umfassende Bibliothek und verteilt sich auf rund 50 Gebäude.
Über den Ring fahren wir über die 21 hinweg auf die 6 in Richtung **Roskilde Flughafen**. Der kleine Flughafen liegt nur 43 Kilometer von Kopenhagen entfernt und betreibt

Vikingeskibsmuseet Roskilde

KULTUR

ROSKILDE DOMKIRKE

Roskilde Domkirke, der Dom von Roskilde, ist absolut sehenswert. Er wurde um 1170 von Bischof Absalon als große Ziegelkathedrale im romanischen Stil erbaut. Es war bereits die vierte Kirche an diesem Ort. Nach einer Holzkirche, die Harald Blåtand errichten ließ, entstand 1030 eine kleinere Tuffsteinkirche, die um 1075 einer dreischiffigen Tuffkirche wich. Der Dom heutiger Zeit wurde gegen Ende des 13. Jahrhunderts im gotischen Stil umgebaut, die Türme im 15. Jahrhundert, die Turmspitzen kamen 1636 hinzu. Viele Königinnen und Könige fanden im Dom ihre letzte Ruhestätte. Mehrere Mausoleen wurden deshalb dem Bauwerk angegliedert und veränderten sein Aussehen. Im Inneren fallen der vergoldete Flügelaltar von 1560 und die künstlerisch geschnitzte Chorbestuhlung von 1420 auf. Das Palais neben dem Dom ist seit 1923 wieder Bischofssitz. 1995 erklärte die UNESCO den Dom zum Weltkulturerbe.

allgemeine Luftfahrt inklusive Taxiflüge auf die beiden Inseln im Kattegat Anholt und Læsø. Verwaltungstechnisch gehört er zur Copenhagen Airports A/S, welche Roskilde und Kopenhagen/Kastrup betreibt. Er wurde 1973 als erster von drei geplanten Flughäfen um Kopenhagen eröffnet. Die anderen beiden wurden jedoch nie gebaut.

ZUR INSEL MØN

Weiter geht es nach Solrød Syd, wo wir die Zufahrt 31 auf der E 47/55 nehmen, der wir 62 Kilometer bis Vordingborg folgen. Am Ende der Ausfahrt 41 biegen wir ab und fahren auf der 59 in Richtung Stege (20 km) auf der Insel Møn.

Møn hat eine 140 Kilometer lange Küstenlinie mit schönen Sandstränden, die gehegt und gepflegt werden. Die blaue Flagge für sauberen Strand ist selbstverständlich für die Insel. Møns Engagement für Strände wird aus Mitteln der EU gefördert und basiert auf einem Zwei-Kategorien-System. Ein Teil der Strände wird nicht kultiviert, so können unter anderem Seegras und Seetang wachsen. Andere Strände wurden für den Tourismus ausgewählt, da sie kinderfreundlich und behindertengerecht sind. An diesen Stränden wird in der Badesaison eine auf Umweltschutz basierende Strandpflege durchgeführt.

Møn ist reich an Kulturdenkmälern. Kirchen mit fantastischen Kalkmalereien, Hünengräber und eine einzigartige Landschaft, die zu vielfältigen Aktivitäten wie Golfen, Radfahren, Segeln, Reiten und natürlich Angeln einlädt, gilt es zu entdecken.

Zunächst geht es gut elf Kilometer nach Kalvehave, bevor wir über die **Brücke am Ulvsund** auf **Møn** gelangen. Die Strecke führt uns über das **Koster Land** nach Tjørnemarke und Lendemarke, dann erreichen wir am Stege Nor den Ort Stege.

STEGE

Vordingborg Ausfahrt 41
Brücke Ulvsund
Stege Nor
Kreidefelsen
59
287 36 km
Møns Klint

Stege ist heute eine typisch dänische, moderne Kleinstadt, die zum einen Hauptstadt auf Møn ist und als Touristenstadt expandiert, zum anderen dennoch ihren Charme erhalten konnte. Stege entstand um eine Burg, die Waldemar I. um 1170 als Schutz gegen Angriffe von der Ostseeseite her erbauen ließ. Im 15. Jahrhundert erhielt Stege eine Stadtmauer und einen Graben. Wie man im **Møn Museum** sehen kann, hat sich die Straßenstruktur seit 1600 kaum verändert. Der dort ausliegende Stadtplan kann heute durchaus noch verwendet werden.

Es geht weiter Richtung Osten, den berühmten Kreidefelsen entgegen. Vorbei an **Keldby** mit seiner bekannten **Backsteinkirche**, die um 1200 erbaut wurde und im Inneren wunderschöne Kalkmalereien aufweist, geht es

Stege auf Møn

↑ Brücke am Stege Nor
↓ Kreidefelsen auf Møn

nach **Elmelunde**. Hier ist die schon vor 1100 erbaute Elmelunde Kirke als Seezeichen bis auf das Meer weit hinaus sichtbar. Ihr Stil entspricht dem ostdänischer Landkirchen und auch sie beherbergt herrliche Wandmalereien.

Das Terrain wird jetzt leicht wellig mit kleinen, in die Landschaft passenden Erhebungen. Borre und **Magleby** sind dann die letzten Stationen, bevor uns die Kreidefelsen, hinter einem dichten Buchenwald, an der Ostseite der Insel erwarten.

DIE KREIDEFELSEN

Folgen wir von Magleby der 287, die uns seit Stege führt, erreichen wir nach dem großen Campingplatz den **Klinteskoven**, einen fantastischen, dichten und hohen Buchenwald, wie man ihn aus Filmen wie »Der Herr der Ringe« oder »Robin Hood« kennt. Westlich des **Store Geddesø**, einem See am Rande des Klinteskoven, kann man das Wohnmobil parken und zu den Kreidefelsen wandern. Ein umfangreiches Wegenetz ermöglicht nahezu endlose Wanderungen – vom Nellerendefald über den Dronningestolen bis zu Store Taler. Man kann aber auch bis **Store Klint** auf den großen kostenpflichtigen Parkplatz am GeoCenter Møns Klint fahren. Dann ist man mittendrin und schnell über die Holztreppen nach 20 bis 30 Minuten am Strand oder durch den Wald über eine Holztreppe in zehn Minuten am Dronningestolen, der höchsten Erhebung.

Møns Klint
287 Lustschloss Liselund
E45 Insel Bogø
Farø
22 50 km
Vordingborg
Dybsø Fjord
Kompanie Haus
Kloster
Herlufsholm
22 24 km
Næstved

MØNS KLINT

Weiße Kreideklippen ragen beeindruckend und nahezu senkrecht aus dem tiefblauen Wasser der Ostsee hervor. Der Dronningestolen ist mit 128 Metern die höchste Erhebung. Geografisch liegen die dänischen Klippen gegenüber den etwa 50 Kilometer entfernt gelegenen Kreidefelsen der deutschen Insel Rügen, nur getrennt durch die Ostsee. Während man bei bestimmten Wetterlagen und entsprechend stehender Sonne von Rügen aus die Konturen von Møns er-

AUSFLUG

IM HINTERLAND DER MØNS KLINT

Møns Klint ist zwar die Hauptattraktion der Insel. Aber schon das Hinterland der Kreidefelsen ist äußerst sehenswert mit dem im Norden gelegenen Park von Liselund, dem Klintenwald (Klinteskoven), dem Wanderwegenetz von Mandemarke Bakker, dem Grasland Høvblege, Busene und der Kulturlandschaft Jydelejet. Nicht zu vergessen den kleinen Fyr neben Busene Have. Landschaftserkundungen sind zahlreich möglich und versprechen Naturgenuss pur.

Holztreppe zum Meer an den Kreidefelsen

Der Dronningestolen ist mit 128 Metern die höchste Erhebung.

Tipp

GEOCENTER MØNS KLINT

Im Geologie- und Naturzentrum GeoCenter Møns Klint erfahren Interessierte viel Wissenswertes über die geologische Entwicklung Dänemarks und die Natur der Steilküste Møns Klint. Die Ausstellung ist wie eine 70 Millionen Jahre lange Zeitreise aufgebaut. Hochmoderne Ausstellungstechniken, seltene Fossilien und die freie Interpretation von Künstlern bringen die Besucher vom Boden des Kreidemeeres bis zur einzigartigen Natur, die heute im Gebiet von Møns Klint zu finden ist. Im Workshop des GeoCenters können Kinder und Erwachsene unter der Leitung eines Naturführers an vielen spannenden Aktivitäten teilnehmen. Um zwischendurch zu relaxen, gibt es im Naturzentrum ein schön gelegenes Café-Restaurant. Auch eine Boutique mit Souvenirs wie Schmuck und Geschenkartikeln ist vorhanden. Der Besuch des GeoCenters ist für Jung und Alt absolut empfehlenswert, denn das Wissen über die Kreidefelsen hier lässt sich auf die deutsche Insel Rügen übertragen – und da liegt schließlich »nur« die Ostsee dazwischen.

kennen kann, ist es umgekehrt wegen der Sichtkonstellation schwierig.
Møns Klint gehört eindeutig zu den Highlights Dänemarks und man muss sich mindestens einen Tag Zeit nehmen, um diese grandiose Natur zu erleben. Die Schreibkreide, die den Klint bildet, liegt direkt unter der Moränentonlage der Landschaft hinter dem Klint. Sie stammt aus den Kalkschalen mikroskopischer Pflanzen und Tiere, die sich am Grund eines tropischen Meeres ablagerten. Vor 75 Millionen Jahren bedeckte ein tropisches Meer den größten Teil Nordeuropas. In den nachfolgenden Millionen Jahren wurden diese Lagen aufgeschoben, und während der Eiszeit hobelten enorme Gletscher über die Landschaft hinweg und schoben über 100 Meter hohe Kreidegebilde vor sich her. So besteht Høje Møn aus 20 bis 30 derartigen Kreidelagen.
Vom Strand aus, den man unter anderem über das gut ausgebaute Holztreppensystem vom Parkplatz am Store Klint erreicht, kann man den Aufbau der Kreidefelsen gut ablesen. Man entdeckt ein Wechselspiel von vorstehenden Kreidelagen und zurückgezogenen Bereichen aus Sand und Ton. Die Kreide wird von dünnen Lagen aus Flintstein

durchzogen. Man kann sie an dunklen Linien erkennen und es zeigt sich, wie das Eis die Kreidelagen gefaltet und gepresst hat. Im Inneren der Kreide finden sich versteinerte Kalkschalen der Tiere, die damals im Meer dieser Zeit lebten. Muscheln, Seeigel und Tintenfische sind nur einige Beispiele.
Mit neuen und begeisternden Eindrücken trennen wir uns von Møns Klint und folgen gegenüber dem Campingplatz Møns Klint einer kleinen Straße rund zwei Kilometer nach Norden. Unverhofft stehen wir im Paradies von Liselund.

LUSTSCHLOSS UND PARK VON LISELUND

Das Lustschloss und der Park von Liselund sind einzigartige Beispiele der Bau- und Gartenkunst der Romantik. Kammerherr Calmettenborg und seine Frau Elisabeth, genannt Lise, entdeckten auf der Suche nach einem Stück echter Natur das Gelände. 1783 wurde es von der Familie Calmette erworben und der ehemalige Name Sömarkegarden in Liselund geändert.
Der Schlossbau selbst erfolgte allerdings erst Jahre nach Fertigstellung aller anderen Gebäude und des Parks. Er wurde durch viele Eindrücke und Gedanken geprägt, die die Familie auf ihren Auslandsreisen gewonnen hatte. Die Bezeichnung »Schloss« ist allerdings leicht irreführend, da ein solches Gebäude eigentlich immer zum Wohnen errichtet wurde. Liselund war dagegen eine Art Sommerlaube für Festlichkeiten, Erholung und Entspannung in ungewöhnlicher Atmosphäre. Dass man hier auch übernachten konnte, war natürlich selbstverständlich, aber das nur 21 Kilometer entfernte Gut Marienborg blieb weiterhin fester Familienwohnsitz.
Der romantische Park wurde vom Besitzer Antoine de Calmette als eine Liebeserklärung an seine Frau Lise angelegt.

Lustschloss Liselund

Landschaft um Liselund

Wir fahren zurück nach Magleby, um von dort in den Hafen von Klintholm und zum Leuchtturm von Møn zu gelangen.

KLINTHOLM HAVN

Klintholm Havn ist ein »hyggeliger« Fischereihafen, wo täglich frischer Fisch angelandet wird. Aal, Hering, Dorsch, Scholle und andere Fische können fangfrisch gekauft und köstlich zubereitet werden. Der Hafen hat eine kleine Marina und gemütliche Restaurants, in denen man bei Kerzenlicht abends den Urlaub so richtig genießen kann.

EINSAMER MØNS FYR

Fährt man auf halbem Weg nach Magleby bei Busemarke rechts ab nach Mandemarke, ist man im Herzen der Insel Møn. Entlang südlich des Klinteskoven, dem berühmten Buchenwald bei Møns Klint, geht es drei Kilometer nach Busene und Busene Have an der Hjelm Bugt. Kurz vor Busene Have fährt man nochmals kurz links ab auf den Fyrvej zum einsam gelegenen Leuchtturm Møns Fyr und seinem kleinen Parkplatz. Die ganze Strecke lässt sich natürlich auch zu Fuß durchwandern. Wer Einsamkeit sucht, wird sie hier finden – und dazu eine sagenhafte Aussicht über die Ostsee. Wer diesen Ausflug mit einem großen Wohnmobil machen möchte, sollte die Maße seines Gefährts sehr gut kennen!

Unsere weitere Route bringt uns zurück nach Stege, von wo aus wir einen kleinen Ausflug in Møns Norden nach **Ulvshale** und auf die Insel **Nyord** unternehmen, die heute mittels einer kleinen Brücke an Møn angeschlossen ist. Auf uns wartet das Ende unseres Aufenthalts auf Møn. Nachdem wir es nicht lassen konnten, in Stege nochmals zum Essen einzukehren, fahren wir gemütlich die 59 bis Tjørnemarke, wo wir links abbiegen und wieder auf die 287 kommen. Diese bringt uns durch eine einzigartige, noch unverbrauchte Natur, wie sie für Møn typisch ist. Dann fahren wir nach zwölf Kilometern über einen langen Damm auf die Insel Bogø.

AUSFLUG

ULVSHALE UND NYORD

Auf Ulvshale finden wir die besten Badestrände Møns vor sowie einen wirklichen Urwald mit Bäumen und Büschen. Ihre Entstehung hat die Halbinsel der Strömung von Møns Klint zu verdanken, die dort über die Zeit eine Menge Flintgestein ablegte, worauf Ulvshale heute steht. Die kleine Insel Nyord gehört ebenfalls zu den schönsten Vogelparadiesen in Nordeuropa. Zentraler Beobachtungsposten im Vogelgebiet ist, wie in allen anderen Vogelreservaten auch, ein Vogelturm, der auch gleichsam zum Rastplatz wird. Das verschlafen wirkende Dorf Nyord hat einen ganz besonderen Reiz und Charme.

AUF DIE INSELN BOGØ UND FARØ

Auf der Insel **Bogø** befindet sich eine alte, aus dem Jahr 1852 stammende **Mühle** (Bogø Mølle), letztes Relikt der »Insel der Müller«, wie Bogø lange Zeit genannt wurde. Von hier aus hat man einen wunderschönen Blick über die Insel. Eine weitere Sehenswürdigkeit ist **Østerskov**, wo man ein Hünengrab besuchen kann. **Skåningebro** lädt zum ausgiebigen Baden ein. Am kleinen Ort Bogø By vorüber gelangen wir auf die kleine Insel Farø mit ihrem Stellplatz.

Farø ist eine Art »Durchgangsinsel«, da sie mitten im Fahrwasser zwischen Falster und Sjælland liegt. 1985 wurde die **Farø-Brücke** eingeweiht und somit die direkte Verbindung von Fehmarn nach Kopenhagen geschlossen. Auf Farø lädt eine Cafeteria ein, von der aus man bei einem Cappuccino einen herrlichen Blick über die Nord- und die Südbrücke auf den Sund genießen kann. Die Auffahrt 42 der E 47/55 ist dann ein kurzes Sprungbrett, um bereits die nächste Ausfahrt, Vordingborg, zu nehmen und damit unsere kleine Rundreise auf der Insel Møn zu beenden. Die Ausfahrt 41 bringt uns diesmal links auf die 59 und in die sieben Kilometer entfernte Stadt am **Storstømmen**.

VORDINGBORG

Vordingborg auf Sjælland entstand wie so viele Städte Dänemarks um 1170 und wurde im Umkreis der Burg Waldemars des Großen gebaut. Heute ist die Burg eine Ruine,

Auf Bogø

obwohl Elemente der Ringmauer aus dem 14. Jahrhundert bewahrt sind. Der einzig vollständig erhaltene Teil, der 26 Meter hohe **Gåsetårnet** (»Gänseturm«), ist das Wahrzeichen der Stadt. Valdemar Atterdag (Waldemar IV.) ließ ihn 1366 mit sieben Stockwerken als Festungsturm mit Gefängnis errichten. Gleichzeitig diente der Turm als Erweiterung der Burg. Seinen Namen erhielt er wegen der goldenen Gans auf seiner Spitze. Obwohl die Legende besagt, dass Waldemar IV. das Symbol benutzt habe, um die Hanse zu verspotten, wurde die Gans erst 1871 angebracht. Der Turm ist Dänemarks erstes historisches Denkmal und steht unter Denkmalschutz.

Burg Vordingborg war einst die größte mittelalterliche Burg in Dänemark. Sie wurde im Jahre 1175 von König Waldemar I. als eine Verteidigungsburg erbaut und als Ausgangspunkt, um Angriffe gegen die deutsche Küste zu starten. Sein Halbbruder baute eine andere Burg im heutigen Kopenhagen.

Næstved
Harboes Bryggery
Isådsmuseet
Korsør Søbatterie
Pit Stop
265 Storebælt
Storebæltsbrøn
E20 48 km
Storebælt

Waldemar II. benutzte die Anlage auch für eine Expansion ins Baltikum. Im Jahre 1241 reformierte er hier das Rechtssystem, das Recht von Jütland. Zur Zeit König Waldemars IV. hatte die Burg neun Türme und eine 800 Meter lange Mauer. Sie war im Jahr 1353 der Geburtsort von Königin Margrete I. von Dänemark, Tochter von Waldemar IV. Mit dem Frieden von Vordingborg 1365 und 1435 wurden hier die Friedensverträge zwischen Dänemark und der Hanse geschlossen. Große Teile der Burg wurden nach den Schwedischen Kriegen abgerissen, um den Bau eines Palastes für Prinz Jørgen, Sohn von Friedrich III., zu ermöglichen. Der Prinz bezog seinen Wohnsitz jedoch nie und der Palast wurde im 18. Jahrhundert zerstört.

Auf dem Burgareal ist heute ein interessantes Museum, das **Dänische Burgenzentrum**, beheimatet. Drei **Herrenhäuser** in der Nähe, einschließlich Iselingen, wurden zu einem Treffpunkt vieler Künstler und Wissenschaftler während des 19. Jahrhunderts. Dann liegen 33 Kilometer Straße auf der 22 vor uns, die durch typisch dänische Landschaften führt, vorbei an Neder Vindinge und Sallerup nach Vester Egesborg am **Dybsø Fjord** und schließlich nach Næstved.

NÆSTVED

Im Mittelalter war die Industrie- und Hafenstadt an der Mündung der Suså in den Karrebæk Fjord ein wichtiges geistliches Zentrum. 1946 wurde in der Nähe des Ortes der Mann von Porsmose, eine neolithische Moorleiche, gefunden.

Næstveds mittelalterliches Stadtbild wird geprägt von alten Bürgerhäusern. Sehenswert sind das **Apostelhaus** von 1520, das **Rathaus** (1450–1520), das **Heiliggeiststift** aus dem

Bei Næstved

15. Jahrhundert, das hanseatische Kompagniehaus aus dem 14. Jahrhundert und die gotische **Peterskirche** (13.–15. Jahrhundert). Das ehemalige Kloster Herlufsholm, das seit 1565 ein Internat ist, liegt zwei Kilometer nördlich des Stadtzentrums. Wir fahren auf dem Karrebækvej südwestlich über die dritte Ausfahrt am großen Kreisverkehr aus der Stadt und auf die 265 – mit Zielrichtung Skælskør. Vorbei geht es am Næstved Golfclub nach Menstrup in das 30 Kilometer entfernte Skælskør Sogn.

KULTUR

SCHLOSS GAVNØ

Auf der Insel Gavnø, die rund sechs Kilometer südwestlich von Næstved im Karrebæk Fjord liegt, lohnt sich ein Besuch des im Rokokostil erbauten Schlosses Gavnø. Es entstand an der Stelle eines früheren, von Margrete I. angelegten Klosters in den Jahren 1755 bis 1758. Im prächtigen Schlosspark mit vielen farbenfrohen Blumenrabatten findet jedes Jahr eine berühmte Tulpenausstellung statt. Interessant sind auch das Schmetterlingshaus, die große Gemäldesammlung Reedtz-Thott sowie eine Bibliothek und ein Feuerwehrmuseum.

SKÆLSKØR SOGN

Skælskør ist eine kleine Kommune am Agersø Sund mit dem herrlichen **Noret-See**. Der idyllische **Hafen** ist Anziehungspunkt für alle Besucher. Bei sommerlichem Sonnenschein steht das Hafenambiente italienischen Verhältnissen am Meer in nichts nach. Zahlreiche Geschäfte und Restaurants laden zum Shoppen und gemütlichem Essen ein. Bekannt ist der Ort durch seine ehemalige Eisenbahnstrecke von Dalmose nach Skælskør, die heute zum größten Teil als **Radweg** fungiert. Lediglich der Bahnhof erinnert noch an Eisenbahnzeiten. Bekannt ist auch die **Harboes Bryggeri**, die sehr gutes Bier braut, was uns allerdings nicht überrascht, denn es gab auf der ganzen Reise sehr gutes dänisches Bier. Langsam nähern wir

Kirche auf Sjælland

uns auf der 265 über Boeslunde dem Ende dieser Route, denn bereits in 18 Kilometern erwartet uns Korsør mit dem Stadtteil Halsskov, wo sich die große Brücke über den Storebælt befindet.

KORSØR

Korsør war bereits im 11. Jahrhundert Fähranleger nach Fünen. Der hübsche Ort lädt uns zu einem Stadtbummel durch die Altstadt mit ihren vielen alten Häusern und verwinkelten Gassen ein. Auch das **Festungsgelände** mit dem Mittelalterturm aus dem Jahre 1241 ist sehenswert. Der Festungsturm Korsør Søbatterie ist einziges Relikt von Schloss Korsør, das im Mittelalter die Einfahrt zur Stadt überwachte. In einer alten Kanonenhalle ist das interessante **Korsør By-og Overfartsmuseet** untergebracht (www.byogoverfartsmuseet.dk). Ebenfalls lohnt ein Besuch des lokalhistorischen Museums **Isbådsmuseet**. Anhand von Fotos und Collagen kann man die Geschichte der Eisboote kennenlernen.
Um Korsør herum liegen zahlreiche Strände, an denen man Baden, Surfen und anderen Wassersport treiben kann.
Wir verlassen die Altstadt auf der 265 und fahren über die Brücke am Korsør Nor, weiter am Hafen entlang bis zum Kreisverkehr, wo wir die zweite Ausfahrt nehmen und über den Gamle Banegårdsplads in den Revvej in den jüngeren Stadtteil Halsskov gelangen.

IN HALSSKOV

Halsskov liegt nördlich von Korsørs Altstadt und ist die alte Fährstadt, die vor Fertigstellung der Storebælt-Brücke über den großen Belt Anlaufhafen der Fähren aus Nyborg auf Fünen war. Halsskov zählt zu Korsør.
Wir biegen kurz vor Ende des Revvej auf die Skovbrynet rechts ab und kommen kurz vor

der Autobahn E 20 an den Storebæltsvej. Linker Hand finden wir unübersehbar den großen Stellplatz »Pit-Stop Storebælt«. Wer will, macht hier Pause und vollendet die Tour am nächsten Tag. Wer sich fit genug fühlt, biegt rechts ab und fährt über einen großen Bogen an der Cafeteria Storebælt vorbei auf die E 20 in Richtung Nyborg auf Fünen, unserem Zielort und zugleich Ausgangspunkt unserer letzten Route entgegen.

ABENTEUER STOREBÆLT-BRÜCKE

Über 150 Jahre liegt die Idee zurück, über den Großen Belt eine Brücke zu bauen. Der Große Belt ist eine viel frequentierte Wasserstraße, die von zahlreichen Großschiffen, aber auch allen anderen Schiffsarten als Fahrroute vor allem von und in die Ostsee benutzt wird. Sie ist auch Route der Fährschiffe von und nach Norwegen. Im Juni 1986 entschied das dänische Parlament, das Großprojekt durchzuführen, kombiniert für Kraftfahrzeuge und Eisenbahn. Am 14. Juni 1998 dann wurde das grandiose Bauwerk eröffnet.

Die eindrucksvolle Brücke ist Teil der Verbindung zwischen Fünen und Sjælland. Monumentale Pfeiler ragen in den Himmel über dem Storebælt und bilden seitdem die höchsten Punkte des Landes. Mitten im Großen Belt liegt die Insel **Sprogø**, die jetzt über die Westbrücke mit Fünen und über die Ostbrücke mit Sjælland verbunden ist. Mit 1672 Metern Spannweite gehört die Storebælt-Brücke zu den längsten Hängebrücken der Welt und war lange die längste Europas.

Anfangs hatten die Dänen ein gespaltenes Verhältnis zu ihrer Brücke und eine klare Mehrheit war gegen den Bau, weil unter anderem durch die damit verbundene Auflösung der Fährverbindung viele Arbeitsplätze bedroht waren und schließlich verloren gingen. Heute dagegen ist dieses Bauwerk berechtigterweise der ganze Stolz der Nation, die eine Fahrtzeit über die Brücke von unter zehn Minuten zu schätzen gelernt hat. Mit der Brücke ist Nordeuropa straßentechnisch mit Südeuropa lückenlos verbunden.

Nach Zahlung von 346,75 DKK lassen wir die Mautstelle hinter uns und genießen die eindrucksvolle Fahrt im Wohnmobil über die Storebæltsbrøn, auch wenn regelmäßi-

Stahlschiffsrumpf im Vikingeskibsmuseet

Storebælt-Brücke

ger Wind in dieser Höhe uns das Lenkrad konzentriert unter Kontrolle halten lässt. Vielleicht ist es uns vergönnt, über einem voll beladenen Containerschiff oder über dem Colorline-Fährschiff M/S Color Fantasy mit 224 Metern Länge und 60 Meter Höhe hinwegzufahren. Ein wahrlich erhabenes Gefühl.

Über die Storebælt-Brücke fahren wir auf dem langen Westteil parallel zur Eisenbahn, ab der Insel Sprogø verläuft die Eisenbahnlinie unter Wasser in einem Tunnel. Gleich am Ende der Großen-Belt-Brücke bei Knudshoved, Ausfahrt 44, verlassen wir die E 20, halten uns rechts unter der Eisenbahnbrücke hindurch und befinden uns auf dem Hjejlevej, der uns in die Stadt Nyborg auf Fünen führt.

Tipp

VERSCHNAUFPAUSE

Nach der Eisenbahnbrücke liegt rechts ein kleiner Stellplatz, der aufgrund seiner Lage gute Dienste für Durchreisende leistet, denn hier kann man ohne Probleme eine Nacht in herrlicher Natur direkt am Meer mit Blick auf die soeben überquerte Storebælt-Brücke verbringen. Die regelmäßig nach Sjælland fahrenden Züge trüben die eindrucksvolle Aussicht keineswegs. Alternativ bietet sich der Campingplatz Nyborg Strandcamping zur Übernachtung oder für einen längeren Aufenthalt an (siehe Route 6, »Camping- und Stellplätze« unter »Praktische Hinweise«).

PRAKTISCHE HINWEISE

TOURISTINFORMATIONEN

Ebeltoft/Mols Tourismus-verband
S. A. Jensenvej 3,
8400 Ebeltoft
Tel. +45 86 34 14 00
ebeltoft@destinationdjursland.dk
www.destinationdjursland.dk

Holbæk Turistbureau
Ahlgade 1 C, 4300 Holbæk
Tel. +45 59 43 11 31
ht@vestnet.dk
www.visitholbaek.dk

Roskilde Turistbureau
Stændertorvet 1,
4000 Roskilde
Tel. +45 46 31 65 65
info@visitroskilde.dk
www.visitroskilde.dk

Turistinformation House of Møn
Storegade 2, 4780 Stege
Tel. +45 52 24 63 88
info@houseofmoen.dk
www.houseofmoen.dk

Turistinformation Vordingborg
Slotsruinen 1,
4760 Vordingborg,
Tel. +45 70 70 12 36,
www.visitvordingborg.dk

Touristeninformation Korsør
Nygade 7, 4220 Korsør
Tel. +45 70 25 22 06
info@visitvestsjaelland.dk
ww.www.visitvestsjaelland.dk

CAMPING- UND STELLPLÄTZE

C 500 **Krakær Camping in den Mols Bergen** (S. 197 F3)
Gl. Kærvej 18, 8400 Ebeltoft,
Tel. +45 86 36 21 18,
info@krakaer.dk,
www.krakaer.dk
GPS: N56°15'9" E10°36'8"
Krakær Camping befindet sich in einer der schönsten Landschaften Dänemarks, im Nationalpark Mols Bjerge. Der Platz liegt an einer Hanglage mit geraden Sektionen und Terrassen, die von Wald umgeben sind und Schutz geben. Es gibt viele Freizeitmöglich-

Stellplatz Nyborg nach Storebælt-Brücke

Campingplatz Møns Klint

keiten auf dem Platz und in der Nähe, wie Reiten, Radfahren, Wandern mit GPS oder einfach nach Wanderkarten, die in der Rezeption heruntergeladen werden können. Ebeltoft mit seinen Geschäften ist nur acht Kilometer entfernt.

C 501 **Holbaek Fjord Camping & Wellness** (S. 192 C1)
Sofiesminde Allé 1, 4300 Holbæk, Tel. +45 63 60 63 63, holbaek@campone.dk, www.holbaekfjord.dk
GPS: N55°43'4" E11°45'38"
Holbæk Fjord Camping liegt mitten auf Seeland in einer schönen Naturumgebung und bietet alle Arten von Unterkünften an. Im gemütlichen Wellnesshaus legen die qualifizierten Therapeuten besonderen Wert auf eine einzigartige und individuelle Behandlung. Dabei spielt es keine Rolle, ob man sich von Verspannungen, Muskelkater und Ähnlichem trennen möchte oder nur chillen möchte, um eine wohlverdiente Ruhepause zu haben. Es gibt nahezu keine bessere Entspannung, als einen Blick über den Fjord zu werfen, während man im 38 °C heißen Außenwhirlpool sitzt oder im überdachten Swimmingpool seine Runden zieht. Wem das noch nicht reicht, der kann sich der Wärme der Sauna stellen.

C 502 **Roskilde Camping** (S. 193 E1)
Baunehøjvej 7, Veddelev, 4000 Roskilde, Tel. +45 46 75 79 96, mail@roskildecamping.dk, www.roskildecamping.dk
GPS: N55°40'25" E12°4'55"
Roskilde Camping ist einer der am besten gelegenen Campingplätze Dänemarks. Er liegt an einem Hang direkt am Roskilde Fjord und hat eine einzigartige Aussicht über das Wasser und hin zur Stadt. Die Stellplätze sind windgeschützt unter Bäumen. Auf dem Vier-Sterne-Campingplatz sind alle modernen Einrichtungen vorhanden sowie ein kleiner Shop. Es gibt einen Sandstrand, von dem aus ein Badesteg in den Fjord führt. Die blaue Umweltflagge weht hier, nur vier Kilometer von Roskilde entfernt.

C 503 **Camping Møns Klint** (S. 187 H2)
Klintevej 544, 4791 Borre Møn, Tel. +45 55 81 20 25, info@campmoensklint.dk, www.campmoensklint.dk
GPS: N54°58'45" E12°31'20"
Der Platz liegt auf einem großen Naturgrund mit natürlichen Grenzen und Ge-

ländeunterschieden, die viel Raum bieten. Bei Ankunft hat man die Möglichkeit, seinen Stellplatz selbst zu wählen. Der Campingplatz ist nicht abgeteilt, sondern dem Gelände angepasst. Er hat drei moderne Sanitärgebäude und bietet viele Attraktionen wie Swimmingpool, Tennisplatz, Minigolf-, Boccia- und Beachvolleyballplatz, Hüpfkissen sowie einen Spielplatz im Freien und ein Spielzimmer innen für die Kleinen. Hinzu kommen ein Fahrradverleih, Angelmöglichkeiten, Reitpension und Animation für Kinder. Gute Küchen- und Essenseinrichtungen sind obligatorisch. Viele Wanderrouten gibt es vom Campingplatz aus zu erkunden – die Kreidefelsen von Møn beispielsweise sind ein Eldorado für Kinder und Erwachsene. Jedes Kreidestück, jeder Stein kann Spuren vom tropischen Meer enthalten, das hier vor circa 75 Millionen Jahren existierte. Es ist spannend, Freizeitgeologe zu spielen!

C 504 **Storebælt Camping og Feriecenter** (S. 191 H6)
Storebæltvej 85, 4220 Korsør,
Tel. +45 58 38 38 05,
info@storebaeltferiecenter.dk,
www.storebaeltferiecenter.dk
GPS: N55°20‘50“ E11°6‘25“
Dieser schöne Campingplatz ist nur einen Steinwurf von der Großen-Belt-Brücke entfernt. Überall auf dem Platz hat man den besten Blick auf Brücke und Meer. Nachts sind die beiden Pylonen der Brücke beleuchtet. Im Licht der untergehenden Sonne über dem Meer ist die Stimmung eindrucksvoll. Beleuchtete Wege und Straßen führen sicher durch eine ruhige Nacht. Die sanitären Einrichtungen entsprechen dem erwarteten Standard, die Benutzung ist frei. Ausnahmen sind Internetzugang, Duschen mit warmem Wasser, Waschmaschine und Wäschetrockner, hier fallen Extrakosten an.
Auf dem Gelände liegt ein Restaurant mit ausreichendem Angebot.

S 505 **Pit-Stop Storebælt** (S. 191 H6)
Stellplatz an der Storebælt-Brücke, Halsskov Havn 2, 4220 Korsør,
Tel. +45 58 38 38 05
www.storebaeltferiecenter.dk/de/feriecenter/pit-stop-storebaelt
GPS: N55°20‘58“ E11°7‘2“
Der Pit-Stop ist ein großer sandiger Platz mit Schranke neben der E 20, auf dem man 24 Stunden für zehn Euro übernachten kann. Achtung: Selbstversorger, keine Sanitärentsorgung möglich. Rustikaler, aber sehr nützlicher Stellplatz, insbesondere wenn man nach einer Pause weiterreisen möchte. Je nach Fahrtrichtung erfolgt die Anreise über die Ausfahrten 42 und 43 der E 20.

Pit-Stop Storebælt

Egeskov Mølle in der Nähe des Schlosses Nyborg

6

INSELSPRINGEN: FÜNEN – TÅSINGE – LANGELAND – LOLLAND

Von Nyborg über Faaborg und den Langelandsbælt zur Fähre in Rødbyhavn

Vielfach variierende Landschaften, malerische Winkel und eine oft ruhige See zeichnen »das Italien im Norden«, wie die Inseln in der Ostsee gern genannt werden, aus. Dies trifft insbesondere auf die Insel Fünen zu, die italienisches Flair, mindestens aber südliches Klima hat. Fünen liegt wie eine Brücke zwischen Seeland und Jütland und ist wiederum von vielen Inseln umgeben, zum Beispiel von Tåsinge. Diese ist sehr klein, kann aber mit dem sehenswerten Schloss Valdemar aufwarten. Auch das idyllische Langeland gehört zur alternativ so bezeichneten »dänischen Südsee«, genau wie das fruchtbare Lolland, das von zahlreichen Seen durchzogen ist.

Startpunkt unserer letzten Route ist die schöne Stadt Nyborg auf Fünen, der wir gleich zu Beginn einen ausführlichen Besuch abstatten. Wir sind neugierig, wird doch Nyborg als »Herz des Königreichs Dänemark« bezeichnet.

↑ Altes Fachwerkhaus bei Nyborg ↓ Typisch dänischer Kreisverkehr in Nyborg

NYBORG

Die alte Kleinstadt Nyborg wartet mit mehreren historischen Sehenswürdigkeiten auf. Das **Schloss Nyborg**, mit dem Wasserturm von 1899 in der Stadtmitte gelegen, wurde im 12. Jahrhundert erbaut und ist eine Königsburg. Sie bildete zusammen mit Tårnborg bei Korsør und der Burg auf der Insel Sprogø eine Festung um den Großen Belt und ist eine der ältesten weltlichen Bauanlagen, die in Dänemark historisch erhalten sind.
Die Burg hatte große politische Bedeutung. Hier wurden unter anderem die »Dänenhöfe« und andere bedeutungsvolle Versammlungen abgehalten. Heute stehen noch der Westflügel und die Überreste des massiven Turms an der Ostseite.
Der 22,4 Meter hohe **Wasserturm** wurde im Jahre 1899 nach Zeichnungen des Architekten Emil Schwanenflügel aus Odense erbaut. Er ist ein einzigartiges Beispiel zeitgenössischen Industriebaus: Als einziger Wasserturm in Dänemark besitzt er noch einen Wassertank aus zusammengenieteten Stahlplatten. 1997 wurde er daher für erhaltenswürdig erklärt.
Ursprünglich wurde die Stadt mit Trinkwasser aus dem Schlosssee versorgt. In ausgehöhlten Eichenstämmen leitete man es zu den verschiedenen Wasserzapfstellen in der Stadt. Bei Ausgrabungen in der Stadt

ROUTE 6

START- UND ENDPUNKT
Nyborg und Rødbyhavn

STRECKENLÄNGE
210 km

FAHRZEIT
3–4 Tage

MAUTSTRECKEN
keine

FÄHREN
Spodsbjerg–Tårs (www.faergen.dk)

Rødbyhavn–Puttgarden (www.scandlines.dk)

BESTE JAHRESZEIT
Sommer und Herbst

Start
Storebælt Brücke
Halbinsel Sprogø
E20 – 22 km
Stellplatz Nyborg/Fünen
Schloss Nyborg
Hans-Christian-Andersen-Haus und Museum
Odin Heiligtum
Odense
160 – 35 km
Odense
Nørre Lyndelse Kirche
Komponist Carl Nielsen
43, 9 – 27 km
Kværndrup

trifft man auch heute noch auf diese alten Leitungen, einige solcher Holzstämme sind im Keller des Schlosses verwahrt. Nach einer Cholera-Epidemie beschloss der Stadtrat den Bau eines Wasserwerks, da die herkömmliche Wasserversorgung nicht hygienisch genug war. Es wurde 1872 eingeweiht und basierte auf der Nutzung von Grundwasser. Das Werk befand sich unterhalb von »Dronningens Bastion«, also unterhalb des Wasserturms, und wurde 1973 stillgelegt.
Den Grundstein für Nyborgs eindrucksvolle **Liebfrauenkirche** soll Margrete I. im Jahr 1388 gelegt haben. Eingeweiht wurde die gotische Kirche aber erst 1428. Ihr heutiges Erscheinungsbild geht auf Umbauten im 19. Jahrhundert zurück.

Nyborg hat zudem ein unterhaltsames **Erlebnisbadeland** und viele Attraktionen, wie den breiten weißen Sandstrand zum Storebælt hin. Wer angeln möchte, findet hier richtig gute Bedingungen. Auch Nybors **Jachthafen** ist sehenswert, der ehemalige Fährhafen dagegen wird nicht mehr betrieben. Darüber hinaus bietet Nyborg gemütliche **Shoppingmalls**, die zum Einkaufsbummel einladen.
Wir fahren in der Stadt an der 163 links ab und über den Kreisverkehr zum Westhafen, wo uns die Route nach Odense aufnimmt. Die 160 bringt uns aus der Stadt durch eine anregend ruhige Landschaft nach Ullerslev und weiter nach rund 30 Kilometern in die drittgrößte Stadt Dänemarks, Odense, deren Silhouette wir schon früh erkennen.

Schloss Egeskov

AUF DEN SPUREN VON ANDERSEN UND NIELSEN

Odense ist die Hauptstadt der Märcheninsel Fünen. Während eines Besuchs der Stadt kann man dem Leben des weltberühmten Märchenerzählers Hans Christian Andersen nachspüren. Der Stadtname deutet auf die Wikingerzeit hin. So war an dieser Stelle schon vor dem Jahr 1000 ein Odin-Heiligtum, aus welchem der Name der Stadt abgeleitet ist.

Weiterhin ist die Wikingerburg **Nonnebakken** aus dieser Zeit bekannt. Das ländliche Freilichtmuseum **Fynske Landsby**, das **Jernbanemuseet**, eine Sammlung wunderschöner Eisenbahnen und Eisenbahnfähren, sowie eine **Museumsstraße** mit einer Reihe alter Häuser sind nur einige Lokalitäten, die nicht in jedem Reiseführer stehen, aber deren Besuch absolut lohnenswert ist. Odense hat eine Vielzahl an Museen, Kirchen und weiteren Sehenswürdigkeiten, wie das berühmte **Hans-Christian-Andersen-Haus** am Bangs Boder 29.

KULTUR

HANS-CHRISTIAN-ANDERSEN-HAUS

Hans Christian Andersen wurde 1805 in Odense geboren. Im Jahr 2005 huldigte man dem weltberühmten Märchendichter zum 200. Geburtstag nicht nur in seinem Heimatland Dänemark. Bis in unsere Tage existiert sein Geburtshaus und das Haus, in dem er seine Kindheit verbrachte. Andersens Elternhaus ist heute ein Museum und als Hans-Christian-Andersen-Haus zu besichtigen. Es zeigt persönliche Requisiten aus dem Besitz des Märchendichters, wie seinen großen Reisekoffer und natürlich das berühmte Seil, das er auf seinen Reisen immer mitführte. Andersen hatte die Befürchtung, dass es in einem Haus, in dem er sich aufhielt, zu brennen beginnen könnte. Das Seil war ein psychologischer Rettungsanker, um sich im Falle des Falles abzuseilen. Aber auch Bücher, Briefe und Zeichnungen sind zu sehen (GPS: N55°23‘54“ E10°23‘25“).

Schloss Nyborg auf Fünen

Gut Brahtrolleborg auf Fünen

Wir richten uns nach der Beschilderung Ausfahrt 51 der E 20 Odense Süd und gelangen nach der Autobahn auf die 43 Richtung **Nørre Lyndelse**, das wir schließlich sieben Kilometer später durchfahren. Auffällig ist dort die weiß gekalkte **Nørre Lyndelse Kirke**.

Nørre Lyndelse ist die Geburtsstätte des dänischen Komponisten Carl Nielsen, des wohl berühmtesten Komponisten Dänemarks. 1865 wurde er als Sohn einer in Armut lebenden Familie geboren. Bereits als Sechsjähriger spielte Nielsen Violine und ging als Trompeter mit 14 Jahren zum Militärorchester nach Odense. Obwohl die finanzielle Lage seiner Familie schlecht war, konnte er das Konservatorium für Musik besuchen und wurde später dessen Direktor. 1921 entstand sein berühmtes Werk »Fynsk Forår« – »Frühling auf Fünen«. Carl Nielsen starb 1931 in Kopenhagen.

In Nørre Lyndelse geht es links viereinhalb Kilometer nach Årslev zur Schnellverkehrsstraße 9, Auffahrt 11, die nach Svendborg führt und auf der wir über Ringe bis Ausfahrt 14 (Kværdrup) 15 Kilometer lang bleiben. Wir fahren ab und kommen auf die 8 aus Nyborg. In zwei 90-Grad-Winkeln durchfahren wir Kværdrup acht Kilometer Richtung Faaborg und besuchen das bekannte Egeskov Slot.

WASSERSCHLOSS EGESKOV SLOT

Schloss Egeskov ist das besterhaltene Renaissance-Wasserschloss in Europa und das Schmuckstück Fünens. Eine 600 Jahre alte Eiche im Park wacht über das Schloss, das seinen Namen erhielt, weil ein kompletter Eichenwald für den Bau verwendet wurde. Die Eichenhölzer wurden als Pfähle in den Seeboden gerammt.

Fertiggestellt wurde die starke Festung aus roten Backsteinmauern 1554. Schon damals gab es in allen Räumen Kamine und ein Aufzugssystem, das bis ins oberste Stockwerk frisches Wasser transportierte. Bei Wind-

Tipp

ÜBER DEN LILLEBÆLT NACH FLENSBURG

Am Kreisverkehr vor Faaborg bleibt man auf der 8, wenn man Flensburg zum Ziel hat. In zehn Kilometer Entfernung liegt der Fährhafen Bojden und die Fähre nach Fynshav auf der Insel Als, die bei Sønderborg nur durch eine Brücke mit dem Festland verbunden ist (GPS: N55°6'22" E10°5'47"). Die Überfahrt über den Lillebælt oder auch Alsenbælt dauert knapp 60 Minuten. Ab Fähranleger Fynshav folgt man wieder der 8 über die in der Sønderborg Bugt gelegene Stadt Sønderborg gut 40 Kilometer nach Kruså und kann über die Speditionsstadt Padborg oder die bekannte E 45 nach Deutschland einreisen. Die Fahrstrecke ist landschaftlich sehr abwechslungsreich. Eine große Brücke führt über den Fjord bei Sønderborg, es geht am Flensborg Fjord vorbei, durch Bewaldungen und Heidelandschaften bis zur Auffahrt 75 der E 45.

stille spiegelt sich das Schloss mit seinen Türmen im Wasser des Sees.
Herrlich ist der 15 Hektar große Park mit Buchsbäumen aus Holland. Der besondere Stolz der Eigentümer ist die Fuchsienzucht, die führend in Europa ist. Interessant sind der Duftgarten und die Hängebrücke, auf der man in 15 Metern Höhe seinen Gleichgewichtssinn testen kann. Spannend sind auch die Ausstellungen von Kutschen, Oldtimern, Motorrädern und Flugzeugen, die alle betriebstauglich sind. Zur Rast bietet sich das Café Jomfru Rigborg auf dem Areal an (GPS: N55°10'33" E10°29'54").

Kværndrup
Egeskov Slott
Vesterport
8 — 25 km
Faaborg
Aastrup Mølle
Hvidkilde Sø
44 — 26 km
Svendborg

Nach ausgiebiger Besichtigung Egeskovs reisen wir weiter, vorbei an Plantagen, Pferde- und Bauernhöfen sowie Golfplätzen, und erreichen den Süden Fünens. Kurz vor Faaborg kreuzt an einem Kreisverkehr die 43, wir fahren aber weiter bis zum zweiten Kreisverkehr und biegen dort links ab nach Faaborg hinein.

↓ Aastrup Mølle bei Faaborg
↘ Aastrup Kirke

↑ Am Svendborg Sund

↓ Vester Skerninge Kirke

FAABORG

Faaborg wurde vor etwa 800 Jahren gegründet und ist eine Seefahrts- und Handelsstadt mit einem malerischen Stadtkern. Das erhaltene mittelalterliche Stadttor **Vesterport** erinnert neben vielen alten Häusern an die Geschichte des Ortes. Die Hauptstraße 44 wird, anders als früher, als Umgehungsstraße außerhalb des Ortes entlanggeleitet. Dagegen führt die 329 durch Faaborg und kommt erst am Ortsende auf die 44, wo sie endet.
Von mehreren Kreisverkehren aus gelangen wir schnell an jeden gewünschten Ort, so auch zum **Hafen**, der eine malerische Marina hat und wo man das Wohnmobil am besten abstellt. Zahlreiche Fähren gehen von Faaborg aus nach Søby auf Ærø, Lyø und Avernakø. Überhaupt zeigt sich das übersichtliche Hafengebiet als gemütliche Location, die von liebevoll renovierten Backsteinhäusern umrahmt ist. Der Stations-Pub auf dem **Banegårdspladsen** ist ein kleiner Geheimtipp für eine gemütliche Einkehr.
In südöstlicher Richtung geht es vorbei am bekannten Hotel Faaborg Fjord am Svendborgvej, das auf der Seeseite einen Steg besitzt, der zum Wassersport-Eldorado geworden ist. Faaborg hat im Innenbereich moderne Geschäfte und ist umgeben von einer ruhigen Natur, blumenreichen Wiesen, sanften Hügeln und natürlich von der Ostsee mit einem schönen Ferienpark.

AASTRUP

Wir verlassen Faaborg auf der 44 und erreichen bereits nach vier Kilometern den kleinen Ort Aastrup. Vorbei an der in dieser Region bekannten, weiß getünchten Kirche steht nach einer scharfen Linkskurve auf der linken Seite unübersehbar eine Mühle, die sich bei Wind noch dreht, wenngleich kein Korn mehr gemahlen wird. Die **Aastrup Mølle** mit dem Namen Stofmøllen lädt in gemütlicher Atmosphäre zum Shoppen ein. Unzählige wunderbare Stoffe und antike Souvenirs stehen zum Verkauf. Wir sehen uns in einen orientalischen Stoffbasar versetzt, aber wir finden hier typisches dänisches »Antik og Butiken« unter dem gleichmäßigen Geräusch des alten, aber intakten Windrades.
Im angebauten Mühlenhaus kann man kleine Appartements mit Balkon mieten und sich von der Reise erholen. Natur pur in wirklich gemütlichem Ambiente. Das Nachbarhaus fällt durch seine interessante Konstruktion auf. Erst beim zweiten Hinsehen erkennt man, dass es einem Schiff nachempfunden ist.

Svendborg
Troense
Søfartsmuseum
Valdemars Schloss
Schloss Tranekær
Fähranleger
Spodsbjerg
9
22 km
Spodsbjerg
Fähre nach Tårs auf Lolland
Tårs
Alter Stadtkern
Postschiff
289
12 km
Naksov

Wir verabschieden uns von den freundlichen Leuten und schnell liegt die Mühle hinter uns. Die Reise geht über weitläufiges Land weg vom Lillebælt. Vester Åby und Vester Skerninge sind die Straßenorte, die durchfahren werden. Kleine gemütliche Ortschaften mit vielen Antikläden und den typisch dänischen Kirchen lösen sich mit landwirtschaftlichen Gütern ab. Der kleine See **Hvidkilde Sø** bringt da kurz vor Svendborg eine willkommene Abwechslung. Dann geht's in der Verlängerung der 44 auf der 163 in den Norden Svendborgs. Wir folgen dem Schild »Svendborg Havn«.

SVENDBORG

Ganz Svendborg wird morgens um Punkt 7 Uhr geweckt, nämlich dann, wenn die alte Werft, in der die Muskelkraft noch zählt, ihre Bootsbauer mit einer Schiffsglocke deutlich hörbar zur Arbeit ruft. Die dänische Hafenstadt Svendborg ist die zweitgrößte

Hvidkilde Gods nahe Svendborg

Stadt der Insel Fünen und liegt am Svendborg Sund. Schon im 13. Jahrhundert war sie eine bedeutsame Stadt im Schutze der Burg. Bekannt ist die romanische **Nikolaikirche** aus dem Jahr 1220.
Heute ist Svendborg Hauptstadt des südfünischen Inselmeeres und ein Zentrum des Wassersports. Bei Seglern erfreut sie sich ganz besonderer Beliebtheit. Die City hat wunderschön restaurierte Fachwerkhäuser, ihre wieder hergerichteten Speicher im Hafenbereich fallen ins Auge. Das sehenswerte zoologische Museum **Naturama** zeigt die Fauna Dänemarks in verschiedenen großen Szenarien, die von der Eiszeit bis in unsere Tage reichen. Auch eine **prähistorische Sammlung** sowie ein **kulturhistorisches Museum** laden zu einem Besuch ein.
Wir fahren aus dem Hafen zurück zur 9, unsere Zielrichtung ist die Fähre Spodsbjerg in 22 Kilometern. Die Brücke, die den Svendborg Sund überspannt und eine fantastische Sicht bietet, führt uns auf Tåsinge.

TÅSINGE

Die kleine Insel Tåsinge, deren malerische Fachwerkhäuser mit reetgedeckten Dächern besonders im Ort Troense Kult sind, wird – zu Unrecht – gern übersehen. Das hübsche Troense erreichen wir, wenn wir in Vindeby, einen Kilometer nach der Sundbrücke, links in den Tværvej fahren, der uns kurz darauf in den Hafen von Troense bringt.
Troense ist eine Kleinstadt, die im 18. Jahrhundert von Obstzüchtern erbaut wurde. Als Segelschiffe die Waren über das Meer trans-

KULTUR

VALDEMARS SLOT

Zwischen 1639–44 vom dänischen König Christian IV. erbaut, schenkte er es im Jahre 1678 dem Seehelden Niels Juel als Entlohnung für die vielen Schiffe, die dieser in der Bucht von Køge aufgebracht hatte. Seitdem befindet sich das Schloss im Besitz der Familie. Die über 25 öffentlich zugänglichen Schlosssäle sind noch heute voll möbliert. Die große Gutsherrenküche und die schöne Kapelle werden nach wie vor genutzt. In den zahlreichen Gebäuden hat auch das Dänische Sportbootmuseum seinen Platz, in dem anhand liebevoll restaurierter Boote und Jollen die Geschichte des dänischen Segelsports dokumentiert wird. Auf dem Anwesen ist auch das größte Jagdmuseum des Nordens untergebracht, mit Trophäen und völkerkundlichen Zeugnissen aus aller Welt. Die einzigartige Lage in einem naturschönen Park direkt am Strand lädt außerdem zu Spaziergängen, zum Baden und auch zum Essen ein. Das Restaurant, der Teepavillon oder der Apfelgarten stehen den Besuchern offen, aber man kann auch seinen eigenen Picknickkorb mitbringen (GPS: N55°1'26" E10°39'3").

Tipp

HANS CHRISTIAN ØRSTED

Hans Christian Ørsted wurde 1777 in Rudkøbing geboren und ist der berühmte Sohn der Stadt. Ihm gelang unter anderem die Isolation von Piperidin (1819), der Nachweis des Zusammenhangs zwischen Elektrizität und der magnetischen Feldstärke im experimentellen Versuch (1820), die Konstruktion des Piezometers (1820) und die erstmalige Herstellung von Aluminium (1825). Nach ihm wurde die – heute nicht mehr gebräuchliche – Einheit der magnetischen Feldstärke mit »Oe« benannt. Er starb 1851 in Kopenhagen.

portierten, veränderte sich die Stadt. Immer mehr Seeleute zog es dorthin. Kleine Fachwerkhäuser, die heute unter Denkmalschutz stehen, sind Zeugen dieser Zeit. Das **Troense Søfartsmuseum** ist in der alten Dorfschule von 1790 untergebracht. Eine umfassende maritime Sammlung mit Bildern, Schiffstagebüchern und Schiffsmodellen ist ausgestellt. Bei Troense liegt auch das barocke Schloss **Valdemars Slot**, das wir vom Hafen aus über die Slotsalleen erreichen.

LANGELAND

Wir sind zurück auf der 9 und gelangen entlang des Siø Sund auf Langeland, wo es, landläufiger Meinung folgend, »nur Erholung pur« gibt. Langeland wartet mit einer vielseitigen Natur auf, die zum Radfahren, Spazierengehen oder Baden einlädt. Man findet aber auch Güter, Herrensitze, Fachwerkhäuser und alte Mühlen. Hinter jeder Ecke oder nach jeder Kurve warten neue Eindrücke auf den Wohnmobilisten.

Über die Langeland-Brücke kommen wir auf die Insel. Sie ist über 50 Kilometer lang und nur um die zehn Kilometer breit. Die Küstenstrecke ist ideal für Naturfreunde. Die Moränenlandschaft der Insel mit über 1000 »hatbakker« oder »jomfrubryster«, wie diese Hügel genannt werden, bietet eine einzigartige landschaftliche Abwechslung, die man per pedes, mit dem Rad oder auch mit dem

Auf dem Weg nach Langeland

Wohnmobil erleben kann. Langeland wird leider meist nur zur Durchfahrt genutzt. Es herrscht schon ein besonderes Flair auf Langeland. Die Insel beherbergt eine Reihe prähistorischer Denkmäler. Bekannt sind die **Ganggräber** und **Dolmen** im Skovtofte und im Tvedskov, nördlich der 9, und in Herslev, »Kong Humbles Grav« bei Ristinge Nor und Hjulberg, südlich der 9. Die Hauptstadt Langelands ist Rudkøbing.

RUDKØBING AUF LANGELAND

Die alte Handelsstadt Rudkøbing erwartet uns mit einem »hyggeligen« Hafenviertel und pittoresken, kleinen Gassen. Die Stadt erlebt man am besten auf einem Rundgang: ab Brogade über den Gåsetorvet, den Kirchplatz, durch die Smedegade, Vinkældergade, Ramsherred, Gammel Sømandsgade, Strandgade, Sidsel Bagersgade bis Østergade. Die Lage in reizvoller Landschaft täuscht aber nicht darüber hinweg, dass es sich um ein strukturschwaches Gebiet handelt, das überwiegend vom Tourismus lebt. Rudkøbing ist Geburtsstadt des dänischen Physikers und Chemikers Hans Christian Ørsted. Nachdem wir uns in einem der zahlreichen Restaurants gestärkt haben, durchqueren wir auf der 9 Langeland und besuchen, bevor wir in Spodsbjerg zum Fähranleger Richtung Tårs auf Lolland fahren, das Schloss Tranekær.

Am Fähranleger bei Spodsbjerg

SCHLOSS TRANEKÆR

Das Schloss erreicht man, wenn man kurz nach Rudkøbing die 305 nach Lohals, eine kleine Hafenstadt im Norden Langelands, nimmt. Seit mehr als 700 Jahren steht es auf einem Hügel über der Insel. Der Nordflügel stammt aus dem frühen 13. Jahrhundert. Erst in den 1960er-Jahren erhielten das Schloss und der schöne Park ihre heutige Form. Das Schloss selbst kann innen nicht besichtigt werden, aber im Tranekær Schlossmuseum gibt es eine Ausstellung dazu. Das Museum befindet sich in der ehemaligen Gutswäscherei und umfasst zudem eine Ausstellung über das Waschen und Bügeln früherer Zeiten (GPS: N54°59'48" E10°48'54").
Wir setzen unsere Reise zügig bis Spodsbjerg fort, wo uns die Fähre nach Tårs auf Lolland bringen soll.

SPODSBJERG

Während wir in Spodsbjerg auf die Abfahrt der nächsten Fähre warten, können wir im **Langelandsbælt**, der sich an den bekannten Storebælt im Süden anschließt, vom kinderfreundlichen Strand aus die großen Container-, Fähr- und Kreuzfahrtschiffe beobachten, die in den Norden der Storebælt-Brücke oder nach Süden der deutschen Fährstadt Kiel entgegenstreben. Für die kleinen Reisenden wird die Wartezeit mit einem sehr schön angelegten, kindgerechten Spielplatz an der Nordseite des Fähranlegers verkürzt. **Spodsbjerg** selbst ist ein altes Fischerdorf an der Ostküste Langelands mit einem kleinen idyllischen Fischereihafen, einer gemütlichen Marina und natürlich dem Fährhafen für

↑ Zufahrt Rudkøbing

↓ Blick auf Rudkøbing

Am Langelandsbælt bei Spodsbjerg

die Fähren nach Lolland. In der Ortschaft befindet sich ein Supermarkt mit touristenfreundlichen Öffnungszeiten, der jeden Tag frisch gebackene Brötchen anbietet. Es gibt Spezialgeschäfte für Angler mit angeschlossenem Fahrrad- und Bootsverleih. Auch ein Restaurant mit Biergarten und sehr gutem Essen fehlt nicht. In der Hauptsaison gibt es eine mobile Würstchenbude am Hafen und an der Straße gegenüber liegen ein Imbiss und ein Eiscafé. Südlich des Ortes findet man einen kinderfreundlichen Badestrand, nördlich von Spodsbjerg befindet sich ein 20 000 Quadratmeter großer Put and Take. Das Warten hat ein Ende. Wir fahren in den Fährhafen der Langelands Færgen und lösen ein Ticket nach Tårs auf Lolland (www.faergen.dk). Es geht auf die Fähre, die uns in ruhiger Fahrt über den Langelandsbælt bringt. Mit ihr nähern wir uns dem »Süden im Norden«, wie es die Bewohner der drei Inseln Lolland, Falster und Møn sehen. Grund für diese ungewöhnliche Bezeichnung ist die meteorologische Tatsache, dass in dieser Region die Temperaturen etwas höher liegen als im Landesdurchschnitt.

AUF LOLLAND

Nach einer hoffentlich ruhigen und spannenden Fährüberfahrt über den Langelandsbælt und nach dem Verzehr kleiner leckerer Snacks im Bistro verlassen wir gestärkt die Fähre in **Tårs** auf Lolland. Auf der 9 geht es in östlicher Richtung weiter. Wer solch eine Überfahrt nicht gewohnt ist, »schwimmt« anfangs gefühlsmäßig noch etwas mit, aber das legt sich spätestens, wenn man die Schönheiten des Landes wieder im Blickfeld hat. Nach etwa neun Kilometern biegen wir mit unserem Wohnmobil rechts auf die 291 ab und kommen über **Branderslev** nach weiteren vier Kilometern im Nordwesten der Stadt Nakskov an.

NAKSKOV UND NAKSKOV FJORD

Nakskov ist die größte Stadt auf Lolland. Die geschichtliche Vergangenheit der alten Handelsstadt reicht bis in die Wikingerzeit. Der über 700 Jahre alte Stadtkern mit einer der ältesten »Gehstraßen« des Landes lädt mit modernen Geschäften zum Bummeln und Shoppen ein. Der vor über zehn Jahren renovierte Hafen ist für die Lolländer ein architektonisches Paradestück. Der Hafen ist Startpunkt für die Fahrt zum Fjord mit dem Postschiff, ein absolutes Erlebnis.

Über den auslaufenden **Nakskov Fjord** führt uns die Straße aus dem Südwesten in das zwölf Kilometer entfernte **Langø**, das in einem wunderschönen Gebiet am Nakskov Fjord liegt. Ein Campingplatz lädt uns bei **Albuen** ein, einige Tage zu verweilen.

Zurück fahren wir auf der 289 15 Kilometer weit zunächst nach Torrig. Die Strecke führt durch Weidelandschaften, leichte Bewaldungen, kleine Ortschaften. In Torrig biegen wir links ab und kommen nach zwei Kilometern in **Kragænes Øre** mit gemütlichem kleinem Hafen an, der bei Sonnenuntergang im Sommer herrliche Stimmungen zeigt.

Es geht zurück nach Torrig und weitere 19 Kilometer der Beschilderung folgend Richtung Maribo. Landwirtschaftliche Betriebe, Wiesen und Golfplätze wechseln sich ab.

Wir kommen vorbei an Bandholm, dann vorbei am bekannten **Knuthenborg Safaripark**, bis wir einen Kilometer vor Maribo die 9 wieder unter unseren Rädern haben und in Maribo einfahren.

Marina in Tårs

Am Langelandsbælt bei Tårs

Fähranleger auf Lolland

MARIBO

Zentral auf der Insel Lolland liegt die alte Klosterstadt Maribo – direkt am Søndersø, umgeben von alten Buchenwäldern. Das Wahrzeichen der Stadt ist die majestätische alte Klosterkirche **Maribo Domkirke** aus dem 15. Jahrhundert, aber auch das schöne, weiß gekalkte **Rathaus** aus dem Jahr 1819 auf dem Stadtplatz ist einen Besuch wert. Südlich des Zentrums findet sich eine Reihe älterer Stadtviertel mit gemütlichen kleinen Straßen und vielen schönen Häusern.
Die Stadt Maribo ist genau wie das Kloster nach der Jungfrau Maria benannt. Stadt wie auch Kloster wurden 1408 gegründet. Der Dom ist die Kirche des Klosters und wurde im Jahre 1470 fertiggestellt.
Interessant ist, dass es sich um ein **Birgittenkloster**, ein Doppelkloster, handelt, das zwei Chöre hat. Die Besonderheit liegt darin, dass sowohl Nonnen als auch Mönche im Kloster lebten, allerdings streng voneinander getrennt. Im Südteil des Klosters lag das Mönchskloster, im Nordteil das Nonnenkloster. Auch die Altarfeierlichkeiten waren strikt getrennt. So benutzten die Mönche den heutigen Hochaltar im Westteil, die Nonnen einen Altar in einer Pulpitur im Ostteil.
Maribo hat ländlichen Charme und liegt in einem landschaftlich sehr reizvollen Seengebiet. Sehenswert ist das **Freilichtmuseum**,

Tipp

KNUTHENBORG SAFARIPARK

Der savannenähnliche Knuthenborg Safaripark mit seinen mehr als 800 frei lebenden, exotischen Tieren gehört zu den schönsten Anlagen seiner Art in Europa. Wer Tiger, Giraffen, Nashörner, australische Kängurus & Co. in weiter Natur erleben möchte, muss den kleinen Abstecher nördlich von Maribo unbedingt unternehmen (GPS: 54.8287115, 11.4578663).

Tipp

AUTOMOBILMUSEUM AALHOLM

Das Automobilmuseum Aalholm östlich von Maribo ist eines der größten seiner Art in Europa. In vier Hallen stehen etwa 200 interessante Automobile verschiedenster Marken und Modelle ab dem Jahr 1886 bis heute. Einige wenige präsentierte Automobile wurden bis 1904, die meisten aber in der Zeit vor 1940 gebaut. Erstes Ausstellungsstück war einst ein Rolls-Royce von 1911. Spektakulär ist die große Modelleisenbahn Märklin Spur 0, deren Züge bei Tag und Nacht »quer durch Europa bis Venedig« fahren. Das Museum liegt am Waldrand von Aalholm bei Nysted, Dänemarks besterhaltener Kleinstadt mit einem lebendigen Hafen. Wer sich vom Museum aus auf den Weg nach Nysted macht, sieht auf eine der ältesten mittelalterlichen Burgen Dänemarks, Schloss Aalholm (GPS: 54.668564, 11.7049385).

das die heimische Bauernkultur zum Thema hat. Ein Geheimtipp ist das mitten im Grünen gelegene, moderne Hotel Maribo Søpark.

Døllefjelde-Musse Marked ist ein Jahrmarkt alter Prägung östlich von Maribo. Im Jahr 1980 wurde dieser Pferde- und Krämermarkt zum ersten Mal abgehalten. Damals besuchten ihn 30 000 begeisterte Menschen. Der Jahrmarkt ist mittlerweile so populär geworden, dass jedes Jahr mehr als 100 000 Besucher zu diesem Ereignis strömen. Er findet jährlich am Store Bededag, einem gesetzlichen Feiertag in Dänemark und gleichzeitig ein Wochenende zwischen Ostern und Pfingsten, statt. Auf einem über 30 Hektar großen Gelände bei Døllefjelde können sich die Besucher der Musik widmen, tanzen und sich amüsieren oder auf dem Jahrmarkt einen guten Kauf machen. Der Erlös kommt verschiede-

Naksov
Marina
289 — 18 km
Kragnæs
Knuthenborg Safaripark
Maribo Domkirke
Freilichtmuseum
289 — 19 km
Maribo
Rødbyfjord
Großer Fährhafen nach Puttgarden (D)
17 km
Rødbyhavn

Orte Mølle und Røde Mølle vor Svendborg

nen sozialen Einrichtungen und den dortigen Sportanlagen zugute (GPS: N54°43'44" E11°40'31").
Wer im Sommer in der Gegend von Maribo weilt, darf sich die Oldtimerbahn nach Bandholm nicht entgehen lassen und im Knuthenborg Safaripark (siehe weiter oben) freuen sich die Kinder über Tiere aus aller Welt. Auch eine Bootsrundfahrt mit der »Anemonen« macht viel Spaß. Mitte Juli hört man überall in der Stadt swingende Töne beim alljährlichen **Maribo Jazz Festival**.
Wir verlassen Maribo in südlicher Richtung auf der Landstraße 153 und fahren nach Rødby, letzte Station unserer Dänemarkreise.

ZIELPUNKT RØDBYHAVN

Der Ort **Rødby** ist in erster Linie durch seinen Fährhafen bekannt, der neben Gedser auf Falster zu den bedeutenden Fährhäfen und damit Einreiserouten nach Dänemark und weiter nach Schweden und Norwegen zählt. Die Existenz eines Dorfes am Rødby Fjord wurde erstmals um 1200 erwähnt.
Im Mittelalter entwickelte sich der Ort zu einer wichtigen Fährstelle, die in erster Linie Zuchtvieh und andere Waren in den Süden transportierte. Die Bauern Rødbys erhielten weitreichende Handelsprivilegien.
Interessant zu besichtigen sind die alten Speicher und **Kaufmannshöfe** der Stadt. In einem davon ist heute die Touristeninformation untergebracht, in einem anderen gibt es ein kleines Bernsteinmuseum. Die schöne Backsteinkirche **Rødby Kirke** stammt aus dem 13. Jahrhundert und erhielt Ende des 19. Jahrhunderts ihr heutiges Gesicht. Sie wurde auf der höchsten Stelle des Ortes erbaut, um vor Sturmfluten geschützt zu sein.
Um nach Deutschland zurückzukehren, verlassen wir Rødby und fahren zum sechs Kilometer entfernt gelegenen Fährhafen **Rødbyhavn**, wo uns die Fähre über den Femern Bælt nach Puttgarden auf der deutschen Insel Fehmarn bringt. Unsere Umrundung Dänemarks endet somit hier in Rødbyhavn und wir nehmen viele wunderbare und eindrucksvolle Reiseerlebnisse mit nach Hause.

Auf der Fähre nach Puttgarden

Tipp

TRANSFER NACH PUTTGARDEN

Der Fährverkehr in Rødbyhavn, der heute überwiegend Touristen befördert, ist stark angewachsen. So genehmigte 2015 das dänische Parlament den Bau eines lange zuvor schon in Diskussion und Planung befindlichen Tunnels von Lolland nach Fehmarn. Die Länge des Megaprojekts »Fehmarnbelttunnel« beläuft sich auf 17,6 Kilometer. Baubeginn war 2020. Da bis zur Fertigstellung acht Jahre veranschlagt werden, ist mit einer Eröffnung nicht vor 2029 zu rechnen. Da das Bauprojekt heftig umstritten ist und es immer wieder zu Baustopps kommt, ist hier Geduld gefragt. Bis dahin bringen uns die Fährschiffe von Scandlines über den Fehmarnbelt (www.scandlines.dk).

PRAKTISCHE HINWEISE

TOURISTINFORMATIONEN

Nyborg Turistbureau
Torvet 2 B, 5800 Nyborg
Tel. +45 63 33 80 90
visitnyborg@nyborg.dk
www.visitnyborg.dk

Faaborg Turistbureau
Torvet 19, 5600 Faaborg
Tel. +45 72 53 18 18
visitfaaborg@fmk.dk
www.visitfaaborg.dk

Visit Svendborg
Havnepladsen 2,
5700 Svendborg
Tel. +45 62 23 69 51
turist@svendborg.dk
www.visitsvendborg.dk

Nakskov Turistbureau
Axeltorv 3, 4900 Nakskov
Tel. +45 54 92 21 72
visitnakskov@infolollland.dk
www.visitlolland-falster.dk

Maribo Turistbureau
Banegårdspladsen 11,
4930 Maribo
Tel. +45 54 78 04 96
visitmaribo@infololland.dk
www.visitlolland-falster.dk

CAMPING- UND STELLPLÄTZE

C 600 **Nyborg Strandcamping** (S. 191 G6/S. 185 F1)
Hjejlevej 99, 5800 Nyborg, Tel. +45 65 31 02 56, mail@strandcamping.dk, www.strandcamping.dk
GPS: N55°18'16" E10°49'30"
Nyborg Strandcamping ist ein sehr schön gelegener Campingplatz mit Panoramablick auf den Großen Belt. Zum Platz gehört ein breiter Sandstrand in der Nähe von Nyborgs Zentrum. Mit einem kleinen Spaziergang kommt man in die Stadt zum Shoppen und um kulinarischen Gelüsten nachzugehen. Ideal für Kinder.

C 601 **Faaborg Camping** (S. 184 C3)
Odensevej 140, 5600 Faaborg, Tel. +45 62 61 77 94, info@faaborgcamping.dk, www.faaborgcamping.dk
GPS: N55°7'1" E10°14'42"
Faaborg Camping liegt sehr schön in der Nähe von Svanninge Bakker. Der komfortable Platz verfügt über Toiletten- und Badeeinrichtungen mit Fußbodenheizung, getrennte Räumlichkeiten für Frauen und Männer sowie einen separaten Raum für Kinder/Säuglinge mit Wickeltisch, Babybadewanne und Duschkabine. Weiter gibt es ein Familienbadezimmer sowie ein großzügiges, behindertengerechtes Badezimmer. Die sanitären Einrichtungen liegen in einem ursprünglichen Stallgebäude, was an den alten Deckenbögen, die den Räumen eine ganz besondere Atmosphäre verleihen, erkennbar ist. Die benötigte Energie für den gesamten Warmwasserbedarf wird von einer Solaranlage geliefert. Sollte es einmal nicht genügend Sonne geben,

Campingplatz auf Lolland

Faaborg Havn

übernimmt die automatische Feuerungsanlage, die mit Holzpellets betrieben wird, die Versorgung.

C 602 Carlsberg Camping (S. 185 E4)
Sundbrovej 19, Tåsinge, 5700 Svendborg, Tel. +45 62 22 53 84, booking@carlsbergcamping.dk, www.carlsbergcamping.dk
GPS: N55°1‘56“ E10°37‘7“
Carlsberg Camping befindet sich 65 Meter über dem Meer mit einer hervorragenden Aussicht über die vielen kleinen Inseln im Umland Svendborgs. Die Stellplätze sind teils windgeschützt, die sanitären Einrichtungen sind sauber und gepflegt. Carlsberg Camping ist ein moderner Campingplatz mit Badezimmern für die ganze Familie. Grillplätze und ein Schwimmland mit hervorragender Aussicht sind Highlights. Für Kinder gibt es Hüpfburgen, Minigolf und für die Großen einen Beachvolleyballplatz.

C 603 Færgegårdens Camping (S. 185 F5), Spodsbjergvej 335, Spodsbjerg, 5900 Rudkøbing, Tel. +45 62 50 11 36, info@spodsbjerg.dk, www.spodsbjerg.dk
GPS: N54°55‘56“ E10°49‘44“
Færgegårdens Camping ist ein moderner Campingplatz mit Komfort direkt neben dem Fähranleger und er erstreckt sich über ein Gebiet von 47 000 Quadratmetern. Die meisten Plätze haben Stromanschluss. Die Plätze für Wohnmobile sind mindestens 100 Quadratmeter groß. Der alte Færgegården inmitten des weitläufigen Gartens war früher königliche Gaststätte, später dann Hotel, Pension, wieder Gasthaus und ist jetzt Haupthaus des Platzes. Im Servicegebäude befinden sich Toiletten, Duschraum und Familienbaderaum, die Küche sowie ein Fernseh- und Aufenthaltsraum. Das ganze Gebäude wird mit Fußbodenheizung beheizt.

C 604 DCU-Camping Albuen Strand (S. 185 G6), Vesternæsvej 70, 4900 Nakskov, Tel. +45 54 94 87 62, albuen@dcu.dk, www.dcu.dk
GPS: N54°47‘30“ E10°58‘54“

Albuen Strand Camping ist sehr familienfreundlich und bietet vielerlei Freizeitmöglichkeiten in einer entspannten Atmosphäre. Der Platz hat unter anderem große, offene Stellplätze, einen Außenswimmingpool, Spielplatz und Minizoo, Ballspielplätze und große Wiesen, wo man Kontakte pflegen kann oder einfach nur in der Sonne relaxt. Auch ein Solarium befindet sich auf dem Platz und für die Kleinsten ein separates Kinderbecken. Hüpfkissen, eine Kletterwand, eine Miniseilbahn und Tischtennisplätze sind ebenfalls vorhanden. Räder, Boote und anderes Sportgerät kann man ausleihen, einfach an der Rezeption nachfragen. Ein Besuch ist empfehlenswert.

C 605 **Maribo Sø Camping** (S. 186 C4)
Bangshavevej 25, 4930 Maribo, Tel. +45 54 78 00 71, camping@maribo-camping.dk, www.maribo-camping.dk
GPS: N54°46‘17“ E11°29‘36“
Maribo Sø Camping liegt unmittelbar am Søndersø-See in herrlicher Natur und ist von drei Seiten her von Wald umgeben. Der schöne Campingplatz bietet die gängigen Einrichtungen, darunter Fernseh- und Aufenthaltsraum, Spielplatz und einen Campingshop mit allen Waren des täglichen Bedarfs.
Der Platz ist nur 500 Meter vom Stadtzentrum entfernt. Die Nutzung der Küchen- und Badeeinrichtungen ist im Preis enthalten.
Es gibt in der Nähe auch einen Kanuverleih.

C 606 **Hummingen Camping Rødbyhavn** (S. 186 A5), Pumpehusvej 1, 4983 Dannemare, Tel. +45 54 94 61 61, hummingen@mail.dk, www.hummingen-camping.dk
GPS: N54°43‘4“ E11°13‘36“
Der schöne Campingplatz liegt zwischen Rødby und Rødbyhavn und befindet sich auf einem circa fünf Hektar großen, ebenen Wiesengelände. Unterteilt wird er durch hohe Hecken und einzelne Bäume. Er besitzt umfassende, saubere Sanitäreinrichtungen mit Duschen, auch für Menschen mit Handicap, getrennt für Kinder. Waschmaschine, Trockner, Spülmaschine etc. sind vorhanden, ebenso eine Servicestation für Wohnmobile inklusive Kassettenentleerung. Vor der Rückreise noch mal ideal zum Chillen!

Insel-Camping

REISEINFOS VON A BIS Z

Die wichtigsten Informationen für den Wohnmobilisten für unterwegs.

Blick von den Dünen auf die Nordsee bei Nørre Vorupør

Rastplatz in Sicht

Alle Reiseinformationen hat der Verfasser nach bestem Wissen und Gewissen im September 2020 recherchiert und erstellt. Jegliche Haftung, hier besonders für die medizinischen Informationen, die aus diesen Hinweisen entstehen könnte, schließt der Verfasser aus.

AUTOCAMPER

Höchstgeschwindigkeit

- auf Autobahnen: 130 km/h, um Kopenhagen und andere große Städte: 110 km/h; Beschilderung beachten!
- auf Haupt- und Landstraßen: 80 km/h
- in Ortschaften mit weißem Schild und Stadtsilhouette: 50 km/h
- für Pkws mit Anhänger: 70 km/h

Bußgelder

- Geschwindigkeitsüberschreitung ab 20 km/h: ab 135 Euro
- Geschwindigkeitsüberschreitung ab 50 km/h: ab 500 Euro
- Überfahren einer roten Ampel/Überholverstoß: 135 Euro
- Handy am Steuer/Sicherheitsgurt nicht angelegt: 200 Euro
- Parkverstoß: ab 70 Euro

Sonstiges

- Autofahrer müssen rund um die Uhr mit eingeschaltetem Abblendlicht fahren.
- Die »grüne Versicherungskarte« ist nicht verpflichtend mitzuführen.
- Es gilt ohne Freisprecheinrichtung generelles Handyverbot im Fahrzeug.
- Bei Spurwechsel muss immer geblinkt werden.

- Bei Stau ist immer die Warnblinkanlage einzuschalten.
- Die Promillegrenze liegt bei 0,5 ‰. Die Strafe liegt bei einem Netto-Monatsgehalt. Dieses wird mit der Promillezahl multipliziert und ergibt die Strafe. Über 2 ‰ wird das Fahrzeug eingezogen.
- Es gibt keine Maut- und Autobahngebühren. Ausnahme sind die Brücken am Storebælt und Øresund.
- Sicherheitsgurte müssen im Kfz von allen Personen über drei Jahren angelegt werden. Kinder unter drei Jahren dürfen nur mit zugelassenen Rückhaltesystemen befördert werden.
- Warndreieck und Verbandskasten sind Pflicht. Es besteht keine Warnwestenpflicht.

BRÜCKEN

In Dänemark werden mit Ausnahme der beiden Brückenverbindungen über den Großen Belt zwischen den Inseln Fünen und Seeland sowie über den Øresund nach Schweden keine Mautgebühren erhoben. Die aktuellen Preise zu den beiden Brücken sind den Homepages zu entnehmen (www.storebaelt.dk, www.oresundsbron.dk). Achtung: Radfahrer und Fußgänger dürfen beide Brücken nicht benutzen (Lebensgefahr!).

DANNEBROG

ist die Nationalflagge Dänemarks mit einem weißen Kreuz auf rotem Grund.

DIPLOMATISCHE VERTRETUNGEN

Bei gravierenden Problemen kann es sinnvoll sein, sich mit der Vertretung des Heimatlandes in Verbindung zu setzen.

Deutsche Botschaft Kopenhagen
Göteborgplatz 1, DK-2150 Kopenhagen, Tel. +45 35 45 99 00, www.kopenhagen.diplo.de
Notfall-Telefonnummer: +45 40 17 24 90; Mail Kontaktformular über Homepage direkt

Österreichische Botschaft Kopenhagen
Sölundsvej 1, DK-2100 Kopenhagen, Tel. +45 39 29 41 41, www.aussenministerium.at/kopenhagen

Schweizerische Botschaft in Dänemark
Richelieus Allé 14, DK-2900 Hellerup, Tel. +45 33 14 17 96, www.eda.admin.ch

EINREISEDOKUMENTE

Aufgrund des Schengener Abkommens entfielen bis 2016 Ausweiskontrollen an den deutsch-dänischen Grenzen. Wegen der Gefährdungslage durch den Terrorismus

Brücke über den Ulvsund nach Møn

wird der Verkehr an den Grenzen allerdings ausgeleitet und bis März 2025 kontrolliert. Alle Grenzübergänge können trotzdem rund um die Uhr passiert werden. Bei der Einreise aus Deutschland, der Schweiz und Österreich ist jedoch ein gültiger Reisepass oder Personalausweis (bei Einreise mindestens noch drei Monate gültig) mitzuführen. Kinder brauchen einen Kinderausweis.

FÄHREN

Im »Land der 1000 Inseln« gehören Fähren zum Tagesgeschäft, um kurze Wege zu garantieren, auch wenn wir uns im Urlaub befinden. Fähren sind trotz der zahlreichen Brücken- und Tunnelverbindungen zwischen den dänischen Inseln immer noch von großer Bedeutung und stellen zum Teil die einzige verkehrstechnische Verbindung zwischen verschiedenen Gebieten dar, wie zwischen Fehmarn und Lolland.
Speziell für die Routen im Reiseführer nachfolgend ausgewählte Homepages für Buchungen:

- www.colorline.de, Tel. +45 43 17 30 01 00
- www.faergen.de, Tel. +45 70 23 15 15
- www.hals-egense.dk, Tel. +45 98 25 12 77
- www.molslinjen.dk, Tel. +45 70 10 14 18
- www.randersfjord-faerger.dk, Tel. +45 20 78 51 32
- www.syltfaehre.de, Tel. +49 461 86 46 01
- www.scandlines.dk, Tel. +45 33 15 15 15
- www.thyboronagger.dk, Tel. +45 20 23 03 36

GPS, NAVI, SMARTPHONE

Dänemark ist ein freies, weites Land, das entdeckt werden will. In unserer Zeit sind die modernen Hilfsmittel der »Wegfindung« zwar nicht mehr wegzudenken und ein Navi ist schon sehr praktisch, um den nächsten Stellplatz zu finden.
Doch wir sprechen zusehends von Stress und Hektik im Leben. Vielleicht lassen wir diese Technik also auch einmal im Rucksack und versuchen aus eigener Kraft, auf den »richtigen Weg« zu kommen. Spannend ist das auch.

Tiere lieben den kühlen Sand.

Im Hafen von Thorsminde

HAUSTIERE

Katzen und Hunde müssen gechipt und mindestens drei Wochen vor Reiseantritt gegen Tollwut geimpft sein. Für jedes Haustier muss ein vom Tierarzt ausgefertigter Pass mitgeführt werden, in dem der Tierarzt die Tollwutimpfung beglaubigt. Nach EU-Richtlinie darf die Impfung nicht älter als das Chipdatum sein. Im Übrigen gelten das dänische Hundegesetz vom 17. März 2010 und die EU-Richtlinie vom 3. Juli 2011, weshalb seitdem nur der Chip akzeptiert wird. Von 1. April bis 30. September müssen Hunde an den Stränden an der Leine geführt werden.

INTERNET

Internet ist heute für die Mobilität wichtig geworden, nicht nur für Teenager, sondern auch für Best Ager, die besonders gern außerhalb der Saisonzeiten reisen. Auf Campingplätzen ist WLAN heute ein Buchungskriterium. Wirklich darauf verzichten will keiner. Oft muss man allerdings mit der Qualität kämpfen, weil das WLAN auf dem Platz schlecht funktioniert. Und manchmal ist man überrascht, wenn man plötzlich Internet hat, weil man auf einem Stellplatz steht, wo von einem Nachbargrundstück her Empfang möglich wird, wie in Uggerby im Norden. Auf den großen Campingplätzen gibt es aber selten Probleme.

JAGD

Wer in Dänemark auf die Jagd gehen möchte, muss erstens eine Einladung zur Jagd haben (das Jagdrecht ist immer in Privatbesitz) und zweitens einen dänischen Jagdschein besitzen. Dieser kostet 530 DKK (circa 70 Euro) und ist zu beantragen bei: Skovog Naturstyrelsen, Vildtforvaltningskontoret, Haraldsgade 53, DK-2100 Kopenhagen Ø, Tel. +45 39 47 20 00, sns@sns.dk, www.skovognatur.dk (nur in dänischer Sprache). Dem Antrag ist eine Kopie des gültigen deutschen Jagdscheins beizufügen. Die Bearbeitungsdauer beträgt circa drei Wochen. Die Verwendung von Bleischrot ist bei der Jagd in dänischen Wäldern untersagt.

KLEIDUNG

Es ist nicht sonderlich schwer, die Kleiderfrage für Dänemark zu beantworten, denn der Wohnmobilist benötigt alles! Südwester, Gummistiefel, einen wind- und wasserdichten Anorak, festes Schuhwerk, Badeutensilien bis hin zu leichter und luftiger Kleidung und Sonnencreme mit höchstem Lichtschutzfaktor, denn in Dänemark gibt es jedes Wetter.

KRANKENVERSICHERUNG

Grundsätzlich gilt es, die eigene Krankenkasse rechtzeitig vor Urlaubsbeginn zu informieren und Berechtigungsscheine anzufordern. Eine Auslandskrankenversicherung ist empfehlenswert, besonders wenn eine Rückholung enthalten ist. Zweckdienlich sind ADAC und natürlich die eigene Versicherung.

KREDITKARTEN

Kreditkarten sind auch in Dänemark notwendig, sonst kann man unter Umständen nicht einmal tanken. Bargeld verschwindet immer mehr im öffentlichen Zahlungsverkehr. Aber aufpassen, dass das eingetragene Auslandslimit vor Reiseantritt von der

GeoCenter Møns Klint

kontoführenden Bank angepasst wird, sonst kann es eng werden, denn meistens sind nur 200 Euro für das Ausland pro 24 Stunden freigegeben.

KUNST UND KUNSTHANDWERK

Dänische Architektur und dänisches Design, sprich der dänische Funktionalismus, sind weltweit geschätzt und anerkannt, ebenso wie die Filmkunst, die Malerei und Bildhauerei, die Vertreter der Literatur und die dänischen Musiker.

LANDESNAME

In der Landessprache wird Dänemark »Kongeriget Danmark« genannt und heißt »Königreich Dänemark«.

MASSE UND GEWICHTE

Die Dänen verwenden das metrische System und messen die Temperatur in Grad Celsius. Die Stromspannung entspricht europäischem Standard.

MEDIZINISCHE INFORMATIONEN

Impfschutz
Es gibt grundsätzlich keine Impfvorschriften für Dänemark. Es sei aber an dieser Stelle darauf verwiesen, dass generell Standardimpfungen wie Tetanus vor jeder Reise zu überprüfen und rechtzeitig zu aktualisieren sind (www.rki.de).

MEDIZINISCHE VERSORGUNG

Das medizinische Versorgungsniveau in Dänemark ist gut bis sehr gut. Dies gilt nicht für Grønland. EU-Bürger, die sich vorübergehend in Dänemark aufhalten, können nach dem europäischen Gemeinschaftsrecht im Krankheitsfall Leistungen nach dänischem Recht in Anspruch nehmen. Als Anspruchsnachweis muss eine vor dem Antritt der Reise von der jeweiligen deutschen Krankenkasse auszustellende Europäische Versichertenkarte vorgelegt werden. Hier gibt die eigene Krankenkasse Auskünfte über die aktuellen Regelungen.

Design auch bei einer Entsorgungsstation

MENSCHEN MIT HANDICAP

Dänemark macht eine Menge für die Integration und Gleichstellung behinderter Mitbürger. So müssen alle öffentlichen Neubauten die Belange von Rollstuhlfahrern berücksichtigen. Öffentliche Transportmittel, Museen, Unterkünfte etc. investierten in den letzten Jahren freiwillig eine Menge, um den Zugang und die Nutzung so behindertengerecht wie möglich zu machen. Infos erhalten Reisende mit Handicap bei der Dachorganisation aller dänischen Behindertenverbände: DH Danske Handicaporganisationer, Blekinge Boulevard 2, DK-2639 Taastrup, Tel. +45 36 75 17 77 (Mo–Do 9–15.30, Fr 9–15 Uhr), dh@handicap.dk, www.handicap.dk

NOTRUF

112 ist auch in Dänemark die Notrufnummer.

ÖFFNUNGSZEITEN

Die meisten Öffnungszeiten sind den Inhabern überlassen und können von Ort zu Ort sehr unterschiedlich sein. In der Regel haben Geschäfte sowie Postämter von Montag bis Freitag ab 9 oder 10 Uhr bis 17.30, 18 bzw. 19 Uhr geöffnet, am Donnerstag und Freitag auch bis 19 bzw. 20 Uhr und am Samstag bis 12, 14 oder 16 Uhr. Samstagnachmittag und an Sonn- und Feiertagen haben Bäckereien, Kioske, Blumenläden etc. in der Regel geöffnet, in den Ferienorten während der Sommermonate die meisten Geschäfte sogar täglich bis spät abends.
Eine Sonntagsöffnungsregel erlaubt allen Geschäften, den ersten Sonntag im Monat zu öffnen sowie an allen Dezember-Sonntagen vor Weihnachten, und zwar von 10 bis 17 Uhr, am letzten Sonntag vor Weihnachten sogar von 10 bis 20 Uhr. Fällt der erste Sonntag im Monat auf einen Feiertag, bleibt geschlossen. Zusätzlich dürfen alle Läden sechs frei wählbare Sonntage im Jahr öffnen, davon zwei im Juli oder August. Banken und Sparkassen haben generell Montag bis Freitag von 10 bis 16 Uhr, am Donnerstag bis 18 Uhr geöffnet.

In der Christbaumplantage

PANNE

Man kann nur empfehlen, rechtzeitig vor Reisebeginn einem Automobilclub als Mitglied beizutreten, natürlich inklusive Auslandsschutzbrief. In den skandinavischen Ländern sind Reparaturdienste bei einer Autopanne zwar durchweg schnell zu Diensten. Doch spätestens, wenn man im Outback mit geplatztem Reifen am ersten von vier freien Arbeitstagen steht, weiß man, wozu die Mitgliedschaft gut ist – die freundliche Dame der Notfallzentrale in Deutschland wird alles tun, um Hilfe zu schicken. Zudem muss man bei dänischen Kfz-Dienstleistern sofort bar in Vorleistung gehen, bekommt aber meist keine Rechnung.

PORTO

Das Porto für einen Standardbrief bis zu 100 Gramm oder eine Postkarte nach Europa kostet seit 2024 50 DKK. Die Briefe müssen mit einem großen A (für »prioritaire«) versehen sein.

RADFAHREN

Dänemark ist ist auch ein Radfahrerland. Vielleicht nicht so intensiv wie die Niederlande, aber es gibt ein sehr gut ausgebautes Routennetz von insgesamt 3500 Kilometern Länge. Man beachte vor allen Dingen die Margeritenrouten quer durch das Land.

In den Mols Bergen, Mols Bjerge

SEHENSWÜRDIGKEITEN

Dänemark hat zahlreiche und mannigfaltige Sehenswürdigkeiten, die kaum aufzuzählen sind. Zum einen sind dies Burgen und Schlösser, Kirchen und Denkmäler, weitläufige Naturgebiete, aber auch Museen und Konzertsäle, Kunstausstellungen und schöne Parkanlagen. Nicht zu vergessen die vielen Fischfängereien, die direkt an den Häfen geräucherten Fisch anbieten, der frischer nicht sein könnte. Das zählt in kulinarischer Hinsicht ebenfalls zu den Sehenswürdigkeiten Dänemarks und wird von Genießern hoch geschätzt. Man muss eben öfter in das Königreich kommen, um allem nachzuspüren.

SPRACHE

Dänisch ist eine nordgermanische Sprache und nicht leicht zu erlernen. Es gibt nahezu keine harten Konsonanten, wodurch eine undeutliche Aussprache entsteht, die die Wortgrenzen verschmelzen lässt. Auffällig sind auch die zahlreichen Vokale.

STAATSFORM

Dänemark hat seit 1848 eine konstitutionelle Monarchie mit Einkammerparlament (Folketing). Die Königin bzw. der König als Staatsoberhaupt nimmt vorwiegend repräsentative Aufgaben wahr, die gesetzgebende Gewalt liegt beim Parlament.

TANKSTELLEN

Flächendeckend sind alle gängigen Oktanzahlen verfügbar:

- 98 Oktan verbleit
- 98, 95, 92 Oktan bleifrei (blyfri)
- Diesel (kein Biodiesel!), Gas und Zweitakter-Treibstoff

Aber Achtung: An vielen Tankstellen wird automatisch bezahlt. Es ist wichtig zu wissen, wie viel Benzin man tatsächlich benötigt, denn der Automat zieht den Geldschein ein und stellt die Menge an Benzin bereit, die für den Betrag vorgesehen ist. Ist der Tank voll, erhält man für nicht verbrauchtes

↑ Hvide Sande Surf-Hotspot
↗ Thyborøn Fähre

Benzin an Automaten kein Geld zurück. Zu beachten ist auch, dass es verschiedene Tanksysteme gibt. Bei Kreditkarte wird exakt der getankte Betrag abgebucht.

TELEFONIEREN

Die Einfuhr und Nutzung von Smartphones ist ohne Beschränkung möglich. Der Tarif hängt vom jeweiligen International Roaming Partner des eigenen Providers mit den dänischen Netzbetreibern ab. Seit Juni 2017 gelten neue EU-Richtlinien.

TRINKGELD

In Dänemark sind Trinkgelder nicht üblich.

UHRZEIT

In Dänemark gilt die Mitteleuropäische Zeit (MEZ) oder im Sommer die MESZ.

UNFALL

Sollte ein Unfall passieren, ist die Polizei (Politi) mittels Smartphone zu verständigen. Die an den Autobahnen befindlichen Notrufsäulen wurden im Juli 2017 abgeschaltet. Nach EU-Richtlinie sind nur noch 30 an neuralgischen Punkten, wie Tunnel und Brücken, in Betrieb. Ist man an einem Unfall schuld, sollte man sich umgehend wenden an:
Dansk Forening for International Motoköretöjsforsikring,
Amaliegade 10, DK-1256 Kopenhagen,
Tel. +45 33 43 55 00, www.dfim.de, dfim@forsikringogpension.dk

Weiter hat der ADAC einen Notdienst eingerichtet:
ADAC Partnerclub, Forenede Danske Motorejere (FDM), Firskovvej 32,
DK-2800 Kongens Lyngby, Tel. +45 45 27 07 07,
www.fdm.dk, fdm@fdm.dk

WAFFEN

EU-Bürger mit europäischem Waffenpass können ihre Schusswaffe und dazugehörige Munition einführen. Voraussetzung ist, dass der Reisende eine Einladung zu einem Jagd- oder Schießwettbewerb vorweisen kann und die Wiedereinfuhr der Waffe nicht verboten ist. Gaspistolen, Luftgewehre, Gasampullen, Tränengassprays und Messer mit fester

Klinge über 12 cm Länge sowie Schlag- und Hiebwaffen dürfen nicht eingeführt werden.

WÄHRUNG

Dänemark gehört nicht der Euro-Zone an. Münzeinheit ist weiterhin die Dänische Krone (DKK nach ISO-4217-Code oder dKr). Viele Geschäfte zeichnen ihre Waren jedoch in dKr und in Euro aus. Es kann mit dem Euro in vielen Geschäften bezahlt werden, aber vielfach ist die Dänische Krone Wechselgeld
(1 Krone = 100 Øre = ca. 0,13 Euro;
1 Euro = ca. 7,46 DKK).

Die Dänische Krone (dänisch: im Singular dansk krone, im Plural danske kroner) ist seit dem 1. 1. 1875 geltendes Zahlungsmittel.

Wechselkurs vom 23. September 2020:
1 EUR = 7,46 DKK;
1 DKK = 0,13 EUR.

ZOLLBEDINGUNGEN

Aus einem anderen EU-Land dürfen Touristen zollfrei alles nach Dänemark einführen, was zum persönlichen Gebrauch bestimmt ist. Dazu zählen auch Alkohol und Tabakwaren. Es gibt zwar keine festen Obergrenzen, aber Richtgrößen, bis zu welcher Menge persönlicher Gebrauch akzeptiert wird. Dies sind zehn Liter hochprozentiger Alkohol, 800 Zigaretten, 400 Zigarillos, 200 Zigarren und ein Kilogramm Tabak. Darüber hinaus können für einzelne Warengruppen, wie zum Beispiel Fleisch, temporäre Einfuhrbeschränkungen oder sogar Einfuhrverbote erlassen werden.

Die bunte Altstadt von Odense

PACK- UND CHECKLISTEN

Dies und Das, auch wenn es jeder weiß, irgendetwas vergisst man dann doch!

CAMPING-PACKLISTE

ALLGEMEIN

DIE BORDAPOTHEKE

- ◯ Persönliche Medikamente und Salben
- ◯ Sonnenschutz und After-Sun
- ◯ Mücken- / Zeckenschutz
- ◯ Erste-Hilfe-Set / Wundpflege
- ◯ Ohrstöpsel

HYGIENE AN BORD

- ◯ Toilettenpapier
- ◯ Kosmetikartikel
- ◯ Handwaschmittel
- ◯ Hand- und Duschtücher

DER KLEIDERSCHRANK

- ◯ Kleidung für alle Einsätze
- ◯ Badesachen
- ◯ Wetterfeste Regenkleidung
- ◯ Schuhe
- ◯ Warmes, auch im Sommer

DIE AUSSTATTUNG ZUM WOHNEN AUF DEM CAMPINGPLATZ

- ◯ Essen und gemütlich sitzen
- ◯ Sonnenschutz (verspannbar)
- ◯ Windlichter und evtl. Lichterkette
- ◯ Kuscheldecke für kühle Abende
- ◯ Wäscheleine und -klammern
- ◯ Grill und Feuerschale
- ◯ Hängematte
- ◯ Strandtuch

ESSENZIELLES

- ◯ Reisepass (nur zur Sicherheit)
- ◯ Kfz-Schein
- ◯ Grüne Versicherungskarte
- ◯ Schutzbrief eines Automobilclubs oder Versicherung
- ◯ Bargeld in kleinen Scheinen
- ◯ Personalausweis
- ◯ EC- und Kreditkarten

NOTIZEN

CHECKLISTE

CAMPERKÜCHE

GRUNDAUSSTATTUNG

- ◯ Teller, Schüsseln und Schalen
- ◯ Besteck und Messer
- ◯ Trinkgefäße
- ◯ Pfannen & Töpfe

DIE KÜCHE IN VAN ODER WOHNMOBIL

- ◯ Grundausstattung Nahrungsmittel
- ◯ Gewürze, Salz, Pfeffer, Zucker
- ◯ Mülltüten (kleine und große)
- ◯ Geschirrtücher
- ◯ Aufbewahrungsdosen (stapelbar)
- ◯ Handfeger für den Innenraum
- ◯ Trinkwasser
- ◯ Ökologisches Putzmittel
- ◯ Kaffee und Tee
- ◯ Feuerzeuge für Gasherd
- ◯ Kochutensilien
- ◯ Geschirr und Besteck

PACKLISTE KÜCHE MINIMALISTISCH

- ◯ Spülmittel, 2–3 Schwämme, Stahlschwamm oder Bürste, Spülschüssel, zwei Geschirrtücher
- ◯ Schneidebrett aus Holz (auch als Untersetzer praktisch)
- ◯ großes Küchenmesser
- ◯ Messbecher mit Anzeige für Liter sowie für Mehl und Zucker in Gramm
- ◯ Taschenmesser mit Korkenzieher, Flaschen- sowie Dosenöffner, Schere
- ◯ Küchenpapier
- ◯ Alufolie oder Wachstücher
- ◯ Aufbewahrungsdose(n) für Reste
- ◯ Feuerzeug oder Streichhölzer
- ◯ Trinkflasche zum Wiederauffüllen für Ausflüge

PACKLISTE KÜCHE KOMFORTABEL

- ◯ Topflappen – zur Not nimm Handtücher
- ◯ Schneebesen – Idee siehe »Küchengeräte mit Mehrwert«
- ◯ Sieb: klein und feinmaschig
- ◯ Reibe: grob und fein
- ◯ zusätzliches Schneidebrett aus Kunststoff für bessere Hygiene
- ◯ Backpinsel
- ◯ Küchenwaage
- ◯ Knoblauchpresse
- ◯ Pfeffermühle
- ◯ Teigschaber für Bäcker/innen
- ◯ als Erweiterung zum Taschenmesser: Dosenöffner, Schere, Korkenzieher
- ◯ Gemüseschäler
- ◯ Fleischthermometer: für Fleisch sowie Omnia-Gerichte (siehe »Backen auf Reisen«)

PACKLISTEN FÜR ALLE FÄLLE

KINDER | WERKZEUG | BELEUCHTUNG

MIT KINDERN UNTERWEGS – WICHTIGER KINDERKRAM

- ○ Schnorchelzeug und Flossen und / oder Schwimmhilfen, Sonnenschutz
- ○ Neoprenanzüge machen Sinn, damit die Kids trotz kühler Temperaturen gerne und unbesorgt lange ins Wasser können
- ○ Fahrräder, Roller, Skateboards und alles andere Sportzeug
- ○ Kleine Boxen zum Sammeln von Fundstücken
- ○ Großes Reisetagebuch, in dem alle mitschreiben und malen, Stifte
- ○ Hängematte mit Mückennetz ist fast ein Garant für Mittagsschlaf
- ○ Musik, Bücher und Hörspiele für alle
- ○ Taschenlampen (für jedes Kind eine eigene) oder besser noch Stirnlampen, denn damit lässt sich noch einfacher im Dunklen Feuerholz sammeln oder zum Strand spazieren.
- ○ Fernglas, Kompass, Taschenmesser
- ○ Reisespiele und Tablet mit Spielen und Filmen

IMMER DABEI: WERKZEUG-GRUNDAUSSTATTUNG

- ○ Ein Multitool / Bitkasten mit vielen verschiedenen Schraubenziehern, Inbus- und Steckschlüsseln
- ○ Panzertape (gewebeverstärktes Universalklebeband)
- ○ Eine Dose WD40 oder Ballistol Universalspray: Diese »Geheimwaffen« lösen verrostete Schrauben, schmieren die quietschende Markise oder verhindern das Vereisen der Türgummis u. Ä.
- ○ Kfz-Sicherungen aller Art
- ○ Sekundenkleber
- ○ Universalzange
- ○ Klappspaten (Befreiung aus sandigen, tiefschotterigen Untergründen)
- ○ Hammer
- ○ Kabelbinder und stabile Schnüre

BELEUCHTUNG ALLER ART ZUM WOHLFÜHLEN

- ○ Eine Lichterkette bzw. ein dimmbares, kleines Licht für innen, wenn es (für die Kinder) nachts nicht stockduster sein soll
- ○ Leselampen an allen Betten
- ○ Kerzen bzw. Windlichter
- ○ Lichterkette oder eine gemütliche Laterne für außen
- ○ Gute Beleuchtung für den Campingtisch zum Spielen, Essen, Lesen
- ○ Ein kleines Licht, das man sich auf die Trittstufe / neben den Zelteingang stellt, um im Dunkeln gut nach Hause zu finden

PACKLISTEN FÜR ALLE FÄLLE

BEHÄLTER | SAUBERKEIT

TIPP: VERSCHIEDENE BEHÄLTER AN BORD

- ◯ Ein kleiner Rucksack für die Fährfahrt, den Tagesausflug zum Sightseeing, den Stadtbummel oder das Picknick am etwas entfernten Strand.
- ◯ Einige Ziploc-Beutel mit denen man beispielsweise das Handy gut gesichert an den Strand nehmen kann, in denen man Essen (Orangenschnitze) zum Picknick transportieren oder Reste im Kühlschrank aufbewahren kann (sehr oft verwendbar, weil leicht auswaschbar).
- ◯ Einen wasserdichten Beutel für die Handtasche oder den Rucksack, in dem man die wichtigsten Sachen deponiert, wenn man zum Beispiel eine Rafting-Tour, einen Regenspaziergang, eine Höhlenbesichtigung machen möchte.
- ◯ Kleine Müllbeutel für den täglichen Müll
- ◯ Große Müllbeutel für das schnelle Aufbewahren von nassem Badezeug oder noch feuchter Wäsche. Außerdem auch gut, um gesammeltes Feuerholz aufzubewahren.
- ◯ Einige, kleine (ineinander) stapelbare Tupperboxen für den Kühlschrank und für Kleinkram, der sich unterwegs ansammelt (Muscheln, undefinierbare Schrauben nach der Reparatur, ausgefallene Milchzähne etc.)

SAUBERKEIT SCHAFFT FRIEDEN

- ◯ Faltschüssel zum Abspülen und Wäschewaschen in den manchmal nicht so sauberen Sanitäranlagen der Campingplätze. Damit kann man außerdem gut das Geschirr transportieren.
- ◯ Öko-Allzweckreiniger oder Fensterputzmittel
- ◯ Zwei Schwämme (für Geschirr und Grobes)
- ◯ Öko-Spülmittel
- ◯ Küchenrolle
- ◯ Fußmatte (nimmt den meisten Sand und Dreck auf und kann man schnell mal ausschütteln)
- ◯ Handwaschmittel
- ◯ Zwei Geschirrtücher
- ◯ Handfeger
- ◯ Waschmittel in Einzelportionen

NOTIZEN

CHECKLISTE

FÜR EIN GEMIETETES WOHNMOBIL

Da die Kaution für ein Mietmobil nicht unerheblich und schon im kleinsten Schadensfall verloren ist, sollte das Fahrzeug vor der Übernahme genauestens überprüft werden. Vor allen Dingen der Wohnmobil-Neuling sollte sich die Funktionen ganz genau erklären lassen, um für den Urlaub gut gerüstet zu sein. Empfehlenswert ist es folgende Checkliste mitzunehmen, Punkt für Punkt abzuhaken und vom Vermieter unterschreiben zu lassen.

AUSSEN

- ◯ Beschädigungen an Karosserie, Stoßfängern, unter den Stoßfängern, auf Scheiben
- ◯ Reifenzustand, evtl. einseitige Abnutzung, Luftdruck
- ◯ Dach, Einschläge durch herabfallende Teile
- ◯ Gepäckträger bzw. Fahrradträger auf dem Kugelkopf auf Funktion prüfen
- ◯ Warntafel vorhanden
- ◯ Umweltplaketten vorhanden
- ◯ Markise, Abspannbänder vorhanden
- ◯ Unterlegkeile

INNEN

- ◯ Gereinigter Zustand
- ◯ WC und Bad in Ordnung, WC-Kassette geleert
- ◯ Küche sauber, Kochfeld
- ◯ Besteck auf Vollständigkeit prüfen
- ◯ Töpfe und Pfannen, Gläser, Geschirr
- ◯ Kühlschrank auf Funktion prüfen bei a) Landstrom, b) Gas, c) Lichtmaschine automatische Umschaltung
- ◯ Heizung bzw. Warmwasseraufbereitung prüfen, Boiler füllen und entleeren, Funktion des automatischen Ablasses erklären lassen
- ◯ Auslasshähne im Bad, Küche auf Funktion Warm-/Kaltwasser prüfen, inkl. Duschkopf
- ◯ Elektro Sicherung und Fehlerschalter prüfen
- ◯ Sitze und Möbel auf Abnutzung, bzw. Beschädigung oder Verunreinigung prüfen
- ◯ Matratzen auf Sauberkeit prüfen
- ◯ Campingstühle und Tisch

TECHNIK

- ◯ Motoröl
- ◯ Kühlflüssigkeit
- ◯ Scheibenwaschwasser
- ◯ Bremsflüssigkeit
- ◯ 2 volle Gasflaschen
- ◯ Frischwassertank
- ◯ Abwassertank, Ablassventil
- ◯ Funktion der Scheibenheber, Spiegeleinstellung und Rückfahrkamera
- ◯ Reparaturkit für Reifen
- ◯ Warndreieck, Warnwesten, Verbandskasten
- ◯ Werkzeug
- ◯ Kompletter Schlüsselsatz, am besten zweifach
- ◯ CE-Stecker und Kabeltrommel

CHECKLISTE

BEI VERLASSEN DES CAMPINGPLATZES

AUSSEN

- ◯ Ist der Stromstecker gezogen?
- ◯ Ist die Kabeltrommel verstaut?
- ◯ Ist die Trittstufe eingefahren?
- ◯ Hast du die Fußmatte schon hineingeräumt?
- ◯ Liegt das Solarpaneel schon im Kofferraum?
- ◯ Ist die Wäscheleine eingepackt?
- ◯ Sind alle Campingmöbel im Fahrzeug verstaut?
- ◯ Hast du allen Müll vom Platz geräumt?

OBEN

- ◯ Ist die TV-Schüssel eingefahren?
- ◯ Sind die Dachboxen fest verschlossen?
- ◯ Ist das Aufstelldach geschlossen und verriegelt?

UNTEN

- ◯ Bist du von den Auffahrkeilen heruntergefahren?
- ◯ Sind die Keile auch wirklich eingepackt?
- ◯ Liegen vielleicht noch die Gummitiere unter dem Auto?

INNEN

- ◯ Fest verriegelt?
- ◯ Ist der Kühlschrank verriegelt? Bei Bedarf schon auf 12 V umgestellt?
- ◯ Sind wirklich alle Schränke und Schubladen geschlossen?

NOTIZEN

REGISTER

PS: DA FÄLLT MIR NOCH WAS EIN!

Dänemark ist mit dem Wohnmobil umrundet und es hat Spaß gemacht, auch wenn das WLAN an manchem Standort nicht richtig funktionierte, die Schnellfähre uns stehen ließ, weil wir in Aarhus zwei Minuten zu spät waren, der Sturm an der Westküste so stark wehte, dass an Schlaf nicht zu denken war, die Kreditkarte an der Tankstelle klemmte – Bargeld will hier ja keiner mehr – und noch so manches andere.

Entschädigt haben uns die wunderbaren Lichtstimmungen, die es nicht nur in Lysets Land im Norden gab, sondern auch am Stellplatz in Nørre Nebel, beim Surfen in Hvide Sande, am Bulbjerg, wo der Küstennebel uns dann urplötzlich »verschluckte«, an den Kreidefelsen auf Møn, in Nyborg am Storebælt ... und auch die unendlichen Weiten, die immer wieder durchfahren werden. So vieles könnte man noch nennen ... Sicher gibt es viele Sehenswürdigkeiten, die man noch hätte aufsuchen können, auf anderen Wegen, aber Ziel dieses Buches war, Dänemark aus Sicht eines Wohnmobilisten zu zeigen, authentisch, original, Kilometer für Kilometer pure Realität, wie sie sich tatsächlich darstellt, ganz ohne Hochglanzfotos, auf denen immer die Sonne scheint. In diesem Land funktioniert das schon deshalb nicht, weil sich das Wetter oft stündlich ändert.

Ziel war auch, Lust auf ein wunderschönes Land zu vermitteln, dem es gelingt, Natur und Tourismus miteinander zu kombinieren, ohne dass sich beide einschränken. Ein eher ruhiges Land, in dem uns die Einheimischen, die wir auf unseren beiden Reisen trafen, immer sehr freundlich begegneten. Letztendlich soll dieser Reiseführer ein Kick-off sein, selbst das »Land des Lichts« zu erfahren.

Ich wünsche allen, die in Dänemark unterwegs sind, eine gute Fahrt.

»Farvel« und wir sehen uns in Dänemark!

Herzlichst, Ihr

Ulf E. Knickel

Im grünen Garten des Kunstmuseums in Ribe

Straße entlang der Küste auf Fünen

STRASSEN-ATLAS

Alle Wege führen ... Nein, nicht nach Rom ... sondern zu unvergesslichen Wohnmobilmomenten in Dänemark.

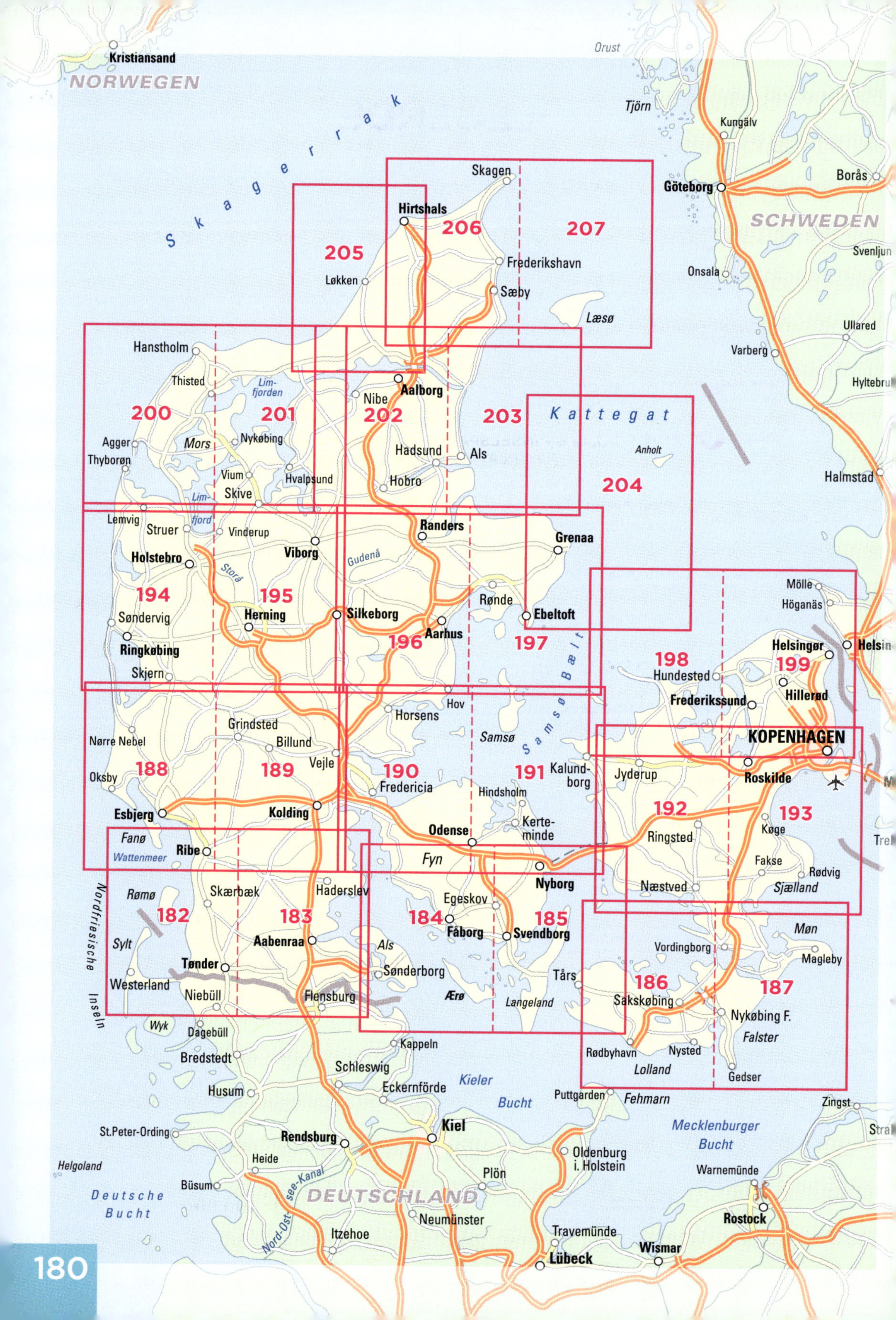

Kristiansand
NORWEGEN
Skagerrak
Orust
Tjörn
Kungälv
Göteborg
Borås
SCHWEDEN
Svenljunga
Onsala
Ullared
Varberg
Hyltebruk
Halmstad
Skagen
Hirtshals
205
206
207
Frederikshavn
Løkken
Sæby
Læsø
Hanstholm
Thisted
Limfjorden
Nibe
Aalborg
200
201
202
203
Kattegat
Agger
Thyborøn
Mors
Nykøbing
Hadsund
Als
Anholt
Vium
Skive
Hvalpsund
Hobro
Limfjord
204
Lemvig
Struer
Vinderup
Randers
Grenaa
Holstebro
Viborg
Gudenå
Storå
194
195
Rønde
Mölle
Höganäs
Søndervig
Herning
Silkeborg
Ebeltoft
Ringkøbing
Aarhus
196
197
198
Helsingør
Helsingborg
199
Skjern
Hundested
Hillerød
Hov
Frederikssund
Samsø Bælt
Grindsted
Horsens
KOPENHAGEN
Nørre Nebel
Billund
Samsø
Oksby
188
189
Vejle
190
191
Kalundborg
Jyderup
Roskilde
Fredericia
Hindsholm
192
193
Esbjerg
Kolding
Kerteminde
Ringsted
Køge
Fanø
Odense
Trelleborg
Ribe
Wattenmeer
Fyn
Fakse
Rødvig
Nyborg
Næstved
Sjælland
Nordfriesische Inseln
Rømø
Skærbæk
Haderslev
Egeskov
182
183
184
185
Møn
Sylt
Aabenraa
Fåborg
Svendborg
Vordingborg
Magleby
Als
Tønder
Sønderborg
Tårs
186
187
Westerland
Niebüll
Flensburg
Ærø
Langeland
Sakskøbing
Nykøbing F.
Wyk
Falster
Dagebüll
Kappeln
Rødbyhavn
Nysted
Bredstedt
Schleswig
Lolland
Gedser
Kieler Bucht
Husum
Eckernförde
Puttgarden
Fehmarn
Zingst
Kiel
Mecklenburger Bucht
Stralsund
St.Peter-Ording
Rendsburg
Oldenburg i. Holstein
Helgoland
Heide
Warnemünde
Plön
Nord-Ostsee-Kanal
Büsum
DEUTSCHLAND
Rostock
Deutsche Bucht
Neumünster
Travemünde
Itzehoe
Wismar
Lübeck

LEGENDE

1 Route 1 - GECHILLT IM SÜDWESTEN – VOM MARSCHLAND ZUR »MONDLANDSCHAFT«

2 Route 2 - BEI DEN SURFERN AN DER WESTKÜSTE JÜTLANDS

3 Route 3 - DURCH DEN NORDWESTEN JÜTLANDS INS »LAND DES LICHTS«

4 Route 4 - SKARERRAK UND KATTEGAT – VEREINIGUNG VON NORD- UND OSTSEE

5 Route 5 - VON DEN SCHÖNSTEN STRÄNDEN ZUR GRÖSSTEN INSEL DÄNEMARKS

6 Route 6 - INSELSPRINGEN: FÜNEN–TÅSINGE–LANGELAND–LOLLAND

18 E45 Autobahn mit Anschlussstelle

Schnellstraße

34 Fernstraße

467 Nebenstraße

Sonstige Straße

Fahrweg

Eisenbahn

Flüsse

See

Bebauung

Natur-, Nationalpark

Staatsgrenze

C 10 Campingplätze

S 10 Stellplätze

Sehenswürdigkeit - Kultur

Kirche

Kloster

Klosterruine

Schloss

Schlossruine

Museum

Höhle

Windmühle, Windrad

Leuchtturm, Mühle

Aussichtspunkt

Flughafen, Flugplatz

HUBER KARTOGRAPHIE

N

0 10 km

1 : 300.000

NORDSEE
Vadehavet
Knudedyb
Juvre Dyb
Listerdyb
Rømø Dyb
Højer Dyb
Pandertief
Eidumtief
Hörnumtief
Sønderho
Hannes Hus
Mosedal Bjerg
Mandø Mølle
Mandø
Mandøhuset
Rømø
Juvre Sand
Nørreland
Juvre
Kommandørgården
Høstbjerg
Lakolk
Tvismark
Kongsmark
Sønderland
Østerby
Mølby
Havneby
Havsand
Jordsand
C 100
C 101
Ribe
Riberhus
Ribe Å
Tved Å
Kirkeby
Nørre Farup
Hedegård
Jedsted
Hillerup
Kalvslund
Haslund
Tved
Tved Huse
Obbekær
Seem
Varming
Favrlund
Lustrup
Sønder Farup
Øster Vedsted
Vester Vedsted
Egebæk
Enderup
Gammel Hviding
Højsbro
Lundsmark
Vesterbæk
Hømvejle
Høm
Varming-lund
Roager
Øster Åbølling
Fjersted
Spandet
Hølleskov
Rejsby
Rejsby Å
Haved
Vester Åbølling
Havervad
Birkelev
Normsted
Frifelt
Vodder Kirke
Gånsager
Brøns
Birkelev Tuegrave
Aved
Gasse Hede
Astrup
Ullerup
Øster Gasse
Vestergå
Skærbæk
Hjemsted
Tevring
Ottersbøl
Brede Å
Mjolden
Vinum
Lovrup Skov
Døstrup
Lovrup
Forballum
Ballum Enge
Lunde
Abterp Langdysser
Vesterende Ballum
Drengstend
Vester Terp
Randerup
Abterp
Husum- Ballum
Bredebro
Kumled
Løgum
Buntje- Ballum
Harres
Søgård
Rejsby- Ballum
Skast
Skast Mose
Trælborg
Koldby
Borg
Ellum
Voldsted
Trøjborg
Hjerpsted
Sølsted
Vester Gammelby
Nørre Sejerslev
Visby
Tyvse
Sønder Sejerslev
Øster Gammelby
Emmerlev Kirke
Høgslund
Emmerlev
Abild
Daler
Østerby
Højer
Gallehus
Store Emmerske
Schackenborg
Marghete Kog
Ny Frederikskog
Gammel Frederikskog
Bønderby
Møgeltønder
Møgeltønder Kog
Tønder
Tønde
Vidå
Ved Gaden
Dyrhus
Upjerg
Markhäuser
Aventoft
Rodenäs
Nolde-Museum
Sylt
Westerland
List
Listland
Mövenberg
Süderheidetal
Kampen (Sylt)
Wenningstedt (Sylt)
Braderup
St. Severin
Keitum
Altfriesisch. Haus
Dikjen-Deel
Morsum
Archsum
Hindenburgdamm
Rantum (Sylt)
Puan Klent
Friedrich-Wilhelm-Lübke-Koog
Klanxbüll
Wiedingharde
Neukirchen
Humtrup
Uphusum
Horsbüll
Emmelsbüll
Südwesthörn
Nordergottes-koog
Langstoft
Niebüll
Neu-galmsbüll
Bosbüll
Braderup
Klixbüll
Klockries
Nationalpark
Schleswig-Holsteinisches
Wattenmeer
A
B
C
D
1
2
3
4
5
6

188

189

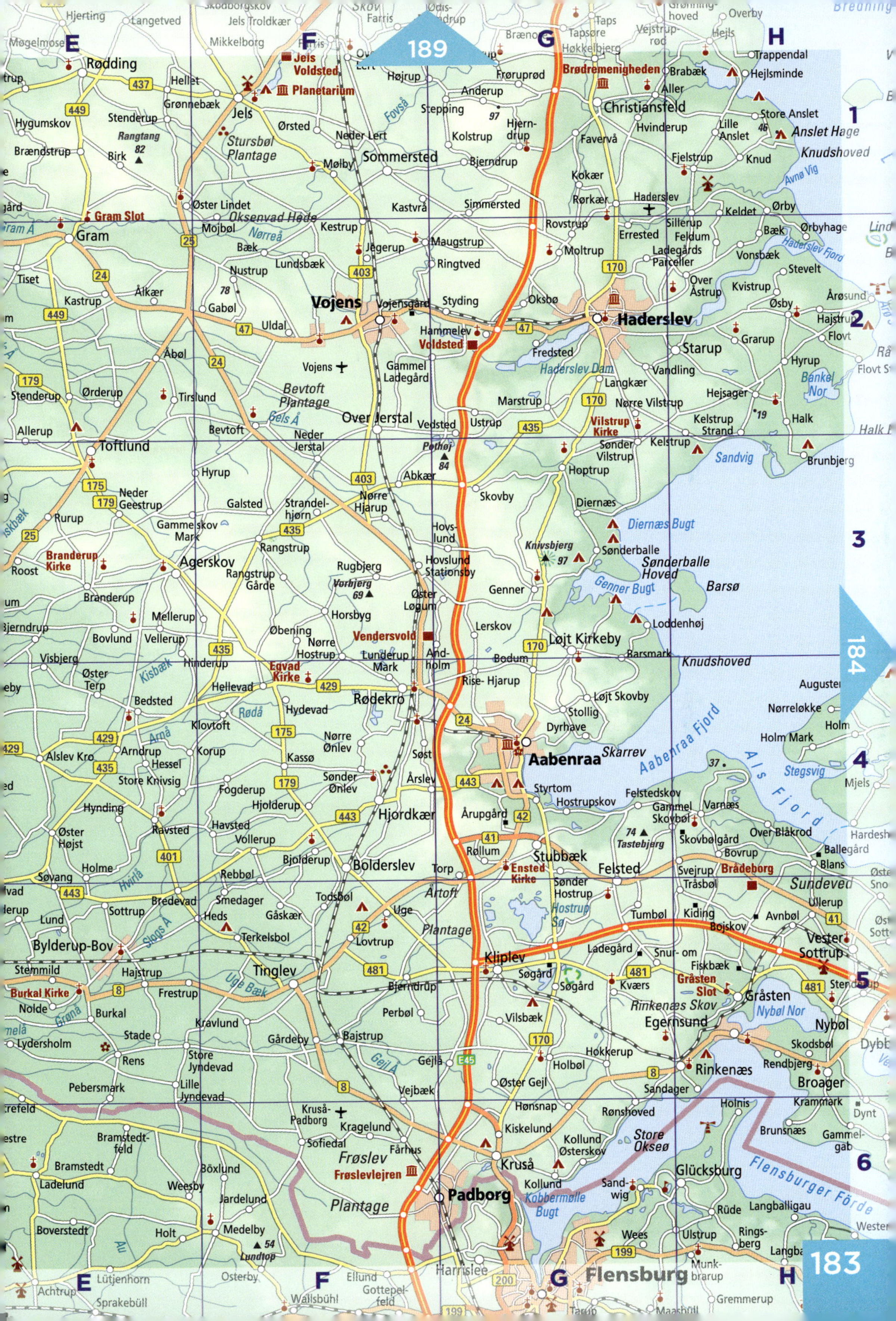

E
F
G
H
1
2
3
4
5
6
Hjerting
Langetved
Jels Troldkær
Mikkelborg
Møgelmose
Rødding
Jels Voldsted
Planetarium
Jels
Hellet
Grønnebæk
Stenderup
Hygumskov
Rangtang
82
Brændstrup
Birk
Stursbøl Plantage
Ørsted
Neder Lert
Fovsa
Sommersted
Mølby
Højrup
Anderup
Stepping
Kolstrup
Frøruprød
Hjerndrup
Bjerndrup
Brødremenigheden
Christiansfeld
Brabæk
Aller
Hvinderup
Faverva
Trappendal
Hejlsminde
Store Anslet
Lille Anslet
Anslet Hage
Knudshoved
Knud
Fjelstrup
Avnø Vig
Tapsøre
Taps
Hokkelbjerg
Bræno
Overby
Hejls
Vejstrup-rød
Gram Slot
Gram
Øster Lindet
Oksenvad Hede
Mojbøl
Nørreå
Kestrup
Kastvrå
Simmersted
Kokær
Rørkær
Haderslev
Keldet
Ørby
Bæk
Ørbyhage
Haderslev Fjord
Lind
Tiset
Kastrup
Ålkær
Nustrup
Lundsbæk
Jegerup
Maugstrup
Ringtved
Rovstrup
Moltrup
Erressted
Sillerup
Feldum
Ladegårds Parceller
Vonsbæk
Stevelt
Over Astrup
Kvistrup
Årøsund
Øsby
Hajstrup
Flovt
Gabøl
78
Vojens
Vojensgård
Styding
Oksbø
Haderslev
Uldal
Hammelev
Voldsted
Fredsted
Haderslev Dam
Starup
Grarup
Vandling
Langkær
Hyrup
Bankel Nor
Flovt S
Åbøl
Vojens
Gammel Ladegård
Stenderup
Ørderup
Tirslund
Bevtoft Plantage
Gels Å
Bevtoft
Over Jerstal
Vedsted
Ustrup
Marstrup
Nørre Vilstrup
Hejsager
Vilstrup Kirke
Kelstrup Strand
Kelstrup
19
Halk
Halk H
Allerup
Toftlund
Neder Jerstal
Pethøj
84
Sønder Vilstrup
Hoptrup
Sandvig
Brunbjerg
Hyrup
Abkær
Skovby
Neder Geestrup
Galsted
Strandelhjørn
Nørre Hjarup
Diernæs
Diernæs Bugt
Rurup
Gammelskov Mark
Rangstrup
Hovslund
Knivsbjerg
97
Sønderballe
Sønderballe Hoved
Barsø
Branderup Kirke
Roost
Agerskov
Rangstrup Gårde
Rugbjerg
Vorbjerg
69
Hovslund Stationsby
Genner
Genner Bugt
Branderup
Øster Løgum
Mellerup
Horsbyg
Loddenhøj
Bjerndrup
Bovlund
Vellerup
Øbening
Nørre Hostrup
Vendersvold
Lerskov
Løjt Kirkeby
Visbjerg
Hinderup
Egvad Kirke
Lunderup Mark
Andholm
Bodum
Barsmark
Knudshoved
Øster Terp
Kisbæk
Hellevad
Rise-Hjarup
Bedsted
Hydevad
Rødekro
Løjt Skovby
Stollig
Auguster
Nørreløkke
Alslev Kro
Arndrup
Klovtoft
Rødå
Dyrhave
Aabenraa Fjord
Holm Mark
Holm
Hessel
Korup
Kassø
Nørre Ønlev
Søst
Aabenraa
Skarrev
Als Fjord
Stegsvig
37
Mjels
Store Knivsig
Fogderup
Sønder Ønlev
Årslev
Styrtom
Hostrupskov
Felstedskov
Gammel Skovbøl
Varnæs
Hynding
Hjolderup
Hjordkær
Årupgård
74
Tastebjerg
Skovbølgård
Over Blåkrod
Hardesh
Øster Højst
Ravsted
Havsted
Vollerup
Røllum
Bovrup
Ballegård
Blans
Holme
Bjolderup
Bolderslev
Torp
Ensted Kirke
Stubbæk
Felsted
Svejrup
Trasbøl
Sundeved
Søvang
Hvirlå
Rebbøl
Todsbøl
Artoft
Sønder Hostrup
Hostrup Sø
Tumbøl
Kiding
Bojskov
Avnbøl
Ullerup
Lund
Sottrup
Bredevad
Smedager
Heds
Gåskær
Uge
Plantage
Bylderup-Bov
Slogs Å
Terkelsbøl
Lovtrup
Kliplev
Ladegård
Snur-om
Fiskbæk
Vester Sottrup
Stenderup
Stemmild
Hajstrup
Tinglev
Søgård
Kværs
Gråsten Slot
Gråsten
Burkal Kirke
Frestrup
Uge Bæk
Bjerndrup
Rinkenæs Skov
Nybøl Nor
Nybøl
Nolde
Burkal
Grønå
Kravlund
Perbøl
Vilsbæk
Egernsund
Lydersholm
Stade
Gårdeby
Bajstrup
Hokkerup
Skodsbøl
Dybbøl
Rens
Store Jyndevad
Gejl Å
Gejlå
E45
Holbøl
Rinkenæs
Rendbjerg
Broager
Pebersmark
Lille Jyndevad
Vejbæk
Øster Gejl
Sandager
Holnis
Krammark
Dynt
Kruså-Padborg
Hønsnap
Rønshoved
Brunsnæs
Gammelgab
Bramstedtfeld
Sofiedal
Kragelund
Kiskelund
Kollund Østerskov
Store Okseø
Bramstedt
Frøslev
Fårhus
Kruså
Glücksburg
Flensburger Förde
Ladelund
Frøslevlejren
Böxlund
Weesby
Jardelund
Plantage
Padborg
Kollund
Kobbermølle Bugt
Sandwig
Rüde
Langballigau
Westerh
Boverstedt
Holt
Medelby
54
Lundtop
Au
Wees
Ulstrup
Ringsberg
Langballig
Munkbrarup
Lütjenhorn
Osterby
Ellund
Harrislee
Flensburg
Achtrup
Sprakebüll
Wallsbühl
Gottrupelfeld
Gremmerup
Tarup
Maasbüll
437
449
25
24
403
47
179
24
175
179
25
435
403
170
47
170
435
170
435
429
175
179
429
435
443
42
41
24
443
401
443
42
481
8
481
170
8
41
481
8
199
200
199

184

190
183
A
B
C
D
1
2
3
4
5
6
Egholm
Bågø By
Bågø
Østerklint
Sandager Næs
Sandager
Barløse
Billeskov
Tvingsbjerg
Holevad
Aborg
Lundager
Assens
Brahes-borg
Årø Kalv
Årø
Torø Vig
Torø Huse
Saltofte
Kærum
Ebberup
Hagenskov
Voldsted
De syv haver
Åkrog Bugt
Brydegård
Orsted
Blangstrup
Puge Mølle
Vedtofte
Turup
Søllested
Gamtofte
Voldbro
Sø Søby
Øksnebjerg Mølle
Kirke Søby
Skovgårde
Bukkerup
Dærup
Krengerup
Nyrup
Skovstrup
Nårup
Holte
Søholm
Glamsbjerg
Gummerup
Flemløse
Dreslette
Skårup
Vesemose
Flenstofte
Snave
Banggårde
Sarup
Nellemose
Strandby
Løgismose
Ungersbjerg
Elmebjerg
Helnæs Bugt
Helnæs
Helnæs By
Lindehoved
Helnæs Strand
Illum
Vigø
Faldsled
Haarby
Haarby Å
Akkerup
Højrup
Jordløse
Damsbo
Håstrup
Halsmose
Tommerup
Tommerup Stationsby
Mollebjerg
Bregnemose
Langsted
Frankfri
Verninge
Bryllie
Bellinge
Vittinge
Lundegård
Nørre Broby
Ståby
Allerup
Skallebjerg
Trunderup
Brobygård
Brobyværk
Vester Hæsinge
Østrupgård
Trebjerg
Ny Stenderup
Arreskov Sø
Arreskov
Korinth
Stensgård
Millinge
Svanninge
Lerbjerg
Horne
Bøjden
Bjerne
Tåstebjerg
Faaborg
Diernæs
Holstenshus
C 601
Lyø Krog
Sønderhjørne
Dyreborg
Faaborg Fjord
Bjørnø By
Bjørnø
Knolden
Holmene
Nab
Bogentved
Åstrup
Lyø Havn
Lyø By
Lyø
Avernakø Hoved
Avernak By
Munke
Avernakø
Korshavn
Sankt Klemens
Bramstrup
Fangel
Dømmerstrup
Radby
Vejle
Allested
Heden
Ølsted
Sallinge Lunde
Sallinge
Hillerslev
Lyndelse
Øster Hæsinge
Højrup
Hågerup
Spanget
Brændegård Sø
Grønderup
Eskebjerg
Vester Åby
Nørre Lyndelse
Carl Nielsen
Nørre Søby
Lumby
Havrevænge
Nordskov
Palleshave
Gestelev
Vantinge
Boltinggård
Espe
Herringe
Veteranmu
Lydinge
Snarup
Krarup
Egneborg
Nørresø
Langeskov
Sibirien
Flintholm
Hundstrup
Vester Skerninge
Ulbølle
Rødkilde
Fjællebroen
Øster Skerninge
Nakkebølle Fjord
Lille Svelmø
Store Svelmø
Skarø
Skarø By
Nakkeodde
Revtrille
Mejlhoved Odde
Næbbesodde
Drejø By
Drejø
Næbbet
Skjoldnæs
Haven
Søby
Vestermølle
Langevrætte
Vitsø Mølle
Søby Volde
Skovby
Leby
Bregninge
Urehoved
Revkrog
Borgnæs Nakke
Strandhuse
Vindeballe
Voderup
Stokkeby
Olde
Store Rise
Lille Rise
Ærø
Ærøskøbing
Bro
Rise Mark
Dunkær Mark
Vejsnæs Nakke
Store Eg
Nyland
Dejro
Lillebælt
Alsenbelt
Nordborg Slot
Nordborg
Tranerodde
Himmark
Svenstrup
Als
Nørreskov
Gammel Østerholm
Østerholm Slot
Stevning
Stolbro Løkke
Stolbro
Guderup
Elstrup
Helved
Hundslev
Fynshav
Rumohrsgård
Egen
Ketting
Almsted
Høgebjerg
Augustenborg Fjord
Sønderborg
Sebbelev
Augustenborg
Asserballe
Blomeskobbel
Sandbjerg
Bro Vold
Vertemine
Kettingskov
Ormstoft
Augustenborg Slot
Ertebjerg
Kirke Hørup
Majbøl
Tandslet
Mommark
Sønderborg
Klinting
Klinting Høj
Hørup hav
Lebøl
Sarup
Lysabild
Lysabildskov
Vibæk Mølle
Viböge
Torsthoved
Skovby
Skovbyballe
Pølshuk
Sønderby
Kongshoved
Hørup Hav
Skovmose
Sønderborg Bugt
Østerby
Kegnæs
Kegnæshøj
Kegborg
Borreshoved
Neukirchen
Habernis
Norgaardholz
Geltinger Bucht
Nieby
Falshöft
Steinberghaff
Pommerby
Gelting
Kronsgaard
Rundhof

191
186
E
F
G
H
1
2
3
4
5
6
Hindemae
Hjulby
Skaboeshuse
Juelsberg
Sprogø
Kappendrup
Skellerup
Rolsted
Biskopstorp
Sådерup
Nyborg Slot
Ellinge
Kullerup
Nyborg
C 600
Ferritslev
Storebælt
Toll
E20
Juulskov
Kragelund
Bynkel
Nyborg
Holcken-
havn
Fjord
Knudshoved
Slipshavn
Hellerup
Villumstrup
Kogsbølle
Refsvin-
dinge
Måre
Kastel
Langdysse
Ørbæk
Lindeskov
Ørbæklunde
Frørup
Tårup Strand
Ellested
Magelund
Tårup
Fjellerup
Kokkeha-
verne
Kongshøj Å
Kongshøj
Anhof
Gislev
Miklenborg
Svindinge
Øksen-
drup
Revsøre
Vresen
Glorup
Dong
Langå
Vormark
Bøsøre
Trunderup
Brenderup
Dammestenen
Ny Hesselager
Kværndrup
Vænge
Ellerup
Galdbjerg
Mullerup
Hønsehave
Gudbjerg
Hesselagergård
Lakken-
drup
Gudme
Højbjerg
Vejstrup Å
Tøjsmose
Broholm
Lundeborg
Brændes-
kov
Brudager
Lang-
dysse
Oure
Voldsted
Klingstrup
Vejstrup
Holmdrup
Tiselholt
Heldager
Skårup
Brohave
Ørkild Slot
Svendborg
Bjørnemose
Åbyskov
Skovsbo
Skårupøre Sund
C 602
Vindeby
Troense
Thurø By
Thurø
Bregninge
Valdemars Slot
Sydfyn
Herregårdsmus.
Tåsinge
Lundby
Landet
Stenodde
Lunke-
bugten
Ny Vemmenæs
Vemmenæs
Færgeodde
Siø Sund
Bjerreby
Siø
Vårø
Stjovl
Stjovl
Knude
Rudkøbing
Vogterholm
Strynø
Strynø By
Strynø
Kalv
Lindelse Nor
Blangshave
Færevejle
Henninge
Akvarium
Gammel
Skrøbelev
Fuglsbølle
Søvertorp
Skovsbo
Herslev
Illebølle
Lindelse Mølle
Lindelse
Kædeby
Haved
Kædeby Kirke
Vestergård
Hennetved
Storeholm
Kædeby
Skovsgård
Helsned
Harnbjerg
Kong Humbles Grav
Ristinge
Humble
Hjortholm
Fodslette
Hessel-
bjerg
Lykkesholm
Bukkemose
Tryggelev
Ormstrup
Nordenbro Vesteregn
Sædballe
Magleby
Brolokke
Vognsbjerg
Bagenkop
Søgård
C 603
Spodsbjerg
Nørre Longelse
Næshoved
Pæregård
Klavsebølle
Bjerreby Mølle
Kassebølle
Tullebølle
Oldenbjerg
Langeland
Stengade
Frellesvig
Jesbjerg
Tranekær
Botofte
Tranekær Slot
Åsø
Korsebølle
Slotsmølle
Helletofte
Lejbølle
Egeløkke
Bøstrup
Fæbæk
Nedergård
Dageløkke
Tressebølle
Ennebølle
Snøde
Stoense
Steensgård
Udflyttere
Østerhuse
Hov Kirke
Lohals
Hov
Nordstrand
Langelandsbælt N
Bøstrup E
Højbjerg
Langelandsbælt S
Langelandsbælt
C 504
Øster-
renden
Batteri
Korsør
Korsør
Nor
Tårnholm
Hulby
Stude
Erdrup
Grydetup
Bonderup
Klarskov
Vester
Bøgebjerg
Egerup
Tranderup
Kobæk
Strand
Egholm Flak
Agersø Sund
Vengeancegrund
Agersø
Agersø
Agersø Flak
Omø Sund
Helleholm
Kirkehavn
Langelandsøre
Omø
Omø
Ørespids
Vindeby
Havmøllepark
Rågø K
Bjælkehoved
Onsevig
Utterslev
Ravnsholt
Kastager
Nøjsomheds Odde
Tjørneby
Nybølle
Vensholm
Købelevskov
Torslunde
Utterslev
Vesterbo
Rolsøkke
Vindeby
Frederiksdal
Lille Købelev
Lille
Utterslev
Horslunde
Højsmarke
Købelev
Reventlow
Stensgård
Tårs
Lille
Løjtofte
Sandby
Vester
Nordlunde
Vester
Karleby
Øster
Karleby
Nakskov
Ladegård
Brandersley
Nakskov
Lindelse
Hellenæs
Halsted
Halsted-
kloster
Enehøje
Albuen
Fjord
Nakskov
Store
Avnede
Lille Avnede
Skovlænge
Gurreby
Langø
Fredsholm
Nakskov
Torpe
Ore
Rårup
Hollebу
C 604
Vestenskov
Arninge
Ryde Å
Øllinge
Jordbjerg
Peter Hausens Have
Kappel
Læsø
Rudbjerggård
Tillitse
Næsby
Knubbeløkke
Græshave
Riddertofte
Majbølle
Dannemare
Gloslunde
Munkeby
Næsby Strand
Maglenøj Strand

192
185
A
B
C
D
1
2
3
4
5
6
Smålandsfarvandet
Omø
Ørespids
Dybsø
Dybsø Fjord
Kostræde
Svinøvester
Svinø
Avnøgård
Saller
Avnø Røn
Avnø Fjord
Knudshoved
Knudshoved Odde
Vejrø
Vindnæs Horn
Femø
Nørreby
Issemose Bjerg
Andemose Nakke
Sønderby
Sletteren
Vindeby Havmøllepark
Rågø Kalv
Rågø
Rågø Sund
Nebberne
Skovnakke
Skoven
Stålddyb
Femø Sund
Bjælkehoved
Onsevig
Utterslev
Ravnsholt
Kastager
Nybølle
Urne
Tjørneby
Købelevskov
Nøbbet
Svinsbjerg
Østerby
Vesterby
Dybvig
Fejø
Avernakke Hage
Vindeby
Lille Utterslev
Horslunde
Kong Svends Høj
Torrig
Kragenæs
Roløkke
Købelev
Lille Løjtofte
Reventlow
Birket
Hejringe
Ravnsborg
Askø
Askø By
Lindholm Dyb
Østerhoved
Vestermark
Vigsnæs
Vigsø
Guldborg Sund
Vester Kippinge
Øster Kippinge
Alstrup
Magletving
Lindet
Skelstofte
Vester Nordlunde
Kragemose
Jysted
Keldernæs
Tårs Vig
Rodsnæs Nakke
Rommes Nakke
Skovby
Guldborg
Sundby
Vester Karleby
Øster Karleby
Branderslev
Halsted
Vesterborg
Hellinge
Knuthenlund
Blans
Reersnæs
Sakskøbing Fjord
Orebygård
Kallø
Soesmarke
Storskov
Tårs
Majbølle
Berritsgård
Halsted-kloster
Lille Avnede
Abed
Stokke-marke
Havløkkegård
Bandholm
Knuthenborg
Oreby
Hjelm
Nakskov
Store Avnede
Skovlænge
Søllestedgård
Havløkke
Søllested
Sørup
Nørreballe
Hunsø
Krårup
Nielstrup
Sakskøbing
Pogemosetofte
Gurreby
Torpe
Ore
Højreby
Stibanken
Hunseby
Våbensted
Rårup
Holleby
Vestenskov
Bjergeskov
Eriksvolde
Erikstrup
Anderstrup
Agerupgård
Radsted
Krungerup
Arninge
Øllingesøgård
Toreby
Ålstrup
Frilands-museum
Maribo
Krenkerup
Kartofte
Læsø
Rudbjerggård
Tillitse
Græshave
Landet
Kristianssæde
Vester Skørringe
Øster Skørringe
Rå
Hillested
Engestofte
Udstolpe
Rykkerup
Flintinge
Majbølle
Dannemare
Gloslunde
Alminde
Vejlebyskov
Brandstrup
Søndersø
C 605
Voldsted
Søholt
Slemminge
Munkeby
Binnitse
Bursø
Bramsløkke
Hoby
Glukse
Hobyskov
Vejleby
Holle
Vester Tirsted
Bukkehave
Krønge
Godsted
Røgbølle Sø
Lille Musse
Store Musse
Dollefjelde
Krattet
Nørre Flejlev
Grønnegade
Langholm
C 606
Hummingen
Kramnitse
Nebbelunde
Holeby
Fuglse
Alsø
Voldsted
Sløsse
Frejlev
Kettinge
Herritslev
Lolland
Rødby
Lolland Falster
Torslunde
Ringsebølle
Flårup
Vester Ulslev
Øster Ulslev
Bredfjed
Tågerup
Lungholm
Errindlev
Flårup-melle
Høvænge-stenen
Ålholm
Stubberup
Bilmuseum
Nysted
Lindholm
Hyldtofte
Rødbyhavn
Bjernæs
Sjælstofte
Bjernæs Husby
Errindlev Havn
Tjørneholm
Hyldtofte Østersøbad
Saksfjed Inddæmning
Storeager
Hyllekrog
Rødsand
Fugle
Puttgarden
E47
6
289
275
291
9
153
283
297
E47
A
B
C
D

193

E
F
G
H
1
2
3
4
5
6
Bredeshave
Oldtidsvej
Engelholm
Nysø
Fjord
Feddet
Thorvaldsen
Præstø
Bårse
265
Ambæk
Bønsvig
Jungshoved
Gammel Lundby
Hastrup
Lundegård
Stenstrup
Grumløse
Beldringe
Skibinge
Jungshoved
Stavreby
Dyrlev
Tjørnehoved
Rek-kende
Voldsted
Neble
Udby
Allerslev
Kragevig
Bøgestrøm
Ægholm
Grundtvig
Skallerup
Mern Å
Oremands-gård
Sandvig
Fæby
Lekkende
Nyord
Øster Egesborg
Mern
Hølen
Ørslev
Kindvig
Ulvshale
Søhundehavn
Kastrup
Høvdings-gård
Nyord
Hegnede
Brunhoved
Møn
151
Tolstrup
Balle Strand
Nordfelt
Ornebjerg
Liliendal
Balle
Spejlsby
Stege Bugt
Liselund
107
Viemose
Lindholm
Ullemarke
Østermark
Gåsetårnet
Petersgård
265
Udby
Borre
Ålebæk
Nyråd
Skovhuse
Kalvehave
Voldsted
59
Elmelunde
Langebæk
Gammel Kalvehave
Keldby
287
Stensved
Stensby
Keldbylille
Råbymagle
Magleby
C 503
Ulvsund
Koster
Stege
Klintholm
Bakkebølle Strand
Peters-kirken
Petersværft
Langø
Tjørnemarke
Stege Nor
Busemarke
Mandemarke
Møns Klint
Kong Asgers Høj
Store Lind
Neble
Tøvelde
Råbylille Strand
Klintholm Havn
Kraneled
strømmen
Farø
Rødding
Æbelnæs
Marienborg
Tærø
Kalve Strøm
Klekkendehøj
Damsholte
Havnsø Næb
287
Sortsø Gab
Lille Damme
Tostenæs
Sønder Frenderup
Hjelm
Hjelmbugt
Skovby
Bogø By
16
287
Hjelm Kobbel
E47
E55
Bogø
Fanefjord Kirke
Store Damme
Liseby
Gundslev
Hårbølle
Blæsebjerg
293
Vindebæk
Nørre Alslev
Motorcykel-museum
Hårbøllebro
Tårup
Stubbekøbing
Næs
Madses Klint
Lillebrænde
Tolkedyb
Grønsund
Vestergård
Torkilstrup
Maglebrænde
Eskilstrup
23
Skørringe
Åstrup
Ovstrup
Moseby
Nyby
Nørre Tåstrup
16
Hestehoved
Sørup
Falkerslev
Virket
Horbelev
Bønnet
Hesnæs
Falsters Virke
Bregninge
Tingsted Å
9
Bønnet Slot
271
Tingsted
Horreby
Listrup
Meelse
Halskov
Eget
Systofte Skovby
Nørre Ørslev
Tunderup
Systofte
Nykøbing F
Korselitse
Sønder Kirkeby
Sønder Vedby
Orupgård
Sønder Ørslev
Falster
Hasselø Plantage
Idestrup
Ulslev
Hasselø By
Sildestrup
Væggerløse
Sildestrup Strand
19
Højet
Marielyst
Sommerland Falster
Nykøbing Strandhuse
O S T S E E
Bøtø Nor
Gedser-gård
Skelby
E55
Gedesby
Gedser
Kroghage
Birkemose
Gedser Odde
Kroghage Dyb
Rostock

194

A
B
C
D
1
2
3
4
5
6
Tarm
Lønborg
Skaven Strand
Emmet Strand
Bjerregård
Tipperne
Vernengene
Bandsbøl
Galgebjerg
Lønborg Hede
Egvad Kirke
Gråhede
Ådum
Gundesbøl
Bundsgård
Præstbro
Vester Grene
Bork Havn
Hemmet
Gundesbøl
Foersum
Vittarp
Barslund
Tøstrup
Vallund
Krageris
Vogns-lund
Okslund
Grimlund
Nymindegab
Vester-lund
Obling
Nørre Bork
Sønder Bork
Vejrup
Sønder Vium
Østergård
Havlund
Stejlund
Højlund
Lønne Klint
Lønne
Lønnestak
Lydum
Nørhede
Lyne
Østtarp
Ølgod
Rærup
Sønderdiger
Strellev
Mejeri-museum
Løvebjerg
Nørre Nebel
Sønder Tarp
Glibstrup
Mosbøl
Adsbøl
Lindbjerg
Bejsnap
Krusbjerg
S 102
Houstrup
Blåbjerg Klitplantage
Åsded
Hallum
Bjalderup
Frøsig
Hungerbjerg Mark
Klinting
Kolle
Lunde
Kvong
Malle
Gårde
Henne Strand
Henne
Lundtang
Frøstrup
Asp
Hauge
Lund
Hennebjerg
Stausø
Snittrup
Gunderup
Kirkeby
Over Fidde
Allerslev
Øster Debel
Bjerremose
Hornelund
Tønding
Skovlund
Outrup
Horne
Krarup
Hoddeskov
Filsø
Vester Debel
Henne Stationsby
Neder Fidde
Bækhuse
Søndersig
Stundsig
Olling
Tistrup
Skole-museum
Ansager
Vittarp
Jættestue
Kærgård
Filso Ø
Søvig Sund
Yderik
Hodde
Hulvig
Nørholm
Søvig Bæk
Jegum
Søvig Mark
Blaksmark
Thorstrup
Frisvad
Hodde Mark
Haltrup
Langsø
Børsmose
Orten
Tange
Sig
Vesterbæk
Hostrup
Grærup Strand
Vester Vrøgum
Øster Vrøgum
Kærup
Tinghøj
Karlsgårde Sø
Holme Å
Hannevang
Nordenskov
Bolhede
Grærup
Borre
Nørre Hebo
Lunderup
Skonager
Agervig
Øse
Janderup
Heager
Vejers Strand
Vejers
Oksbøl
Billum
Hyllerslev
Gellerup
Næsbjerg
Biltoft
Øster Vrenderup
Øster Nordby
Skødstrup
Hesselmed
Sønder Hebo
Varde
Gellerupllund
Vrenderup
Mosevrå
Tarp
Vissel-bjerg
Vestervang
Kallesmærsk Hede
Kjelst
Bordrup
Varde Å
Alslev
Spangdale
Tranbjerg
Nørre Gunderup
Fåborg
Rodebæk
Blåvands Huk
Kravnsø
Hostrup
Alslev Å
Forum-lund
Ny Lifstrup
Rousthøje
Gunderup
Avtrup
Bredmose
Myrtue
Arre
Over Slebsager
Oksby
Torrup
Forum
Lifstrup
Skærbæk
Roust
Jyllerup
Fuglsig
Blåvand
Ho
Ho Bugt
Vesterstrand
Balle
Schæfer-gårde
Hjortkær
Grenen
Guldager
Bryndum
Vester Nebel
Tarp
Esbjerg
Omme
Endrup
Grimstrup
Hjerting Løb
Ravnsø
Skallingen
Hobo Dyb
Skads
Sadderup
Nørre Vong
Nørå
Terp
Esperance Bugt
Andrup
Solbjerg
Saltvandsakvariet
Fiskeri og Søfartsmuseet
Ålbæk
Bramming Hovedgård
Skalling Ende
Novrup
Tømmerby
Tradsborg
Kikkebjerg
Esbjerg
Måde
Tjæreborg
Bramming
Nordby
Allerup
Lille Darum
Kragelund
Fanø Vesterhavsbad
Rindby
Store Darum
Hunde-rup
Sejstrup
Rindby Strand
Brand-gårde
Fanø Klitplantage
Fanø
Albuen
Vilslev
Gred-stedbro
Pælebjerg
Jedsted
Knudtoft Bjerg
Hillerup
Harwich
Kirkeby
Sønderho
Nørre Farup
Mosedal Bjerg
Hannes Hus
Ribe Å
C 101
Riberhus
Ribe
Knudedyb
Øster Vedsted
Sønder Farup
Vester Vedsted

182

195
183
190
189
E
F
G
H
1
2
3
4
5
6
Sandet
Drantum
Sønder Askø
Thyregod
Thyregodlund
Vesterlund
Hage
Sandvad
Linnerup
Linnerup Kirke
Stakroge
Barslund
Skærlund
Nørre Tinnet
Hampen
Åle
Kratbanke
Engebæk
Omvrå Nordby
Blåhøj
Risbjerg
Ullerup
Dørken
Sejrup
Øster Nykirke Kirke
Sønder Tinnet
Ørnsholt
Hjortsvang
Plovstrup
Kirkeby Mark
Gammel Blåhøj
Bøllund
Hjortsballe
Kollemorten
Gudenå
Tørring Fælled
Nørre Skovsende
Lundager
Hallundbæk
Store Vorslunde
Give
Oksenbjerge
Tyskland
Vonge
Tørring
Bøvl
Blåhøj Kirkeby
Øgelund
Hedegård
Sønder Kollemorten
Stougård
Ølholm
Sønder Omme
Omvrå Søndermark
Klink
Vibjerg
Ris
Givskov
Mindstrup
Hvolgård
Hesselballe
Omme Å
Tremhuse
Nyborg
Filskov
Grønbjerg
Hedeby
Givskud
Hvejsel
Ildved
Langelund
Farre
Filskov Mark
Ringive
Skolding
Harresø
Hallundstoft
Sandvad
Vindelev
Sindbjerg Kirke
Nollund
Simmelbæk
Uhe
Nørskov
Tofthøj
Hygum
Holtum
Ulkær
Loft
Stilbjerg
Lindeballe
Kuldbjerg
Gadbjerg
Runesten
Fløjstrup
Jerrig
Grindsted
Zoologisk Museum
Terrarium
Båstlund
Trollerup
Jelling
Hørup
Silkeborg
Gødsbøl
Førstballe
Mørup
Rostrup
Skovdallund
Grejs Å
Lerbæk
Hover Kirke
Horsbøl
Hinnum
Legoland
Åst
Gammelby
Høgsholt
Løvlund
Billund
Nørup
Engelsholm
Søskov
Fårup Sø
Sønderby Mark
Grene Kirke
Grene
Billund
Gødding
Jennum
Østengård
Vejle
Fugdal
Grene Å
Plougslund
Vandel
Ny Nørup
Bredsten
Haraldskær
Askær
Vesterhede
Hejnsvig
Trøllund
Almstok
Randbøl
Store Lihme
Ravning
Rue
Nørre Vilstrup
Klink
Skjoldbjerg
Randbøldal
Abildgård
Jerlev
Bindeballe
Småkær
Frederikshåb
Vejle Å
Nøjen Kirke
Ansager Å
Donslund
Randbøl Hede
Bindeballe Købmandsgård
Vork
Ødsted
Mejsling
Ny Højen
Nebel
Hesselho
Spjarup
Ammitsbøl
Stubberup
Risbøl
Egtvedpigens Grav
Firehuse
Klattrup
Vorbasse
Egtved
Tudved
Galstho
Tågelund
Tiufkær Mark
Hovborg
Fitting
Bøgvad
Hjelmdrup
Borlev
Fredsted
Holme Å
Vester Torsted
Fuglsang
Kærbjerg
Klelund
Okslund
Skibssætning Klebæk Høje
Kragelund
Skærsø
Bølling
Gravens
Håstrup
Vittrup
Husted
Viuf
Viuf Vestermark
Tvilho
Hyldelund
Lindknud
Bække
Veerst Kirke
Knudsbøl
Balle
Almind
Gettrup
Kjeldbjerg
Veerst
Jordrup
Vester Nebel
Møsvrå
Assersbølgård
Stavshede
Ravnholt
Fynslund
Dons
Lintrup
Sekær
Nyby
Gestenkær
Ferup
Nyvang
Solgårdsmark
Lilballe
Eltang Kirke
Favrskov
Surhave
Hundsbæk
Læborg
Gesten
Egholt
Uhre
Vrå
Ferup
Rådvad
Gjerndrup
Drostrup
Vester Gesten
Åkær Å
Lejrskov Kirke
Lejrskov
Højrup
Bramdrupdam
Gammelby
Revsing
Harte
Holsted
Eskelund
Store Andst
Gelballe
Kolding
Sønder Lovrup
Tirslundstenen
Brørup
Gamst
Lunderskov
Hylkehuse
Askov
Vejen
Stårup
Nørbølling
Malt
Sønders skovgård
Skibelund Krat
Roved
Lille Andst
Skanderup
Geografisk Have
Dalby
Føvling
Folding
Nagbøl
Pottehuse
Klebæk
Stenderup
Bobøl
Foldingbro
Skibelund
Skodborghus
Hjarup
Dover
Jelshøj Huse
Holt
Vamdrup
Smuthøj
Plovstrup
Lokes Høje
Skudstrup
Koldingegnen
Fløjbjerg
Tobøl
Skodborg
Fovslet
København
Kongeåmuseet
Villebøl
Lintrup
Vimtrup
Skrave By
Bastrup Skov
Ødis
Ødis Kroge
Åstrup
Sjølund
Grønninghoved
Hjerting
Langetved
Skodborgskov
Farris
Ødis-Bramdrup
Taps
Kalvslund Kirke
Tornum
Jels Troldkær
Tapsøre
Vejstrup-rød
Kalvslund
Hjortvad Å
Møgelmose
Mikkelborg
Farris
Over Lert
Brænore
Frørup
Høkkelbjerg
Rødding
Jels Voldsted
Højrup
Frøruprød
Brødremenigheden
Brabæk
Brøstrup
Hellet
Planetarium
Anderup
Christiansfeld
Sønder Hygum
Grønnebæk
Jels
Stepping
Fovså
Fæsted
Hygumskov
Stenderup
Kolstrup
Hjerndrup
Hvinderup
Harreby
Rangtang
Ørsted
Neder Lert
Faverå
Brændstrup
Birk
Sturbøl Plantage
Sommersted
Bjerndrup
Fjelstrup
Fole
Mølby
Kokær
Varming
Fladså
Nybølgård
Gram Slot
Kastvrå
Simmersted
Rørkær
Gram Å
Mojbøl
Hede
Kestrup
Rovstrup

196
184
189
A
B
C
D
1
2
3
4
5
6
Horsens
Horsens Fjord
Vorsø
Alrø
Alrø By
Sonderby
Lerdrupskov
Gyllingnæs
Kalsenakke
Hjarnø
Hjarnø By
Snaptun
Hundshage
Borre
Stensballegård
Boller
Sejet Nørremark
Nørremark
Sejet
Bygholm
Hatting
Tamdrup Kirke
Lund
Hvirring
Molger
Kørup
Flemming
Neder Vrønding
Korning
Hornborg
Havrum
Eriknauer
Ølsted Kirke
Bottrup
Ølsted
Oens
Dallerup
Uth
Over Ustrup
Løsning
Stenderup
Ny Sebberup
Bjerre
Møgelkær
Skjold
Stourup
Glud
Jensgård
Østrup
Over Sønderby
Neder Sønderby
Nider Bjerre
Rårup
Gram
Sønder Aldum
Urlev
Bråskov
Hedensted
Gesager
As Vig
Åstrup
Overby
Gramrode
Hornum
Hostrup
Hornsyld
Skerrild-gård
Nøttrup
Klejs
Hosby
Palsgård
As Hoved
Bøgehoved
Sandbjerg Vig
Juelsminde
Klakring Kirke
Ørum
Stouby Kirke
Vrigsted
Breth
Barrit Kirke
Hyrup
Belle
Korshøj
Daugård
Stouby
Barrit
Barritskov
Klakring
Staksrode
Daugårdstrand
Bjørnsknude
Øverste Ende
Endelave
Møllegrund
Endelave
Kloben
Endelave By
Lynger Hage
Hov Røn
Fensten
Søby
Falling
Ålstrup
Gylling
Amstrup
Sellerupstrand
Fakkegrav
Træskohage
Åhuse
Rosenvold
Brejning
Gauerslund
Hvidbjerg
Gårslev
Rands
Bøgeskov
Trelde
Trelde Næs
Trelde Klint
Østerby
Egeskov
Egum
Lillebælt
Æbelø
Æbelø Holm
Agernæs
Nørreby Hals
Egebjerg
Lindø
Jersore
Nørreby
Agernæs
Krogsbølle
Vester Egense
Klinte
Kørup
Grindløse
Ringe
Nørre Nærå
Bogense
Gyldensteen
Harritslev
Smidstrup
Nørre Esterbølle
Nørre Højrup
Bederslev
Tragten
Fredericia
Staurshoved
Fogense Pynt
Krammerkrog
Strib
Røjleskov
Søborg
Båring Vig
Snoghøj
Skåstrup
Kærby
Ejlby
Engeldrup
Uggerslev
Reveldrup
Melby
Røstrup
Varbjerg
Ørbæk
Mejlskov
Kattebjerg
Skamby
Otterup
Bladstrup
Røjle
Vejlby
Båring Mark
Skovs Højrup
Ore
Moderup
Særslev
Askeby
Ullerup
Skibssætning
Stensby
Middelfart
Roerslev
Båring
Holse
Brenderup
Ejlskov
Hårslev
Maderup
Ørritslev
Søndersø
Lunde
Hindsgavl
Fænøgård
Fænø
Svenstrup
Kauslunde
Kærby
Kærsgård
Nymark
Elvedgård
Vigerslev
Serup
Odense
Gamborg Fjord
Nørre Aaby
Bubel
Harndrup
Skovsgårde
Gamby
Veflinge
Zastrov
Margård
Beldringe
Gamborg
Viby
Båringvad
Køstrup
Gremmeløkke
Hindevad
Stillebæk
Tværskov
Allese
Frydenborg
Ronæs
Udby
Fjelsted
Fjellerup
Rugård
Rue
Lumby
Fønsskov
Mosegård
Ejby
Paddesø
Morud
Vøde
Langesø
Næsbyhoved-Broby
Sparretorn
Føns
Føns Vig
Balslev
Hønnerup
Sletterød
Grønnemose
Fyns Akvarium
Tågerod
Gammel Korup
Ålehoved
Rud
Kind-strup
Andebølle
Skovsby
Højbjerg
Ejlstrup
Bredningen
Tybrind Vig
Tybring
Ørslev Bjerge
Ørslev
Gelsted
Rørup
Gadsbølle
Erholm
Koelbjerg
Skallebølle
Vejrup
Odense
Søndergårde
Hygind
Lunge
Lunghøj
Terrarium
Vissenbjerg
Elmelund
Wedellsborg Hoved
Wedellsborg
Husby
Hårе
Hjorte
Aarup
Bred
Ravnebjerg
Brandsø
Sønder Åby
Emtekær
Tanderup
Kerte
Hjærup
Brænde
Skydebjerg
Kådekilde
Skalbjerg
Tommerup Stationsby
Holmstrup
Højme
Hage
Knudshoved
Egholm
Nakke
Billeskov
Ørsbjerg
Kaslunde
Orte
Frøbjerg Bavnehøj
Render
Brænde-kilde
Bellinge
Brylle
Sankt Klemens
Bramstrup
Sandager Næs
Barløse
Sandager
Puge Mølle
Ørsted
Frøbjerg
Skovstrup
Bågø
Bågø By
Østerklint
Tvingsbjerg
Holevad
Blangstrup
Nyrup
Tommerup
Nårup
Fangel
Dømmerstrup
Aborg
Vedtofte
Krengerup
Møllebjerg
Frankfri
Lundager
Gamtofte
Holte
Verninge
Radby
Bregnemose
Vittinge

197
185
192
E
F
G
H
1
2
3
4
5
6
Samsø
Sælvig
Toftebjerg
Besser
Østerby
Onsbjerg
Langemark
Tanderup
Tranebjerg
Kolhøj Mølle
Pillemark
Ballen
Brundby
Kolby Kås
Kolby
Ørby
Nørreskifte
Brattingsborg
Hjalmarsgård
Lushage
Samsø Bælt
Draget
Sejerø
Kongstrup
Mastrup
Røsnæs Puller
Nyby
Ulstrup
Ågerup
Lille Vrøj
Saltbæk
Saltbæk Vig
Røsnæs
Kongstrup
Vollerup
Nostrup
Kalundborg Fjord
Nyrup
Brokkebjerg
Raklev
Kåstrup
Spangsbro
Kalundborg
Havnemark
Tømmerup
Sortenstenen
Asnæs
Lerchenborg
Melby
Årby
Bastrup
Østrup
Ugerløse
Jammerland Bugt
Tornen
Fyns Hoved
Nordskov
Langø Hoved
Hindsholm
Klintgård
Brockdorff
Jættestue
Hasmark Strand
Østerballe
Martofte
Hofmansgave
Scheelenborg
Dalby Bygt
Bøgebjerg
Stubberup
Romsø Tue
Reersø
Egense Dyb
Lodshuse
Midskov
Hersnap
Romsø Sund
Romsø
Dalby
Ølund
Mesinge
Galtehoved
Odense Fjord
Gerskov
Viby
Måle
Salby
Tårup
Hverringe
Klintebjerg
Drigstrup
Stavreshoved
Vigerø
Broløkke
Munkebo
Kerteminde
Kerteminde Bugt
Dræby
Vester Kærby
Østergård
Ladbyskibet
Ladby
Lundsgård
Kertinge Nor
Bullerup
Seden
Jomfruhøj
Risinge Hoved
Holev
Kølstrup
Hundslev
Revninge
Skovhuse
Skovsbo
Risinge
Langtved
Rynkeby
Urup
Vejruplund
Birkende
Flødstrup
Bovense
Nordenhuse
Langeskov
Ullerslev
Skalkendrup
Aunslev
Skaboeshuse
Hindemae
Hjulby
Juelsberg
Vesterrenden
Rønninge
Skellerup
Biskopstorp
Kappendrup
Rolsted
Søderup
Ellinge
Nyborg Slot
Nyborg
Kullerup
Ferritslev
Juulskov
Kragelund
Årslev
Tarup
Ore
Søllinge
Hellerup
Villumstrup
Refsvindinge
Kogsbølle
Bynkel
Slipshavn
Knudshoved
Rindebæk
Torpegård
Birkum
Davinde
Tving
Fraugde
Over Holluf
Højby
Lumbygyde
Sønder Højrup
Måre
Storebæltbro
Toll
Sprogø
Østerrenden
Svenstrup
Batteri
Korsør
Musholm
Musholm Bugt
Mullerup Havn
Rævehøj
Stillinge Str
Store Kongsm
Storebælt
E20
160
165
315
301
8
22
S 505
C 504
C 600
5
6

198
186
191
A
B
C
D
1
2
3
4
5
6
Holbæk
Holbæk Fjord
Andelslandsby
Tuse Næs
Hørve
Gislinge
Svinninge
Alleshave Kirke
Kalunborg
Bregninge Å
Jyderup
Mørkøv
Volsted
Skarresø
Torbenfeld
Vipperød
Tempelkrog
Kirke Saaby
Lejre Forsøg
Tølløse
Kirke Hvalsø
Undløse
Vinskoven
Åmose Å
Åmose
Tissø
Fuglede
Ubby
Store Merløse
Skjoldenæsholm
Sporvejsmuseet
Voldsted
Birkegårdens Haver
Vedbygård
Ruds Vedby
Stenlille
Dianalund
Holberg
Gørlev
Høng
Knud Lavards Kapel
Gyrstinge Sø
Haraldsted Sø
Fantasy World
Ringsted
Slagelse
Trælleborg
Sorø
Tuelsø
Frederiksberg
Nykobbel
Sørbymagle
Glumsø
Tystrup Sø
Gunderslevholm
Fuglebjerg
Herlufmagle
Holmegaard
Fensmark
Noret
Skælskør
Borreby
Holsteinborg
Næstved
Herlufsholm
Gavnø
Holme-Olstrup
Basnæs Nor
Bisserup Red
Glænø
Klinteby Klint
Karrebæksminde
Enø
Helleholm
Agersø Sund

199
187
E
F
G
H
1
2
3
4
5
6
KØBENHAVN
Danmarks Akvarium
Herlev
Ballerup
Jyllinge
Veksø
Smørumnedre
Smørumovre
Sønderby
Selsø
Eskilsø
Roskilde Fjord
Gundsømagle
Østrup
Tågerup
Herringløse
Gundsølille
Hvedstrup
Nybølle
Ledøje
Risby
Vridsløsemagle
Ågerup
Store Valby
Søderup
Sengeløse
C 502
Veddelev
Kattinge Vig
Marøjerg
Glostrup
Rosenborg Slot
Kastellet
Christiansborg
Tivoli
Vikingeskibene
Domkirke
Roskilde
Svogerslev
Hedehusene
Høje Taastrup
Taastrup
Reerslev
Torslunde
Ishøj Landsby
Vallensbæk Landsby
Valbyparken
Nordre Røse
Øresund
Vindinge
Gjeddesdal
Kildebrønde
Greve
Arken
Vestamager
Kalvebodern
Københavns Lufthavn Kastrup
Store Magleby
Dragør
Ullerup
Søvang
Amager
Aflandshage
Drogden
Glim
Darup
Vor Frue
Københavns Lufthavn Roskilde
Tune
Øm
Gøderup
Øster Syv
Assendløse
Gadstrup
Snoldelev
Greve Strand
Viby
Ørsted
Havdrup
Gammel Havdrup
Karlstrup
Solrød
Solrød Strand
Sjælland
Skensved Å
Birkede
Jersie
Lille Skensved
Hegnede
Valore
Store Ladager
Staunings Ø
Højelse
Ølsemagle
Borup
Ejby
Ølby
Køge Bugt
Køge Å
Lille Salby
Vemmedrup
Gammel Køgegård
Køge
Bjæverskov
Ashøje
Lidemark
Gørslev
Billesborg
Strøby Egede
Druestrup
Juellund
Søllerup
Egøje
Vedskølle
Vallø
Valløby
Strøby Ladeplads
Køge Sønakke
Fløjterup
Sædder
Gunderup
Tessebølle
Bjerrede
St Tårnby
Himlingøje
Strøby
Strøbylille
Søholm
Magleby
Årløse
Algestrup
Kanderød
Sonnerup
Terslev
Kværrede
Endeslev
Stevns Terrarie
Møllesø
Gjorslev
Præsteskov
Skrosbjerg
Hestehave Huse
Varpelev
Tollerød
Turebyholm
Vråby
Hårlev
Ammerup
Klippinge
Råby
Holtug
Lille Linde
Høsten
Kæderup
Store Linde
Tåstrup
Sigerslev
Mandehoved
Stevns Klint
Hellested
Freerslev
Tågerup
Pebringe
Arnøje
Store Heddinge
Bregentved
Dalby
Karise
Barup
Juellinge
Mariehøj
Tommestrup
Rode
Viverup
Ås
Frenderup
Tokkerup
Alslev
Frøslev
Store-mark
Renge
Nielstrup
Olstrup
Jomfruens Egede
Øster Egede Kirke
Smerup
Højerup gamle Kirke
Højerup
Bonderød
Store Spjellerup
Boestofte
Havnelev
Lille Heddinge
Stevns Klint
Lystrup
Ebbeskov
Vemmetofte Kloster
Lydersløv
Vivede
Højstrup
Rødvig
Rønnede
Faxe
Stubberup
Kissendrup
Lille Torøje
Lund
Blåbæks Møller
Store Favrby
Vemmetofte Strand
Eskilstrup
Rosendal
Vallebo
Faxe Ladeplads
Hyllede
Stavnstrup
Orup
Strandhoved
Leestrup
Roholte
Bækkeskov
Vindbyholt
Strandegård
Sankt Peders Kapel
Brøderup
Sjolte
Leestrup Strand
Tappernøje
Præstø Fjord
Bredeshave
Oldtidsvej
Feddet

200

A
B
C
D
1
2
3
4
5
6
Bovbjerg Fyr
Ferring
Trans
Rammekær
Fjaltring
Dybe
C 202
Bonnet
Armose
Lundsby
Lomborg
Ramme
Ramme Dige
Lemvig
Fabjerg Kirke
Fabjerg
Vium
Gudum
Toftum
Møkholm
Sund
Breinholt
Venø Bugt
Paris
Resenstad
Ellebæk
Fiskbæk
Skodborg Huse
Gudumlund
Struer Bugt
Bremdal
Vrald Odde
Kilen
Struer
Landtin
Klosterhede Plantage
Kærgård Mølle
Ølby
Snødder
Kragelund
Lyngkrog
Volstrupby
Fousing Kirkeby
Fousing
Rysensten Hovedgård
Fåre
Flynder Kirke
Bøvling Kirke
Galsgård
Bøvlingbjerg
Birkild
Asp
Vejrum Kirkeby
Vejrumstad
Nørre Søller
Hjerm
Øster Avsum
Sønder Hjerm
Hvam Mejeri
Krogshede
Bøvling Fjord
Bøvling Klit
Brørup
Nørmark
Bækmarksbro
Hestbæk
Bossen
Linde
Kærgårde
Sir
Nees
Torp
Kvolsbæk Huse
Lindtorp
Blødmose
Krunderup
Dellerup
Donskær
Møborg
Falsig
Naur Kirke
Alstrup
Munktoft
Hornshøj
Gammel
Thorsminde
C 201
Nees Hede
Skrædder-gårde
Naur
Holstebro
Nørby Gårde
Skalstrup
Bur
Burlund
Storå
Strovstrup
Estrup
Idomlund
Mejrup Ki
Nissum Fjord
Fjandø
Damhus Å
Mellemby
Vemb
Øster Vemb
Lille Stenum
Tvis Klos
Idom
Nørre Fjand
Sønderby
Harrestrup
Nybo
Halgårde
Bjerghuse
Fjand Gårde
Nørre Vosborg
Hvoldal
Råsted Kirke
Simonstrup
Gjelstrup
Felsted Kog
Lillelund
Hvolby
Hestbjerg
Sønder Nissum
Kyttrup
Ulfborg Kirkeby
Blæsbjerg
Nørre Felding
Skautrup
Glistrup
Gammel Råsted
Ormstrup
Vindgab
Græm
Husby
Klostergårde
Vejlstrup Gårde
Bækby
Ulfborg
Røjkær
Spåbæk
Vinding Kirke
Øby
Staby
Nørre Staby
Ulfborg Plantage
Lystlund
Vind Kirke
Vind
Sørvad
Vej
Husby Klit
Sønderby
Stråsø Plantage
Revning
Vedersø
Kærgård
Madumflod
Lystbæk
Vognstrup
Tarp
Madum
Østerby
Lystbækkær
Troldtoft
Lilleå
Vedersø Kær
Rejkær
Nørhede
Bjerregård
Nørby
Nørre Esp
Klovsig Plantage
Præstbjerg
Mejlby
Tim Kirkeby
Pølsmark
Meldhede
Bjerregård
Strandgården
Stadil
Tim
Torsted
Helmosedal
Fuglbjerg
Stadil Kirkeby
Tim Å
Ristoft
Kær-gårde
Ørnhøj
Askov
Trehøje
Vest Stadil Fjord
Alrum
Hoverdal Plantage
Grønbjerg
Abildå
Najbjerg
Kryle
Stadil Fjord
Ejstrup
Hvingel
Nørre Omme Kirke
Kodal
Tiphede
Astrup
Hovvig
Agersbæk
Hee
Hover Kirke
Muldbjerg
Møltrup Hede
Smækbjerg
Røjklit
Lybæk
Hover
Højmose
Laugesens Have
Vester Barde
Bandsby
Hover Å
Røjkum
Spjald
Vægerskilde
Søndervig
Kloster
Heager
Hammel-svang
Holmsland
Fladbjerg
Ølstrup
Brejninggård
Brejning
Solsø Hede
Abildtrup Barde
Øster Nørby
Bøndergårde
No
Hjortmose
Torhuse
Gammelsogn Kirke
Mejlby
Øster No
Sønder Brorstrup
Attenagre
Spjald
Opsund
Tyvmose
Ringkøbing
Røgind
Videbæk
Klegod
Hede-gårdsmark
Hestkær
Vorgod
Hebeltoft
Rindhuse
Trøstrup
Kovstrup
Nørby
Fårborg
Herborg
Nørre Lyngvig
Velling
Højmark
Øster Lem
Finderup
Egeris
Lyngvig Kirke
Fiskbæk
Lille Fiskbæk
Sønderup
Venner
Lem
Landting
Sædding
Sønder Lyngvig
Nørby
Hanning
Skårup
Hangaards Have
S 200
Bundsbæk Mølle
Rækker Mølle
Fasterlund
Hvide Sande
Sandager
Astrup
S 104
Halby
Dejbjerg
Lykkeby
Ejstrup
Holmsland Klit
Klægbanke
Veteranflysamling
Leding
Bølling
Højby
C 103
Stauning
Borris Nørreland
Faster
Gåsdal
Østerby
Ringkøbing Fjord
Nørre Vognbjerg
Hedeby
Øster Marup
Hjoptarp
Årgab
Ganer Å
Østerby
Stauning
Sønderby
Kjelstrup
Langkær
Ganer
Lundenæs
Ahler Gårde
Sønderby
Borris
Nørre Havrvig
Havrvig Kirke
Gjaldbæk
Hedeby
Skjern
Ånum
Sønder Havrvig
Skjern Å
Kodbøl
Stovstrup
Nørre Bøl

188

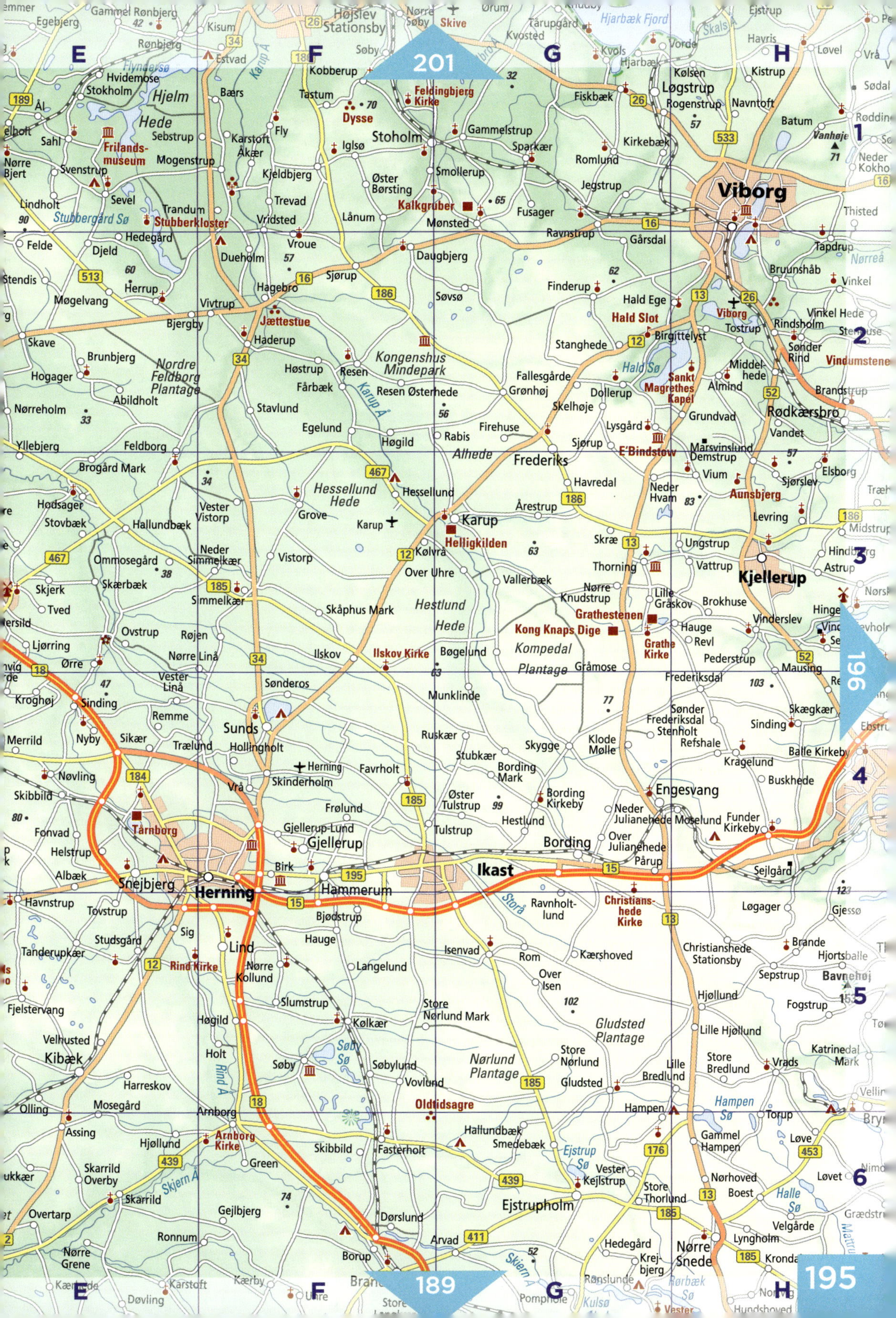

201
189
196
E
F
G
H
1
2
3
4
5
6
Viborg
Herning
Ikast
Kjellerup
Hjelm
Hede
Frilands-
museum
Stubbergård Sø
Stubberkloster
Jættestue
Dysse
Feldingbjerg
Kirke
Kalkgruber
Kongenshus
Mindepark
Hald Slot
Hald Sø
Sankt
Magrethes
Kapel
E'Bindstow
Aunsbjerg
Helligkilden
Grathestenen
Kong Knaps Dige
Grathe
Kirke
Ilskov Kirke
Hessellund
Hede
Nordre
Feldborg
Plantage
Hestlund
Hede
Kompedal
Plantage
Alhede
Tarnborg
Rind Kirke
Christians-
hede
Kirke
Oldtidsagre
Arnborg
Kirke
Gludsted
Plantage
Nørlund
Plantage
Søby
Sø
Hampen
Sø
Halle
Sø
Ejstrup
Sø
Karup Å
Storå
Rind Å
Skjern Å
Hvidemose
Stokholm
Ål
Sahl
Sebstrup
Mogenstrup
Svenstrup
Sevel
Trandum
Lindholt
Hedegård
Felde
Djeld
Stendis
Møgelvang
Herrup
Skave
Brunbjerg
Hogager
Abildholt
Nørreholm
Yllebjerg
Feldborg
Brogård Mark
Hodsager
Stovbæk
Hallundbæk
Ommosegård
Skærbæk
Skjerk
Tved
Ljørring
Ørre
Kroghøj
Sinding
Merrild
Nyby
Sikær
Nøvling
Skibbild
Fonvad
Helstrup
Albæk
Snejbjerg
Havnstrup
Tovstrup
Studsgård
Tanderupkær
Sig
Fjelstervang
Velhusted
Kibæk
Harreskov
Olling
Mosegård
Assing
Hjøllund
Skarrild
Overby
Skarrild
Overtarp
Nørre
Grene
Kærbyhede
Karstoft
Døvling
Kærby
Uhre
Brande
Store
Pomphole
Ranslunde
Krejbjerg
Nørre
Snede
Kulsø
Vester
Estvad
Rønbjerg
Egebjerg
Gammel Rønbjerg
Kisum
Højslev
Stationsby
Nørre
Søby
Skive
Søby
Kobberup
Tastum
Bærs
Karstoft
Åkær
Fly
Kjeldbjerg
Trevad
Vridsted
Vroue
Dueholm
Hagebro
Vivtrup
Bjergby
Haderup
Høstrup
Fårbæk
Resen
Stavlund
Egelund
Sjørup
Iglsø
Stoholm
Øster
Børsting
Lånum
Mønsted
Daugbjerg
Søvsø
Gammelstrup
Smollerup
Sparkær
Fusager
Romlund
Jegstrup
Fiskbæk
Kirkebæk
Kølsen
Løgstrup
Rogenstrup
Navntoft
Kistrup
Havris
Batum
Vanhøje
Ravnstrup
Gårsdal
Finderup
Hald Ege
Stanghede
Birgittelyst
Fallesgårde
Grønhøj
Dollerup
Skelhøje
Lysgård
Sjørup
Firehuse
Frederiks
Rabis
Resen Østerhede
Høgild
Hessellund
Karup
Kølvrå
Over Uhre
Grove
Vester
Vistorp
Vistorp
Neder
Simmelkær
Simmelkær
Ovstrup
Røjen
Nørre Linå
Vester
Linå
Sønderos
Sunds
Remme
Trælund
Hollingholt
Skåphus Mark
Ilskov
Bøgelund
Munklinde
Ruskær
Stubkær
Bording
Mark
Bording
Kirkeby
Øster
Tulstrup
Tulstrup
Favrholt
Frølund
Skinderholm
Vrå
Gjellerup-Lund
Gjellerup
Birk
Hammerum
Bjødstrup
Hauge
Langelund
Lind
Nørre
Kollund
Slumstrup
Høgild
Holt
Kølkær
Søby
Søbylund
Vovlund
Arnborg
Skibbild
Fasterholt
Green
Gejlbjerg
Ronnum
Dørslund
Borup
Arvad
Ejstrupholm
Hallundbæk
Smedebæk
Vester
Kejlstrup
Store
Thorlund
Hedegård
Isenvad
Rom
Over
Isen
Kærshoved
Ravnholt-
lund
Store
Nørlund Mark
Store
Nørlund
Gludsted
Hampen
Lille
Bredlund
Gammel
Hampen
Nørhoved
Boest
Lyngholm
Velgårde
Løvet
Løve
Torup
Vrads
Store
Bredlund
Katrinedal
Mark
Lille Hjøllund
Hjøllund
Fogstrup
Sepstrup
Bavnehøj
Christianshede
Stationsby
Brande
Hjortsballe
Løgager
Gjessø
Sejlgård
Pårup
Over
Julianehede
Neder
Julianehede
Moselund
Funder
Kirkeby
Engesvang
Hestlund
Bording
Skygge
Klode
Mølle
Refshale
Kragelund
Buskhede
Balle Kirkeby
Sønder
Frederiksdal
Stenholt
Sinding
Skægkær
Frederiksdal
Mausing
Gråmose
Pederstrup
Hauge
Revl
Lille
Gråskov
Brokhuse
Vinderslev
Hinge
Nørre
Knudstrup
Thorning
Vattrup
Astrup
Hinds
Ungstrup
Skræ
Vallerbæk
Årestrup
Havredal
Neder
Hvam
Vium
Demstrup
Marsvinslund
Levring
Sjørslev
Elsborg
Midstrup
Grundvad
Rødkærsbro
Vandet
Almind
Middel-
hede
Brandstrup
Vindumstene
Sønder
Rind
Rindsholm
Vinkel Hede
Tostrup
Vinkel
Bruunshåb
Tapdrup
Nørreå
Thisted
Rødding
Sødal
Løvel
Tårupgård
Kvosted
Kvols
Hjarbæk
Vorde
Hjarbæk Fjord
Skals Å
Ørum
Ejstrup
Flyndersø

202
A
B
C
D
Tjele
Bigum
Fastrup
Vinge
Hvidding
Vorning
Nørbæk
Fårup
Asferg
Hastrup
Spenstrup
Hald
Tvede
Linde
Holbæk
Kare
Lille
Sjørup
Voer
Skalmstrup
Ørum
Kvorning
Mollerup
Hammershøj
Rejstrup
Koustед
Råsted
Bjerregrav
Kondrup
Borup
Bjergby
Randers
Lem
Mejlby
Harridslev
Gimming
Lindbjerg
Støvring
Mellerup
Støvring-gård
Stena
Hollands-bjerg
Foulum
Ingstrup
Velds
Over Viskum
Viskum
Hulbæk
Øby
Torsager
Krog
Skjern Hovedgård
Løvskal
Gammel Skjern
Tindbæk
Læsten
Fussingø Avlsgård
Svinding
Ålum
Sønderbæk
Sønderhede
Over Fussing
Fussing Sø
Svejstrup
Øster Bjerregrav
Klørup
Tånum
Venning
Nørreå
Over Hornbæk
Dronningborg
Vestrup
Tjærby
Albæk
Østrup
Uggelhuse
Grund Fjord
Bode
Drastrup
Kær
Langkastrup
Floes
Grund
All
Vejrumbro
Nørre Tulstrup
Lee
Mammen
Tavlgårde
Hjorthede
Terp
Lille Torup
Vester Velling
Øster Velling
Helstrup
Dagsvad
Torup
Sønder Vinge
Hollerup
Tebbestrup
Stevnstrup
Grensten
Frisenvold
Væth
Jebjerg
Haslund
Værum
Karlslund
Askildrup
Paderup
Vilstrup
Stanum
Krakamarken
Assentoft
Tammestrup
Lund
Ammelhede
Fausing
Virring
Krogsager
Mosekær
Liltved
Bjerringbro
Bjerring
Vindum
Hjermind
Rønge
Ulstrup
Amstrup
Langå
Lysnet
Brusgård
Robdrup
Ølst
Clausholm
Hørning
Årslev
Tustrup
Mygind
Vester Alling
Sjellebrostenen
Lime
Lemmer
Skibelund
Elmuseet
Gullev
Tind
Danstrup
Hvorslev
Vellev
Enslev
Østergård Hovedgård
Kongstrup
Laurbjerg
Lerbjerg
Vissing
Ginnerup
Hinge
Hallendrup
Erslev
Nielstrup
Hvalløs
Voldum
Schildenseje
Rigtrup
Fårup
Skørring
Andi
Tange Sø
Sahl
Nøddelund
Aldrup
Tostrup
Vidstrup
Houlbjerg
Knudstrup
Granslev
Bidstrup Hovedgård
Svejstrup
Hadsten
Nørre Galten
Rud
Bramstrup
Skader
Søby
Karlby
Termes
Langskov
Knagstrup
Rosenholm
Halling
Borrisø
Borre
Bråarup
Astrup
Aidt
Tungelund
Bøstrup
Volstrup
Vrangstrup
Lyngå
Balle
Vivild
Hadbjerg
Astrup
Røved
Estrup Gårde
Kongensbro
Iller
Ans
Vejerslev
Thorsø
Grølsted
Haurum
Skjød
Vitten
Sandby
Selling
Ødum
Lindå
Mejlby
Krajbjerg
Truust
Grønbæk
Allinggård
Skorup
Futting
Sall
Brundt
Haldum
Hår
Tåstrup
Spørring
Hårup
Vorre
Nørskov
Fårvang
Hammel
Frijsenborg Slot
Solkær
Tinning
Grundfør
Bendstrup
Brandstrup
Todbjerg
Grøttrup
Hesselballe
Tvilum
Horn
Nårup
Vadsted
Hinnerup
Trige
Elsted
Kankbølle
Tvilum Kirke
Gjern Bakker
Søbyvad
Ellerup
Svenstrup
Anbæk
Voldby
Foldby
Norring
Søften
Skårupgård
Hjortshøj
195
Gjern
Automobilmuseum
Sporup
Skjoldelev
Mølballe
Elev
Lystrup
Svostrup
Sminge
Farre
Røgen
Holmstol
Skannerup
Fajstrup
Lyngballegård
Lading
Kvottrup
Lisbjerg
Lisbjergterp
Sabro
Farre Hede
Herskind Hede
Skivholme
Mundelstrup
Geding
Kasted
Voel
Resenbro
Sorring Låddenhøj
Godvad
Skellerup
Tovstrup
Skjørring
Sjelle
Borum
Brendstrup
Universitet
Skellerup Nygårde
Sorring
Herskind
Yderup
Lyngby
Silkeborg
Hårup
Dallerup
Rohde
Lyngbygård Å
Skovby
Hørslev
True
Den gamle By
Sindbjerg
Linå
Flensted
Låsby
Galten
Århus
Halved
Mollerup
Gammel Laven
Årslev
Virklund
Svejbæk
Laven
Høver
Storring
Gammel Harlev
Stavtrup
Ormslev
Julsø
Nørre Vissing
Javngyde
Alling
Tulstrup
Rodelund
Salten Skov
Rye Nørreskov
Knudsø
Ravnsø
Hemstok
Stjær
Søballe
Veng
Edslev
Kolt
Tranbjerg
Jelshøj
Moesgård
Knudlund
Rye
Sønderskov
Gammel Rye
Birksø
Firgårde
Dover Kirke
Adslev
Jeksen
Hørning
Århus Å
Hørretløkken
Mårslet
Langballe
Fulden
Gudensø
Svejstrup
Vessø
Boes
Bjedstrup
Hårby
Mesing
Stilling Sø
Blegind
Tiset
Beder
Over Fløjstrup
Salten Langsø
Gudenå-museet
Addit
Emborg
Alken
Illerup
Stilling
Skanderborg
Solbjerg Sø
Fruering
Virring
Solbjerg
Tander
Ajstrup Strand
Mossø
Skanderborg Sø
Astrup
Onsted
Tulstrup
Malling
Storenor
Norsminde
Kysing
Sønder Vissing
Voervadsbro
Voerladegård
Hem
Tåning
Skårup
Svinsager
Hvilsted
Rantzausgave
Bøgeskov
Tvenstrup
Synnedrup
Kysing
Troelstrup
Yding
Lille Tåning
Båstrup
Nissumgård
Sophienlund
Giesing
Balle
Norsminde Fjord
Nølev
Tønning
Brædstrup
Gantrup
Havreballegård
Brørup
Hylke
Gammel Giesing
Snærild
Rude
Saksild Bu
Træden
Såby
Ejer
Ris
Ustrup
Torrild
Rørt
Over
Østbirk
Vestbirk
Grumstrup
Vedslet
Odder
Saksild
Bjerager
Sattrup
Elling
Kattrup
Fillerup
Rathlousdal
Ondrup
Dyngby
Over Randlev
Underup
Torp
Urup
Borupgård
Ørsko
Morsholt
Spøttrup
Gudenå
Å R
Ske

190

203
204
198
191
E
F
G
H
1
2
3
4
5
6
Bønnerup Strand
Gjerrild Nordstrand
Gjerrild Klint
Gjerrild Bugt
Gjerrild
Stokkebro
Brond-strup
Sostrup
Hemmed
Glesborg
Kær
Mejlgård
Tved-huse
Køkken-mødding
Fjellerup Strand
Fjellerup
Østergård
Mogen-strup
Havhuse
Lystrup Strand
Hevring-holm
Rygård Strand
Lystrup
Jættestue
Tustrup
Tranehuse
Hedegård
Hytten
Fjellerup Mark
Nørager
Nørager Mark
Vivild
Sorvad
Nielstrup
Gjesing
Langsø
Georgs-minde
Løvenholm
Løvenholm Skov
Ulstrup
Stenvad
Laen
Selkær
Kast-bjerg
Emmelev
Rimsø
Vegger-slev
Karlby
Hjembæk
Sangstrup Klint
Sangstrup
Voldby
Dalstrup
Thorsø
Stensmark
Fornæs Fyr
Fornæs
Hammelev
Åstrup
Ålebugt
Varberg
Dolmer
Grenaa
Kattegat-centret
Grenaa Strand
Fuglsang
Dystrup
Constantia
Ramten
Ørum
Mastrup
Skind-bjerg
Villersø
Mastrup Mark
Skærvad
Kirial
Enslev
Kni
Ørbæk
Godthåb
Kolstrup Gårde
Stenberg-holt
Mogen-strup
Nimtofte
Tøstrup
Ginnerup
Næsby
Kolindsund
Ingvorstrup Hovedgård
Fannerup
Brunmose
Fjeld Skov
Margret-helund
Pindstrup
Kærende
Sivested Mark
Skiffard
Revn
Attrup
Sundby
Vedø
Sivested
Fævejle
Allelev
Vejlby
Søby
Bøjstrup
Marie Magdalene
Ryomgård
Gammel Ryomgård
Koed
Mesballe
Bugtrup
Albøge
Fladstrup
Høbjerg
Alsø
Katholm Hovedgård
Tjerrild
Dagstrup
Skarresø
Astrup
Kolind
Kelstrup
Kærby
Lyngby
Homå
Ravnhøj
Ålsrode
Falkær Gårde
Thorsager
Ebdrup
Mårup
Nødager
Obdrup
Trustrup
Pederstrup
Hallen-drup
Bjørnholm
Lykkesholm
Balle
Østerballe
Fårup
Smouen
Krarup
Høegholm
Horstved
Drammel-strup
Glatved
Glatved Strand
Rønde
Rostved
Stabrand
Ørup
Hoed
Korup
Aarhus-Tirstrup
Tirstrup
Rosmus
Birkesig
Ugelbølle
Følle Strand
Bregnet Kirke
Bjødstrup
Tåstrup
Rugård
Nørresø
Fuglslev
Løgten Bugt
Egens Havhuse
Møllerup
Øjesø
Feldballe
Skramsø
Øksenmølle
Hyllested
Kalø Slot
Egens
Kejlstrup
Langsø
Gravlev
Egens Vig
Møgelbjerg
Ørnbjerg Mølle
Hyllested Skovgårde
Kalø Vig
Stubbe Sø
Jernhatten
Arnakke
Grønfeld
C 500
Krakær
Stubbe
Vrinners
Skærsø Hovedgård
Holme
Andrup
Agri Bavnehøj
Handrup
Rolsøgård
Agri
Femmøller Strand
Handrup Strand
Egsmark
Næsset
Øhoved
Poskær Stenhus
Egsmark Strand
Dråby
Boeslum Strand
Knebel Vig
Knebel
Trehøje
Bogens
Fregatten Jylland
Boeslum
Skelhøj
Tved
Viderup
Ahl Hage
Torup
Fuglsø
Tillerup
Strands
Skovgårde
Ebeltoft
Kobberhage
Begtrup Vig
Begtrup
Ålerne
Eg
Isgård
Ebeltoft Vig
Else-gårde
Ahl
Begtrup Vig
Olaf Ryes Skanse
Øerne
Kongsgårde
Hassensør
Hjelm
Borup
Fejrup
Esby
Helgenæs
Ørby
Ellemands-bjerg
Sletterhage
UGT
Issehoved
Ballebjerg
Nordby
Nordby Bugt
Tunø
Mårup
Nordby Kirke
Tunø By
Asmindør Hage
Kyholm
Lind
Vejrø
Bosserne
5
15
16
21
523
547

A
B
C
D
204
1
2
3
4
5
6
197
192
Hesselø
Sjællands Rev N
Gniben
16
Yderby Lyng
Yderby
Havnebyen
29
21
Overby
Overby Lyng
Sjællands Odde
5
Lumsås
Klint
Hesselø Bugt
Korshage
Knud Rasmussen
Nødet
Hundested
Nyrup Bugt
Nakke Lyng
Nørrevang
Skansehage
Rørvig
225
Troldstuerne
Nyrup
Tengslemark
Næsholm
Tengslemark Lyng
Stenstrup
Nykøbing S
Nakke
28
Højby Lyng
Højby
Stårup
Moseby
Fundsted Solvognen
Nakke Hage
Nørre Asmindrup
Nykøbing Bugt
Kongstrup
Ellinge Kongepart
Svinninge
Strandhuse
Isefjord
Mastrup
Hønsinge
Rode
Unnerud
Sejerø Bugt
Veddinge Bakker
Høve Strand
Vig
Eskilstrup
Egebjerg
Skamlebæk Strand
Jyderup
Ordrup Næs
Høve
Bognæs
Abildøre
Holkerup
Ordrup
91
Sidinge Fjord
82
Veddinge
Fårevejle Kirkeby
Asnæs
Herrestrup
Orø
Nørre Stænge
Næsby
Elmebjerg
Atterup
Kongsøre Næbbe
41
121
Grevinge
Gundestrup
Nekselø Bugt
Vindekilde
Fårevejle Stationsby
Lammefjord
Kisserup
Vesterløb
Østerløb
25
Nekselø
Dragsholm
59
Bybjerg
Stold
263
Lammefjord
Gurede
Udby
Gamløse
Kragerø
Snavhuse
Starreklinte
231
Hørve
Hagested
Tuse Næs
Bognæs
Havnsø
Skippinge
Sandby
Gislinge
Hørby
Lindholm
Alleshave
22
Føllenslev
225
Holbæk
Holbæk Fjord
Mårsø
Dragerup
Alleshave Kirke
Ny Hagested
Favrbo
Snertinge
Tuse
Tjebberup
C 501

E
F
G
H
Kullen
Mölle
Arild
Krapperup
111
Nyhamnsläge
Jonstorp
Väsby
Höganäs
Ingelsträde
Mjöhult
Lererget
Viken
Domsten
Hittarp
Sofiero
Gilleleje
Smidstrup
237
Munkerup
Udsholt
Fjellenstrup
Rågeleje
Ølshøj
Søborg Slot
Villingebæk
Hornbæk
Dronningmølle
Rudolph Tegner
Sten-strup
Hellebæk
251
227
Vejby Strand
223
Blistrup
Alme
Søborg
Villingerød Kirke
Saunte
Dragstrup
Villingerød
Danmarks Tekniske Museum
Kolsbæk
Græsted
Aggebo
Havreholm
Borsholm
Vejby
Esrum
Nygård
Tisvilde
Ørby
Mønge
Valby
Dønnevælde
Esbønderup
Plejelt
Bistrup
205
213
Kronborg
Helsing borg
Tisvilde Hegn
Laugø
267
Helsinge
Haregab Skovhuse
Esrumkloster
Langesø
Trafikmuseum
Gurre
Helsingør
Tibirke Bakker
57
Ågerup
Mårum
Tikøb
E47
Asserbo
Nejlinge
Esrum Sø
46
Gurre Slot
152
Ejlstrup
235
Asserbo
Ramløse
Skærød
251
41
Kagerup
Gribskov
Jonstrup
Nyrup
Snekkersten
Melby
Annisse Nord
84
Fredensborg Slot
Brunemark
Kvistgård
Vinderød
Auderød
Pøleå
Arresø
Annisse
267
Nødebo
Gadevang
227
Sørup
Fredens-borg
Søholm
Dageløkke
Louisiana
Humlebæk
70
Dronningholm
Alsønderup
Tulstrup
Frederiksværk
Nejede
Nationalhistorisk Museum
Grønholt
Lønholt
Sletten
Æbelholt Kloster
19
Niverød
Kregme
Lille Lyngby
02
Grønholt
Vejenbrod
Nivå
Nivå Bugt
Græslingehøj
Frederiksborg Slot
Hesselrød
Øresund
16
Meløse
Hillerød
Roskilde Fjord
Ølsted
Store Lyngby
4
Store Dyrehave
Karlebo
152
Kyrkbacken
Lille Havelse
Skævinge
Ny Harløse
E47
211
Borup
Freerslev
19
6
Gunderød
6
Ny Hammersholt
Kirkelte
Hørsholm
Stjernebor
Nordskoven
53
Nørre Herley
201
Kongedyssen
Grønnegade
207
Rungstedlund
Havelse Å
Strø
Strø Bjerg
16
21
Sigerslevøster
Gørløse
233
Lillerød
Blovstrød
Sjælsmark
6
Uvelse
Kollerød
Allerød
Ravnsnæs
Bådebæk
Græse Bakkeby
Sigerslevvester
Græse
Birkerød
Hørup
Græse Å
Hørsterkøb
Slot
J.F. Willumsen
55
Slangerup
229
Uggeløse
Lynge
Bregnerød
Gammel Holte
Trørød
52
Nymølle
53
Sundbylille
207
201
Skodsborg
Frederikssund
Jørlunde
207
Bastrup Stenhus
Farum
Holte
19
Oppe Sundby
Myrestenen
Brede
Rosenhaven
Gerlev
Frilandsmuseum
Lyngerup
Slagslunde
Kirke Værløse
Furesø
152
Tørslev
Ganløse
16
Dalby
Store Rørbæk
Ølstykke
42
Mølleå
Krogstrup
Skuldelev
211
233
Værløse
Svestrup
Søsum
53
6
Knardrup
Danmarks Akvarium
Østby
Tangbjerg
Stenløse
Værebro
Værebro Å
Veksø
Måløv
Skibby
Jyllinge
04
Sønderby
Smørumnedre
211
03
Selsø
12
Østrup
Herlev
Eskilsø
Gundsømagle
Smørumovre
Ballerup
KØBENHAVN
Gershøj
Roskilde
Herringløse
211
Tågerup
Sæby
Fjord
Gundsølille
Hvedstrup
Risby
Rosenborg Slot
02
Ågerup
1
2
3
4
5
6

193

A
B
C
D
1
2
3
4
5
6
N O R D S E E
Nissum Bredning
Lerwick, Seydisfjord
Bergen, Kristiansand
Hanstholmfæstningen
Roshage
Hamborg
Hanstholm
Hanstholm Vildtreservat
Risbjerge
Ræhr
Sårup
Blegsø
Hykær
Tved
Klitplantage
Klitmøller
Vilsbøl Klit-plantage
Hinding
Nors Sø
Vandet Sø
Agerholm
Vester Vandet
Øster Vandet
Vangså
Nystrup Klitplantage
Vandet Klitplantage
Vang
Torup Kirke
Skårup
Skinnerup
Thorsted
Torup
Dollerup
Nordsøakvariet
C 206
Torup Klitplantage
Voldsted
Sjørring
Nørre Vorupør
Snejstrup
Jannerup
Sønder Vorupør
Rastrup
Sperring
Silstrup
Faddersbøl
Næstrup
Hundborg
Kallerup
Stenbjerg
Stenbjerg
Fredskilde
Ulstrup
Skjoldborg
Tegå
Nørhå
Årup
Sundby
Ås
Snedsted
Vilsund Vest
Istrup
Ovesø
Elsted
Sønderhå
Øland
Stagstrup
Lyngby
Hvidbjerg Klitplantage
Kjallerup
Hørsted
Harring Kirke
Gærup
Hvidbjerg Kirke
Madsted
Kovstrup
Hørdum
Koldby
Skallerup
Lyngholm
Svankær
Tandrup
Skyum
Skyum Bjerge
Vilsund
Lodbjerg Fyr
Svindborg
Hassing
Øster Jølby Kirke
Hvidbjerg Å
Gammel Bedsted
Irup
Vester Jølby
Tolbøt
Ørum
Bedsted
Villerslev
Gudnæs Strand
Dragstrup Vig
Flade Sø
Ørum Sø
Villerup
Fjallerslev
Kloster Mølle
Trankær
Visby
Ørndrup Mark
Tæbring
Agger
Tåbel
Tygstrup
Grurup
Gammelby
Visby Bredning
Damsgård
C 205
Vestervig Kirke
Ettrup
Ullerup
Blåbjerg Gårde
Øvtrup
Agger Tange
Vestervig
Lundhøj
Torp
Ashøj
Heltborg
Karby
Rakkeby
Krik Vig
Randrup
Hurup
Toftum
Arbjerg
Øster Hvidbjerg
Refs
Vester Hvidbjerg
Redsted
Nees Sund
Thyborøn Kanal
Flarup
Dover
Nees
Glomstrup
Gettrup
Doverodde
Agerø
Boddum
Sønderby
Thyborøn
Bisgård
Vester Assels
C 204
Helligsø
Ydby
Boddum
Munkholm Odde
Øster Assels
Ydby Hede
Lindholm
Sindrup
Sønder Ydby
Skibsted Fjord
Rønsø Odde
Torp
Hundser Odde
Hindsels
Lyngs Kirke
Styvel
Hestør Odde
Harboøre Tange
Smerup
Ibsted
Cheminova
Lyngs
Semb
Kås B
Kallerup
Hvidbjerg
Jegind
Jegindø
Langerhuse
Flovlev
Kirkeby
Flyvholm Redningsstation
Stavsholm
Thyholm
Hellerød
Kås Sø
Nørre Vrist
Harboøre
Uglev
Bjerg
Odby
Søndbjerg
Kås Hoved
Vrist
Serup
Kås Hovedgård
Gransgård
Follup Odde
Lavbjerg Hage
Engbjerg Kirke
Underbjerg
Sønderhede
Lem Vig
Vejlby
Sønderby
Torsodde
Strande
Byskov
Oddesund Nord
Ferring Sø
Tørring
C 203
Østerbol
Oddesund
Oddesund Syd
Klinkby
Tørring Huse
Kamstrup
Venø
Nørskov
C 202
Vandborg
Heldum Kirkeby
Nissum Seminarieby
Ferring Strand
Fabjerbøl
Venø By
194

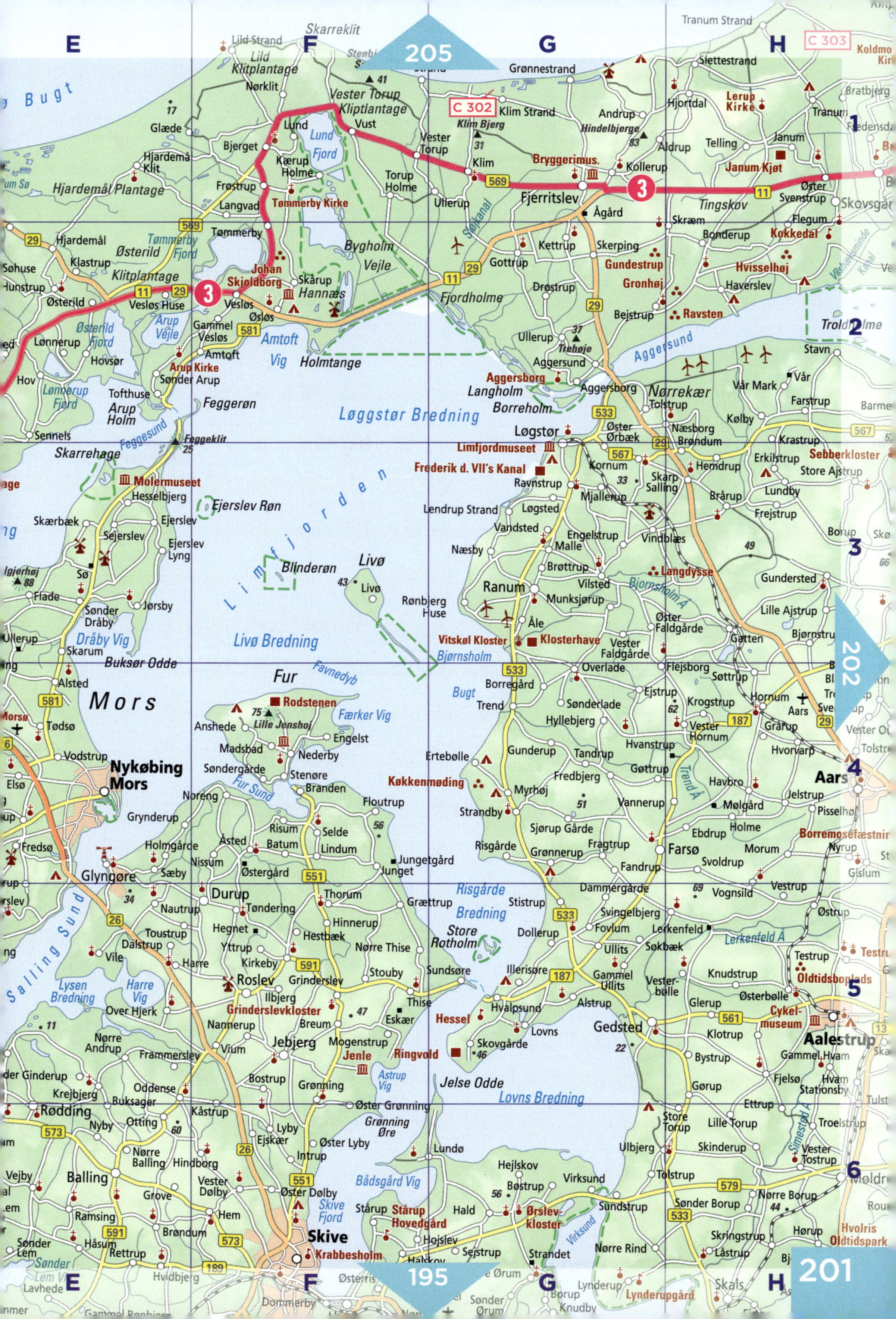

E
F
G
H
205
195
202
C 302
C 303
Bugt
Skarreklit
Lild Strand
Lild Klitplantage
Nørklit
Vester Torup Klitplantage
Grønnestrand
Slettestrand
Tranum Strand
Lerup Kirke
Bratbjerg
Tranum
Klim Strand
Klim Bjerg
Andrup
Hjortdal
Hindelbjerge
Janum
Telling
Glæde
Lund
Lund Fjord
Vust
Vester Torup
Klim
Bryggerimus.
Kollerup
Aldrup
Janum Kjøt
Øster Svenstrup
Skovsgaard
Hjardemål Klit
Bjerget
Kærup Holme
Torup Holme
Ullerup
Fjerritslev
Ågård
Tingskov
Hjardemål Plantage
Frøstrup
Langvad
Tømmerby Kirke
Skræm
Flegum
Bonderup
Kokkedal
Tømmerby
Hjardemål
Tømmerby Fjord
Østerild Klitplantage
Klastrup
Søhuse
Østerild
Bygholm Vejle
Skårup
Hannæs
Johan Skjoldborg
Vesløs Huse
Vesløs
Øsløs
Gammel Vesløs
Amtoft
Amtoft Vig
Holmtange
Fjordholme
Gottrup
Kettrup
Skerping
Gundestrup
Gronhøj
Hvisselhøj
Haverslev
Drøstrup
Bejstrup
Ravsten
Ullerup
Trehøje
Aggersund
Aggersborg
Østerild Fjord
Arup Vejle
Lønnerup
Hovsør
Arup Kirke
Sønder Arup
Hov
Lønnerup Fjord
Tofthuse
Arup Holm
Feggerøn
Langholm
Borreholm
Nørrekær
Tolstrup
Vår Mark
Vår
Farstrup
Kølby
Stavn
Troldholme
Løggstør Bredning
Løgstør
Øster Ørbæk
Næsborg
Brøndum
Krastrup
Erkilstrup
Sebberkloster
Store Ajstrup
Sennels
Skarrehage
Feggesund
Feggeklit
Limfjordmuseet
Frederik d. VII's Kanal
Kornum
Skarp Salling
Hemdrup
Bråtrup
Lundby
Frejstrup
Molermuseet
Hesselbjerg
Ejerslev Røn
Ejerslev
Ravnstrup
Mjallerup
Lendrup Strand
Løgsted
Vandsted
Engelstrup
Malle
Vindblæs
Borup
Skærbæk
Sejerslev
Ejerslev Lyng
Limfjorden
Næsby
Brøttrup
Langdysse
Igjerhøj
Sø
Blinderøn
Livø
Flade
Jørsby
Rønbjerg Huse
Ranum
Munksjørup
Vilsted
Bjørnsholm Å
Gundersted
Lille Ajstrup
Sønder Dråby
Ullerup
Skarum
Dråby Vig
Livø Bredning
Åle
Vitskøl Kloster
Klosterhave
Øster Faldgårde
Vester Faldgårde
Gatten
Bjørnstrup
Bjørnsholm
Buksør Odde
Favnedyb
Overlade
Flejsborg
Søttrup
Alsted
Mors
Fur
Rodstenen
Borregård
Sønderlade
Ejstrup
Krogstrup
Hornum
Aars
Tødsø
Anshede
Lille Jenshøj
Færker Vig
Bugt
Trend
Hyllebjerg
Vester Hornum
Gråfup
Vodstrup
Nykøbing Mors
Madsbad
Engelst
Nederby
Ertebølle
Gunderup
Tandrup
Hvanstrup
Hvorvarp
Søndergårde
Stenøre
Branden
Køkkenmødding
Fredbjerg
Gøttrup
Trend Å
Elsø
Noreng
Fur Sund
Floutrup
Myrhøj
Havbro
Mølgård
Jelstrup
Gryndertup
Strandby
Vannerup
Pisselhøj
Holmgårde
Åsted
Risum
Batum
Selde
Lindum
Sjørup Gårde
Grønnerup
Fragtrup
Ebdrup
Holme
Borremosefæstning
Fredsø
Nissum
Østergård
Jungetgård
Junget
Risgårde
Farsø
Fandrup
Morum
Svoldrup
Nyrup
Glyngøre
Sæby
Durup
Thorum
Græftrup
Risgårde Bredning
Stistrup
Dammergårde
Vognsild
Vestrup
Nautrup
Tøndering
Hinnerup
Svingelbjerg
Lerkenfeld
Østrup
Salling Sund
Toustrup
Hegnet
Hestbæk
Store Rotholm
Dollerup
Fovlum
Lerkenfeld Å
Dalstrup
Yttrup
Nørre Thise
Ullits
Søkbæk
Testrup
Vile
Harre
Kirkeby
Stouby
Sundsøre
Illerisøre
Gammel Ullits
Knudstrup
Oldtidsboplads
Lysen Bredning
Harre Vig
Roslev
Grinderslev
Thise
Vester-bølle
Østerbølle
Over Hjerk
Grinderslevkloster
Eskær
Hessel
Hvalpsund
Alstrup
Glerup
Cykel-museum
Nørre Andrup
Nannerup
Breum
Ålestrup
Frammerslev
Vium
Jebjerg
Mogenstrup
Skovgårde
Lovns
Gedsted
Klotrup
Gammel Hvam
Jenle
Ringvold
Bystrup
Nder Ginderup
Bostrup
Astrup Vig
Fjelsø
Hvam Stationsby
Krejbjerg
Oddense
Grønning
Jelse Odde
Lovns Bredning
Gørup
Rødding
Buksager
Kåstrup
Øster Grønning
Grønning Øre
Ettrup
Nyby
Otting
Lyby
Store Torup
Lille Torup
Troelstrup
Nørre Balling
Hindborg
Ejskær
Øster Lyby
Intrup
Lundø
Ulbjerg
Skinderup
Vester Tostrup
Balling
Vester Dølby
Øster Dølby
Hejlskov
Bøstrup
Virksund
Tolstrup
Vejby
Grove
Skive Fjord
Bådsgård Vig
Nørre Borup
Ramsing
Hem
Stårup
Stårup Hovedgård
Hald
Ørslev-kloster
Sundstrup
Sønder Borup
Brøndum
Skringstrup
Høsum
Rettrup
Skive
Krabbesholm
Højslev
Sejstrup
Strandet
Nørre Rind
Låstrup
Hørup
Hvolris Oldtidspark
Sønder Lem
Lem Vig
Hvidbjerg
Lavhede
Østerris
Dommerby
Ørum
Sønder Ørum
Borup
Lynderup
Knudby
Lynderupgård
Skals
Kokkedal
Virksund

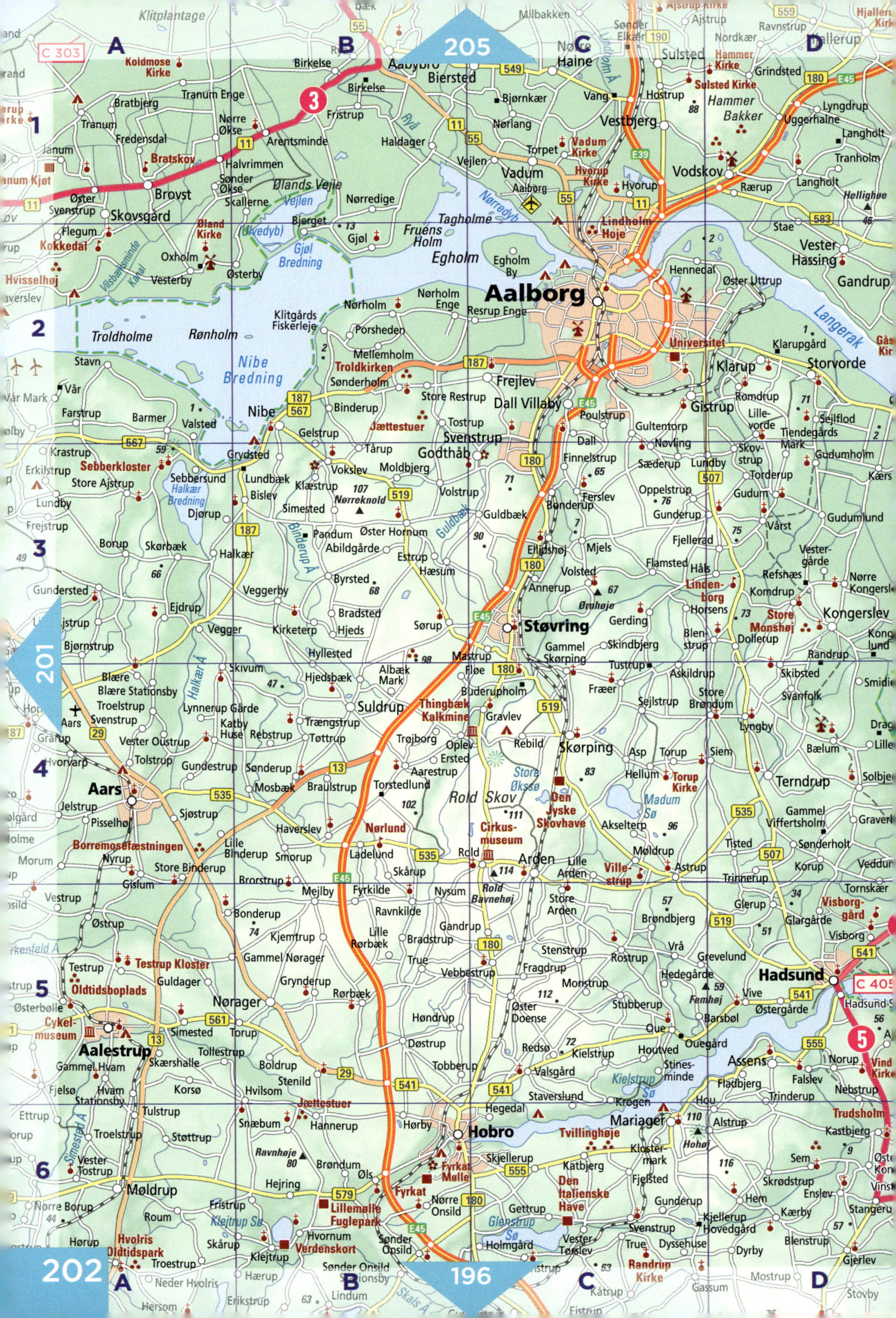

205
196
201
A
B
C
D
1
2
3
4
5
6
Klitplantage
Koldmose Kirke
Birkelse
Aabybro
Biersted
Nørre Halne
Sulsted
Hammer Kirke
Sulsted Kirke
Hammer Bakker
Grindsted
Dallerup
Lyngbydrup
Uggerhalne
Langholt
Tranholm
Bratbjerg
Tranum Enge
Tranum
Fredensdal
Bratskov
Nørre Økse
Arentsminde
Fristrup
Ryå
Haldager
Bjørnkær
Nørlang
Vang
Vestbjerg
Hostrup
Torpet
Vadum Kirke
Vadum
Aalborg
Hvorup Kirke
Hvorup
Vodskov
Rærup
Halvrimmen
Sønder Økse
Skallerne
Øland Vejle
Vejlen
Nørredige
Vejlen
Nørredyb
Tagholme
Brovst
Øster Svenstrup
Skovsgård
Flegum
Kokkedal
Øland Kirke
Bjørget
Gjøl
Fruens Holm
Egholm
Egholm By
Lindholm Høje
Stae
Vester Hassing
Gandrup
Hvisselhøj
Oxholm
Vesterby
Østerby
Gjøl Bredning
Vilsbæksminde Kanal
Hennedal
Øster Uttrup
Aalborg
Troldholme
Rønholm
Klitgårds Fiskerleje
Nørholm
Nørholm Enge
Resrup Enge
Porsheden
Mellemholm
Langerak
Universitet
Klarupgård
Klarup
Storvorde
Nibe Bredning
Troldkirken
Sønderholm
Frejlev
Dall Villaby
Stavn
Vår
Vår Mark
Farstrup
Barmer
Valsted
Nibe
Binderup
Store Restrup
Poulstrup
Gistrup
Romdrup
Lillevorde
Sejlflod
Tiendegårds Mark
Jættestuer
Tostrup
Svenstrup
Dall
Guldentorp
Nøvling
Krastrup
Sebbersund
Sebberkloster
Erkilstrup
Store Ajstrup
Lundby
Frejstrup
Grydsted
Gelstrup
Tårup
Godthåb
Finnelstrup
Sæderup
Lundby
Skovstrup
Gudumholm
Lundbæk
Bislev
Vokslev
Klæstrup
Moldbjerg
Tørderup
Halkær Bredning
Djørup
Simested
Nørreknold
Volstrup
Ferslev
Bønderup
Oppelstrup
Gudum
Gudumlund
Borup
Skørbæk
Halkær
Pandum
Abildgårde
Øster Hornum
Binderup Å
Guldbæk
Guldbæk
Gunderup
Vårst
Ellidshøj
Mjels
Fjellerad
Vestergårde
Gundersted
Ejdrup
Veggerby
Byrsted
Estrup
Hæsum
Volsted
Annerup
Flamsted
Hals
Refsnæs
Nørre Kongerslev
Lindenborg
Komdrup
Bradsted
Ørnhøje
Horsens
Store Restrup
Kongerslev
Vegger
Kirketerp
Hjeds
Sørup
Støvring
Gerding
Blenstrup
Store Mosehøj
Dollerup
Bjørnstrup
Hyllested
Mastrup
Gammel Skørping
Skindbjerg
Randrup
Skivum
Halkær Å
Hjedsbæk
Albæk Mark
Fløe
Tustrup
Askildrup
Skibsted
Blære
Blære Stationsby
Troelstrup
Svenstrup
Aars
Suldrup
Buderupholm
Fræer
Sejlstrup
Store Brøndum
Svanfolk
Lynnerup Gårde
Katby Huse
Rebstrup
Trængstrup
Tøttrup
Thingbæk Kalkmine
Gravlev
Lyngby
Vester Oustrup
Tolstrup
Trøjborg
Rebild
Oplev
Ersted
Skørping
Asp
Torup
Siem
Bælum
Gundestrup
Sønderup
Mosbæk
Braulstrup
Aarestrup
Store Økssø
Hellum
Torup Kirke
Terndrup
Aars
Sjøstrup
Torstedlund
Rold Skov
Den Jyske Skovhave
Madum Sø
Gammel Viffertsholm
Jelstrup
Pisselhøj
Haverslev
Nørlund
Cirkusmuseum
Akselterp
Borremosefæstningen
Nyrup
Lille Binderup
Smorup
Ladelund
Rold
Arden
Lille Arden
Møldrup
Tisted
Sønderholt
Store Binderup
Brorstrup
Skårup
Villestrup
Astrup
Korup
Gislum
Mejlby
Fyrkilde
Nysum
Rold Bavnehøj
Trinnerup
Vestrup
Bonderup
Ravnkilde
Store Arden
Brøndbjerg
Glerup
Visborggård
Glargårde
Østrup
Kjemtrup
Lille Rørbæk
Gandrup
Bradstrup
Stenstrup
Rostrup
Vrå
Grevelund
Visborg
Testrup
Testrup Kloster
Gammel Nørager
True
Fragdrup
Hedegårde
Hadsund
Oldtidsboplads
Guldager
Grynderup
Vebbestrup
Monstrup
Femhøj
Vive
Østergårde
Hadsund
Østerbølle
Nørager
Rørbæk
Øster Doense
Stubberup
Barsbøl
Cykelmuseum
Simested
Torup
Hændrup
Oue
Ouegård
Aalestrup
Tollestrup
Døstrup
Redsø
Kielstrup
Houtved
Assens
Norup
Vindblæs Kirke
Gammel Hvam
Skærshalle
Boldrup
Tobberup
Valsgård
Stinesminde
Falslev
Fjelsø
Hvam Stationsby
Korsø
Stenild
Hvilsom
Kielstrup Sø
Staverslund
Krogen
Fladbjerg
Trinderup
Nebstrup
Tulstrup
Jættestuer
Hegedal
Mariager
Hou
Alstrup
Trudsholm
Troelstrup
Snæbum
Hannerup
Hørby
Hobro
Tvillinghøje
Kastbjerg
Vester Tostrup
Støttrup
Ravnhøje
Brøndum
Fyrkat Mølle
Skjellerup
Klostermark
Hohøj
Sem
Møldrup
Hejring
Øls
Fyrkat
Katbjerg
Fjeldsted
Skrødstrup
Enslev
Nørre Borup
Roum
Fristrup
Lillemølle Fugelpark
Nørre Onsild
Gettrup
Den Italienske Have
Gunderup
Hem
Kærby
Stangerum
Kjeldrup Sø
Skårup
Hvornum
Glenstrup Sø
Kjellerup
Hovedgård
Blenstrup
Hørup
Hvolris Oldtidspark
Kleijtrup
Vedenskort
Sønder Onsild
Holmgård
Svenstrup
Dyssehuse
Dyrby
Troestrup
Hærup
Sønder Onsild Stationsby
Vester Tørslev
True
Randrup Kirke
Gjerlev
Neder Hvolris
Lindum
Skals Å
Gassum
Mostrup
Stovby
Hersom
Erikstrup
Kåtrup
Fistrup
E45
E39
C 303
C 405

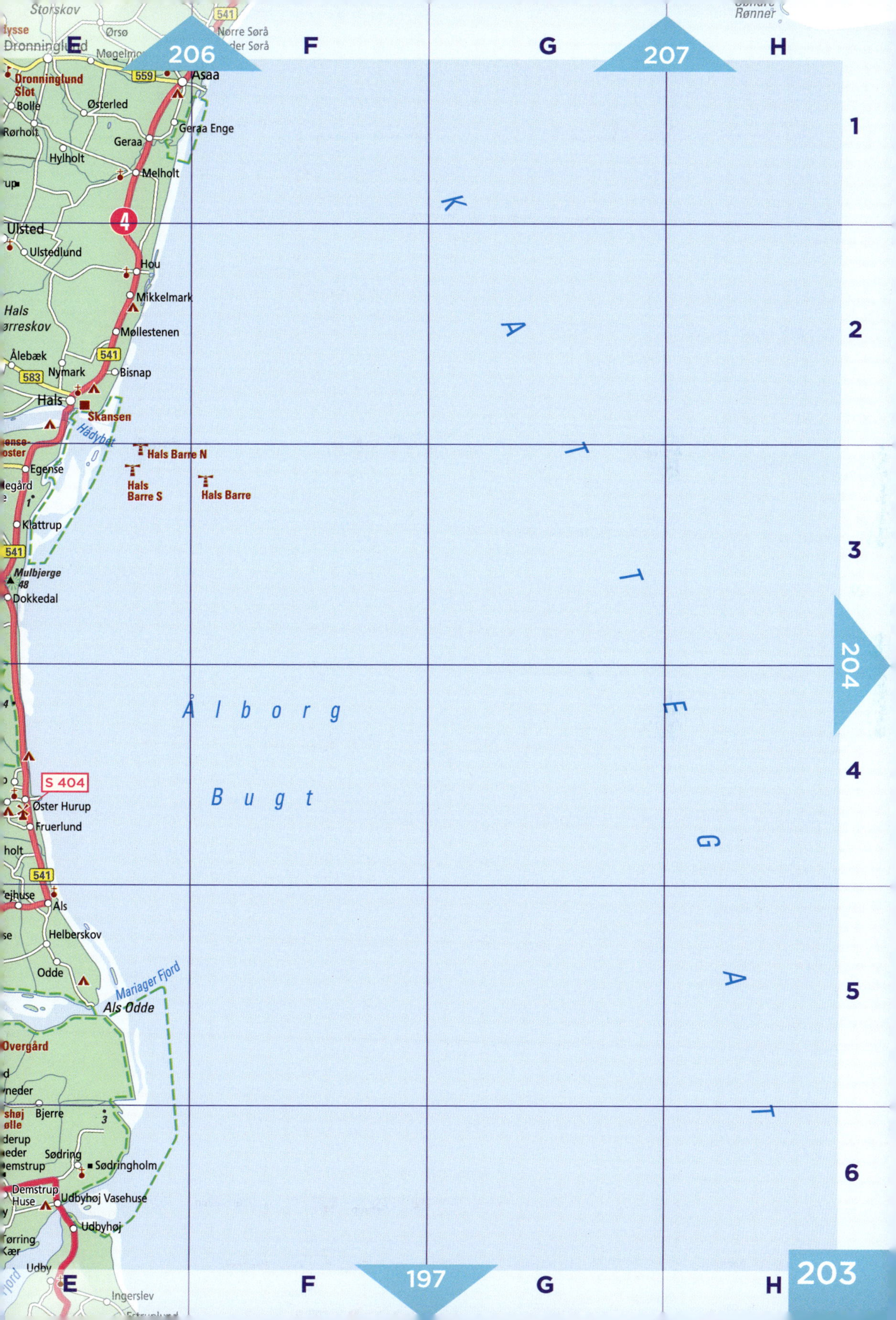
206
207
204
197
E
F
G
H
1
2
3
4
5
6
Storskov
Ørsø
541
Nørre Sørå
Dronninglund
Møgelmo
559
Asaa
Dronninglund Slot
Bolle
Østerled
Rørholt
Geraa
Geraa Enge
Hylholt
Melholt
Rønner
4
Ulsted
Ulstedlund
Hou
Mikkelmark
Hals
Møllestenen
Ålebæk
541
583
Nymark
Bisnap
Hals
Skansen
Hådybet
Hals Barre N
Hals Barre S
Hals Barre
Egense
Klattrup
541
Mulbjerge
48
Dokkedal
K
A
T
T
E
G
A
T
Å l b o r g
B u g t
S 404
Øster Hurup
Fruerlund
541
Als
Helberskov
Odde
Mariager Fjord
Als Odde
Overgård
Bjerre
Sødring
Sødringholm
Demstrup
Huse
Udbyhøj Vasehuse
Udbyhøj
Udby
Ingerslev

K A T T E G A T
Anholt
Totten
22
Ørkenen
Pakhus-
bugten
Anholt
48
Anholt
Sønderbjørg
Gjerrild
Nordstrand
Emmedsbo
22
Gjerrild
Klint
Brond-
strup
Stokkebro
Sostrup
Gjerrild
Gjerrild Bugt
53
Hjembæk
Vegger-
slev
Rimsø
Karlby
Sangstrup Klint
Emmelev
Kast-
bjerg
Dalstrup
Voldby
Sangstrup
28
Thorsø
Stensmark
Fornæs Fyr
Villersø
Hammelev
Dolmer
Åstrup
Å l e b u g t
16
Enslev
Grenaa
Næsby
Kattegat-
centret
Grenaa Strand
15
5
Fuglsang
Vejlby
Høbjerg
Ålsø
Katholm
Hovedgård
54
Ravnhøj
Ålsrode
13
Trustrup
Lykkesholm
Balle
Østerballe
Glatved
Hoed
Glatved
Strand
Rosmus
Birkesig
Rugård
Nørresø
Hyllested
Hyllested
Skovgårde
49
Arnakke
Holme
Boeslum Strand
Varberg
A B C D
1 2 3 4 5 6
203
197
198

E
F
G
H
1
2
3
4
5
6
S K A G E R R A K
Jammerbugten
Stavanger, Bergen, Kristiansand
Langesund
Larvik
Hirtshals
C 305
Tornby Strand
Nørre Tornby
Dysse
Tornby
Kærsgård Strand
Kærsgård
Nørlev Strand
Skallerup Strand
Sletttingen
Nørlev
Vidstrup
Krustrup
Lønstrup
Sønderlev
Hjørring
Mårup Kirke
Villerup
Gjurup
Sorthede
Sandflugtsmuseum
Gammel Vennebjerg
Vennebjerg
Åstrup
C 304
Jelstrup
Sønder Harritslev
Hundelev
Seilstrup
Rubjerg Kirke
Nørre Lyngby
Sønder Rubjerg
Sejlstrup Kirke
Rakkeby
Vittrup
Christiansdal
Smidstrup
Harken
Furreby
Vejby
Løkken
Skøttrup
Børglum-kloster
Børglum
Nørre Vrå
Vrejlev Ki
Vrå
Em
Sønder Vrå
Hvorup Klit
Vrensted
Grønhøj
Båsted Hede
Vrensted Østerhede
Stenum
Tømmerby
Ingstrup
Tolstrup
Holte
Ejerstedt
Saltum Kirke
Vester Hjermitslev
Tise
Gulbjerg
Manna
Øster Hjermitslev
Fårup
Saltum
Alstrup
Gammel Hammelmose
Hjermitslevgård
Brønderslev
Blokhus
Hune
Østrup
Sønder Saltum
Blokhus Klitplantage
Kvorup
Øster Rendbæk
Gammel Burholt
Rimmehuse
Store Vildmose
Pandrup
Sandels Fenner
Rødhus
Rødhus Klit
Rødhus Kirke
Lundergård Mark
Jetsmark Kirke
Brændskov
Kaas
Skovengene
Gammel Vrå
Tranum Klitplantage
Moseby
Mergelsbæk
Damfenner
Tylstrup
Ajstrup Kirke
Tranum Strand
Milbakken
Sønder Elkær
C 303
Koldmose Kirke
Ryå
Nørre Halne
Sulsted
Slettestrand
Birkelse
Aabybro
Biersted
Sulsted Kirke
Andrup
Hjortdal
Lerup Kirke
Bratbjerg
Tranum Enge
Birkelse
Bjørnkær
Vang
Hostrup
Hindelbjerge
Tranum
Nørre Økse
Fristrup
Nørlang
Vestbjerg
Aldrup
Telling
Janum
Fredensdal
Arentsminde
Haldager
Torpet
Vadum Kirke
Bratskov
Halvrimmen
Vejlen
Vadum
Hvorup Kirke
Vodskov
Kollerup
Janum Kjøt
Sønder Økse
Ølands Vejle
Aalborg
Hvorup
Øster Svenstrup
Brovst
Skallerne
Vejlen
Nørredige
Nørredyb
Ågård
Tingskov
Skovsgård
Øland Kirke
Bjerget
Tagholme
Lindholm
Skerping
Oxholm
Gjøl
Gjøl Bredning
Fruens Holm
Egholm
Lindholm Å
Liver Å
Rakkeby Å
Ryå
201
202
205
206

A
B
C
D
1
2
3
4
5
6
Hirtshals
C 305
Nordsømuseet
Tannis Bugt
Skagen
S 402
Den tilsandede Kirke
Tranestederne
Hulsig
Kandestederne
Rannerød
Bunken Klitplantage
Råbjerg Kirke
Lodskovvad
Skiveren
Ørnereservatet
Tversted Plantage
Ålbæk
Ålbæk Bugt
Øster Krasborg
Napstjært
Gårdbogård
Hvims
Råbjerg Mose
Jerup Hede
Jerup
Uggerby Klitplantage
C 400
Østenåen
Tversted
Tuen
Nørre Elkær
Terpet
Uggerby
Sørig Kirke
Horne
Åbyen
Asdal
Retholt
Tornby Strand
Nørre Tornby
Hørup
Allingdam
Mygdal
Odden
Dysse
Tornby
Snerve
Hellehøj
Grøntved
Bindslev Kirke
Bindslev
Sønder Bindslev
Stenbæk
Blæsbjerg
Kærsgård
Mogensbæk
Baggesvogn
Sindal
Mastrup
Dysse
Bratten Strand
Strandby
Græsholm
Slettingen
Vidstrup
Bjergby
Tågholt
Mosbjerg Kirke
Mosbjerg
Nielstrup
Borrisholt
Dvergetved
Krustrup
Skibsby
Klastrup
Astrup
Sindal gamle Kirke
Tolne
Kvissel
Elling
C 403
Rønnerne
Hjørring
Bøgsted
Hovedgård
Sindal
Tolne Kirkeby
Skårupgård
Mejling
Ravnshøj
Knivholt
Gjurup
Sønderskov
Hørmested
Rammelhøj
Frederikshavn
Deget
Åstrup
Høgholt
Skærum
Åsted
Favrholt
Kilden
Fuglsik
Egebjerg
Linderum
Rydal
Tingstedet
Bangsbo
Sønder Harritslev
Hundelev
Hæstrupgård
Lørslev
Ugilt
Glimsholt
Seilstrup
Hæstrup Mejeriby
Ilbro
Lendum
Dysse
Gærum
Halbjerg
Sejlstrup Kirke
Rakkeby
Rønnovsholm
Borup
Trøderup
Blakshøj
Øksnebjerg
Harken
Hvidstedgård
Stenhøj
Smidstrup
Tårs
Mørild
Løth
Højstrup
Vejby
Guldager
Skibtved
Sulbæk
Gunderup
Høgsted
Søholt
Nørre Vrå
Vrejlev Kirke
Graum
Sæsing
Hørbylund
Understed
Karup
Vrejlevkloster
Ny Rønnebjerg
Øster Vrå
Torslev Kirke
Hørby Kirke
Øksenhede
Em
Vrå
Poulstrup
Tollestrup
Gammel Rønnebjerg
Koldbro
Thorshøj
Ottestrup
Sæby
Sønder Vrå
Volstrup Kirke
Sæbygård
Stenum
Serritslev
Sterup
Mylund
Ormholt
Hørby
Volstrup
Try
Flyvbjerg
Rampen
Hejselt
Haven
Syvsten
Kragelund
Holte
Kirkholt
Store Ørtoft
Søhedens Bakke
Skæve Kirke
Badskær
Solsbæk
Øster Hjermitslev
Jerslev
Brønden
Hugdrup
Hjermitslevgård
Klæstrup
Stagsted
Dybvad
Stidsholt
Brønderslev
Hellum
Sønderklit
Øster Brønderslev
Hellum Kirke
Storstenbakke
Flauenskjold
Mølholt
Lyngså
Gammel Burholt
Kølskegård
Degnehøje
Hvilshøje
Hallund
Røgelhede
Allerup
Præstbro
Voer Kirke
Dorf Kirkeby
Ålbæk
Favrholt
Hvilshøj
Hollensted
Dorf Mølle
Dorf
Gammel Agersted
Brændskov
Kraghede
Klokkerholm
Agersted Bakker
Fæbroen
Store Rugtved
Voerså
Gammel Vrå
Ørum Vestermark
Sukkertoppen
Dysse
Agersted
Tylstrup
Krabdrup
Thorup
Dronninglund Storskov
Ajstrup Kirke
Ørum
Hjallerup Kirke
Ajstrup
Ravnstrup
Nørre Sørå
Sønder Sørå
Sønder Ellidshøj
Nordkær
Hjallerup
Sulsted
Hammer Kirke
Stagsted
Dronninglund
Ørsø
Møgelmose
205
202

E
F
G
H
1
2
3
4
5
6
Grav
Oslo
Göteborg
Nordre Rønner
Borfeld
Syrodde
Østerby Havn
Gammel
Østerby
Vesterø Havn
Læsø Klitplantage
Klitten
Bovet Bugt
Vesterø
Mejeriby
Skoven
Læsø
Bangsbo
Vesterø
Kirke
Hvent
Byrum
Stoklund
Tørkeriet
Saltsyderier
Læsø
Sønder
Nyland
Færøn
Kringelrøn
Hornfiskrøn
Søndre
Rønner
Læsø Rende
E
F
203
G
H

IMPRESSUM

Verantwortlich: Kerstin Thiele
Lektorat: Michaela Zelfel
Layout- und Reihengestaltung: Mathias Frisch
Satz: Eva-Maria Klaffenböck
Repro: Cromika / LUDWIG:media
Kartografie: Heidi Schmalfuß (Tourenkarten, Übersichtskarte),
Huber Kartografie (Streckenleisten, Kartenatlas)
Herstellung: Anna Katavic
Printed in Poland by CGS Printing

★★★★★

Sind Sie mit diesem Titel zufrieden? Dann würden wir uns über Ihre Weiterempfehlung freuen. Erzählen Sie es im Freundeskreis, berichten Sie Ihrem Buchhändler, oder bewerten Sie bei Onlinekauf. Und wenn Sie Kritik, Korrekturen, Aktualisierungen haben, freuen wir uns über Ihre Nachricht an Bruckmann Verlag, Postfach 40 02 09, D-80702 München oder per E-Mail an lektorat@verlagshaus.de.

Unser komplettes Programm finden Sie unter www.bruckmann.de

In diesem Buch wird aus Gründen der besseren Lesbarkeit das generische Maskulinum verwendet. Weibliche und anderweitige Geschlechteridentitäten werden dabei ausdrücklich mitgemeint, soweit es für die Aussage erforderlich ist.

Bildnachweis: Alle Abbildungen des Umschlags und des Innenteils stammen vom Autor (Jana Keidel, Sigrid Keidel und Sylvia Keidel) außer: S. 6 o. shutterstock/GG Digital Arts, u.l. shutterstock/Mikhail Sedov, u.m. shutterstock/cammepcos, u.r. shutterstock/Annamaria Szocs; S.7 o. shutterstock/Cromo Digital, m. shutterstock/cosmic_pony, u. shutterstock/Alex Stemmers; S. 136/137 Arco Images GmbH/dpa; S. 166 Patrick Preul/dpa; S. 177: Shutterstock/Stig Alenas; S. 178: Shutterstock/Ron Zmiri.
Umschlagvorderseite: shutterstock/Peter 116
Umschlagrückseite: mauritius images/Busse&Yankushev

Danksagung: Zum Schluss danke ich meinen Surferinnen Sigrid und Sylvia, die viele Fotos auf der 1. Tour machten, und Jana, die nahezu alle Bilder auf der 2. Tour schoss.

Die Deutsche Nationalbibliothek verzeichnet diese Publikation in der Deutschen Nationalbibliografie; detaillierte bibliografische Daten sind im Internet über http://dnb.d-nb.de abrufbar.

2. aktualisierte Auflage

ISBN 978-3-7343-2592-2